Vicki Noble

MYTHEN, MUSEN UND TAROT

»MOTHERPEACE«

ein Weg zur Göttin

**Aus dem Amerikanischen von
Susanne Kahn-Ackermann
und Adelheid Ohlig**

FRAUENOFFENSIVE

FOTONACHWEIS:

„Die Göttin mit den Hörnern", Tassili, Sahara, Foto von Gerad Franceschi, © 1958 Les Editions Arthaud, Paris. Nachdruck genehmigt.

Figuren von Göttinnen, Peche-Merle; aus Siegfried Giedion: The Eternal Present (1962) mit Genehmigung der Princeton University Press.

Künstlerin in Mithila, Indien; Foto von Edouard Boubat. Nachdruck mit Erlaubnis der Presseagentur Rapho-TOP, Paris.

Die Karte der Hohenpriesterin aus Waite-Rider-Tarot-Deck. © 1971. Nachdruck genehmigt.

Quilt mit Schlagen. Sammlung der Autorin. Nachdruck durch die Künstlerin Barbara Comstock erlaubt.

„Motherpeace" ist auch das Pseudonym der beiden Künstlerinnen Vicki Noble und Karen Vogel, die die Bilder gemeinsam schufen.

Entwurf: Nancy Benedict

3. Auflage, 1991
© Vicki Noble
Originaltitel: Motherpeace
veröffentlicht bei Harper & Row, New York
© deutsche Übersetzung Verlag Frauenoffensive, München 1986
(Knollerstr. 3, 8000 München 40)

ISBN 3-88104-161-3

Satz: Sylvia Seyfried, München
Druck: Clausen & Bosse, Leck
Umschlag und Buchgestaltung: Inge Vogt, München

INHALT

VORWORT   5

PROLOG   9

TEIL EINS   **DIE GROSSEN ARKANA**   23

 1. EINLEITUNG   GEHEIMNISSE UND ESSENZEN   25
 2. DIE NÄRRIN   SELBST VERTRAUEN   31
 3. DIE MAGIERIN   FEUER TANZEN   36
 4. DIE HOHEPRIESTERIN GEWAHR SEIN   41
 5. DIE HERRSCHERIN   HERVOR BRINGEN   47
 6. DER HERRSCHER   AB TRENNEN   53
 7. DER HIEROPHANT   UNTER DRÜCKEN   59
 8. DIE LIEBENDEN   SICH VERBINDEN   65
 9. DER WAGEN   DEN EIGENEN WEG GEWINNEN   70
10. DIE GERECHTIGKEIT   RICHTIG STELLEN   75
11. DIE ALTE   WENDUNG NACH INNEN   80
12. DAS GLÜCKSRAD   DIE REISE IM GROSSEN RUND   85
13. DIE STÄRKE   MAGISCHE HELFER FINDEN   93
14. DIE GEHÄNGTE   DIE EINWEIHUNG ANNEHMEN   98
15. DER TOD   LOS LASSEN   104
16. DIE AUSGEWOGENHEIT   KOSMISCHE ENERGIE ERDEN   110
17. DER TEUFEL   DER GEIST, DER STETS VERNEINT   115
18. DER TURM   STRUKTUREN ZERBRECHEN   120
19. DER STERN   SICH DER GÖTTIN ÖFFNEN   125
20. DER MOND   DAS MYSTERIUM ERFAHREN   130
21. DIE SONNE   BEWUSSTSEIN ERWEITERN   135
22. DAS GERICHT   DIE ERDE HEILEN   140
23. DIE WELT   DEN KREIS BILDEN   145

TEIL ZWEI   **DIE KLEINEN ARKANA**   151

24. EINFÜHRUNG   DIE DRAMEN DES ALLTAGS   153
25. ASSE, ZWEIEN UND
    DREIEN   KARDINALE ZEICHEN   160
26. VIEREN, FÜNFEN UND
    SECHSEN   FESTIGKEIT   168
27. SIEBENEN, ACHTEN
    UND NEUNEN   VERÄNDERUNG   176
28. ZEHNEN   VERWANDLUNG   185
29. TÖCHTER   JUGEND   189
30. SÖHNE   MÄNNLICHE POLARITÄT   195
31. PRIESTERINNEN   HEILES UND HEILIGES   202
32. SCHAMANINNEN   ERFAHRUNGEN   209

TEIL DREI   **DER GEIST VON „MOTHERPEACE"**   217

        33. KARTEN-DEUTEN   219
        34. GRUPPENARBEIT   228
        35. EINE NEUE MYTHOLOGIE
            SCHAFFEN   232

            ANMERKUNGEN   243
            BIBLIOGRAPHIE   250
            DIE „MOTHERPEACE"-BILDER   255

VORWORT

„Motherpeace" schrieb ich gewissermaßen im Gespräch mit vier befreundeten Menschen. Einmal unterhalte ich mich mit einer feministischen Schwester, die nicht nur die Lebensqualität im Alltag verbessern möchte, sondern auch nach der Vision der Göttin sucht. Sie stellt sich eine Gesellschaft vor, in der Göttinnen geehrt werden.

Dann gibt es eine zweite Freundin, die wie viele Millionen Menschen herkömmliche Tarotkarten gebraucht, aber ganz neugierig auf ein völlig neues Tarot ist, das sich zwar aus der Tradition heraus entwickelt, diese aber so gestaltet, daß Leben und Vorstellungen von Frauen darin Platz finden.

Während der Arbeit an dem Buch hatte ich noch eine dritte Freundin vor meinem inneren Auge. Diese lebt ganz in der Welt der Bilder, notiert ihre Träume, um darüber zu meditieren. Wie viele andere, ist sie von Jung beeinflußt. Sie möchte gern ihr Wissen über Mythen und Mythologien vertiefen. Das hilft ihr sowohl beim Verständnis des eigenen Selbst als auch beim Verstehen der Umwelt.

Damit kommen wir zum vierten Mitglied meines imaginären Freundeskreises: Dieser Freund beklagt den Mangel an Frieden in der Welt und sorgt sich über die zunehmende Aussicht auf einen „nuklearen Schlagabtausch". Da er nicht länger an die Selbstheilung des Systems glaubt, sucht er nach Visionen von anderen als den herrschenden patriarchalen Gesellschaftsformen.

Als Antwort auf die Sorgen der Freundinnen und des Freundes — die natürlich auch Teile meines Selbst sind — bezog ich den persönlichen und den globalen Frieden in ein positives Denken mit ein: durch Bilder aus Mythologie und Kunst, aus Zeiten, in denen die Göttin noch die Freude menschlicher Sehnsüchte war.

Die Bilder sind ein Satz von 78 Tarotkarten, die ich mit Karen Vogel gemeinsam schuf. Alle sind in diesem Buch enthalten, einige in Farbe. Sie können als Tarot-Deck bezogen werden.

In diesen Bildern und durch feministisches Wissen teile ich meine Vision von Hoffnung und Transformation mit. Die Vision basiert auf dem zunehmen-

den Wissen über die Geschichte der Verehrung der Göttin und auf meiner Erfahrung als Künstlerin, Aktivistin, Heilerin und Yogalehrerin.

DANKSAGUNG

Zuallererst danke ich Karen Vogel für sechs Jahre gemeinsamen Schaffens voller Liebe und dynamischer Kämpfe, in denen wir uns gegenseitig spiegelten,
uns von innen heraus veränderten, während wir die Tarotbilder von „Motherpeace" schufen. Im Geist der Sechs Stäbe (mein erstes „Motherpeace"-Bild)
begann ich das Tarotkarten-Projekt; im Geist von Athenes Wagen (Karens erstes Bild) beendete sie den Satz, vollendete die Zeichnungen durch ihr Malen
(gemeinsam mit der Künstlerin Lily Hillwomyn) und gab schließlich das „Motherpeace"-Tarot-Deck heraus.

Ich bedanke mich bei Betsy Ferber, die mich in das Tarot einweihte und
mir Sally Gearharts feministisches Tarot gab. Cassandra Light eröffnete mir
die Magie der Kunst, erfand den Namen „Motherpeace" und malte nach Been-
digung der Zeichnungen das runde Tantra-Muster auf die Rückseiten der Karten. Dank auch an Carol Murray, die schon früh an meine Schriftstellerei
glaubte. Mein Dank gilt auch den Autorinnen Jana Harris und Mary Mackey,
die mich schwesterlich unterstützten. Ganz besonders danke ich Hillary Hurst,
deren Lachen jedesmal, wenn sie Karten liest, „Motherpeace" in die ganze
Welt hinausträgt.

Dies Buch handelt hauptsächlich vom Heilen — unserer selbst und des Planeten. Bei einer solchen Tätigkeit müssen wir uns immer wieder fragen: Wer
heilt die Heilenden? Ich danke Maudelle Shirek, die mir den Pfad physischer
Heilung und Transformation wies; Susie Christian, die mir Techniken psychischer Heilung zeigte; Ata Kelly für ihre starke, ungetrübte Klarheit; Iris Crider
für ihre liebevollen Akupunktursitzungen; der Chiropraktikerin Surya Lieber-
man für ihre warmen Hände und ihr offenes Herz; meinen Ritualschwestern
vom „Herdfeuer": Charlene Tschirhart, Caroline Verheyen, Nan Crawford,
Katie Janney, der Kristallheilerin Bonnie MacGregor. Sie alle leben den Glauben an die Göttin. Ohne die Unterstützung dieser heilenden Gemeinschaft wäre es sicher schwer gewesen, während der ausgesprochen geistigen Arbeit des
Schreibens das Fließen der Energien zu erhalten.

Ich freute mich über die Angebote von Freundinnen wie Davidka Cantan-
zarite, die mich einlud, die „Motherpeace"-Dias auf einer Veranstaltung der
Kriegsdienstverweigerer zu zeigen; Mara Keller, die mir einen Vortrag an der
San Francisco University über „Motherpeace" und die Kunst des Heilens ermöglichte. Dank ebenso an Angie Arien und Jane English, die Karen und mich
zum Tarot-Symposium in San Francisco einluden, damit wir das „Motherpeace"-Projekt vorstellten; dem „Herdfeuer", wo wir unsere „Motherpeace"-

Dias während eines Rituals bei einer Stanford-Konferenz über das Wettrüsten zeigten, sowie anläßlich Judy Chicagos „Geburtsprojekts", wo ich ein Seminar mit Dias veranstalten konnte.

Ich bedanke mich bei Richard Toumey und David Quigley von der Tarot-Gemeinschaft für ihre Anerkennung und Unterstützung meiner Arbeit; bei Suzanne Judith für ihre Tarot-Weisheit; bei Jean Robertson für die Rundfunk-interviews; bei Barbara Kossy, die „Motherpeace" ins Fernsehen brachte. Die Teilnehmenden meiner Tarotseminare unterstützten mich auf wunderbar erhellende Weise, von den Teenagern in der Alternativschule von Berkeley bis zu den Erwachsenen in der gesamten Bucht. Ganz besonders danke ich Laura de Baun für ihr Korrekturlesen und das Tippen des Schlußmanuskripts. Bei Jonathan Tenney bedanke ich mich für die Informationen über kabbalistische Numerologie und Tarot.

Meiner Mutter in Iowa bin ich dankbar, daß sie mich wohlgelaunt akzeptierte, und meiner Großmutter verdanke ich den Namen Noble — ihr Mädchenname —, den ich zu Beginn des „Motherpeace"-Projekts annahm. Gesegnet seien meine schönen Töchter Robyn und Brooke Ziegler, die sich mit einer abwesenden Mutter abfanden. Sandra Whitney, die die „Festung" während der Fertigstellung des Manuskripts hielt, habe ich zu danken. All die Mahlzeiten in Cathleen Roundtrees Restaurant in den ersten Phasen des Buchs haben mir außerordentlich gutgetan, genauso die Heilmassagen von Mara Keller.

Bei Harper & Row hatte ich großes Glück mit John Loudon, der mich und meine Arbeit von Anfang an mit Respekt und Integrität behandelte. Auch dem guten Blick von Bob San Souci ist zu danken, der ein Plakat von „Motherpeace" sah und Johns Aufmerksamkeit darauf lenkte.

Von Herzen dankbar bin ich meinem Partner bei der Herausgabe des Buchs, Craig Comstock, der in einem ganz archetypisch matriarchalen Sinn zum Vater dieses Buchs wurde. Das bedeutet, daß er es mit seinen Ideen und seiner Energie befruchtete, mit mir die Arbeit der Herausgabe und des Vertriebs in die Welt teilte. Wie ein Sohn der Göttin aus der Antike will er das, was er mit erschuf, nicht besitzen, seine Liebe aber strahlt wie ein Licht von jeder Seite.

Schließlich danke ich der Göttin, deren Gegenwart in meinem Leben alles ermöglicht.

Vicki Noble
Berkeley, an einem Maiabend 1982

Ich, die ich die Schönheit der grünen Erde bin und die weiße Mondin unter den Sternen
und das Mysterium der Wasser,
Ich rufe eure Seelen, sich zu erheben und zu mir zu kommen.
Denn ich bin die Seele der Natur, die das Universum lebendig macht.
Aus mir gehen alle Dinge hervor, und zu mir müssen sie zurückkehren.
Ehret mich fröhlichen Herzens, denn seht, alle Akte der Liebe und der Freude sind meine
Rituale.
Laßt in euch Schönheit und Stärke walten, Kraft und Leidenschaft, Ehre und Demut,
Heiterkeit und Ehrfurcht.
Und ihr, die ihr mich erkennen wollt, wisset, daß euer Suchen und Sehnen euch nicht
helfen wird, es sei denn, ihr kennt das Mysterium:
Denn wenn ihr das, was ihr sucht, nicht in euch selbst findet, werdet ihr es auch niemals
finden.
Denn seht, ich bin bei euch gewesen, von Anbeginn, und ich bin es, zu der ihr am Ende
eurer Wünsche gelangt.

„Traditionelle Worte der Sternengöttin" in der Version von Starhawk (Der Hexenkult,
S. 119/120).
Photographie der „Göttin mit Hörnern" aus Tassili in der Sahara.

PROLOG
DER WEG INS LABYRINTH

Das Patriarchat brachte uns keinen Frieden. Im Gegenteil: seine Führer versuchen uns — wie Winston Churchill — zu überzeugen, daß „Sicherheit das bokkige Kind des Terrors ist und Überleben der Zwilling der Vernichtung". Mit seiner Verteidigung des Atomzeitalters meinte Churchill wohl offensichtlich, daß wir das Überleben nicht durch die tatsächliche Vernichtung von Menschen sichern, sondern durch die immerwährende Drohung damit, in der Hoffnung, daß nicht irgendein Unfall oder eine Dummheit zum Krieg führt. Heute warnen uns die Führer vor Terroristen, während sie doch selbst die Macht haben, ganze Kontinente in einer halben Stunde zu zerstören. Und die Ideologen des Patriarchats sagen uns, daß der Mensch schon immer getötet habe: Seine ersten Werkzeuge waren die Keule, um einen Arm zu brechen, der Stein, um den Schädel zu zertrümmern. So betrachtet, werden natürlich nur die Waffen immer raffinierter und alles, was sich ändert, sind vielleicht die Gründe für die Kriege.

Gibt es nicht noch eine andere Art zu leben? Mehr und mehr Feministinnen denken so, und auch eine Reihe Männer teilen diese Vision eines Friedens. Churchills Sprache im Ohr, fragen wir uns, ob Sicherheit nicht noch einen anderen Elternteil außer „Terror" braucht. In diesem Buch gab ich diesem verlorenen Elternteil der Menschheit den Namen „Motherpeace". In der alten Zeit wurde diese Figur als Göttin dargestellt, Quelle matriarchalen Bewußtseins. Mehr im Herzen als im Kopf beheimatet, erfordert matriarchales Bewußtsein „nichtrationale" Vorgehensweisen. Im Gegensatz zu den logischen Funktionsweisen unseres Alltags befassen wir uns hier mit kreativen und intuitiven Bereichen unseres Bewußtseins. Das erfordert die Auf- und Hingabe des alltäglichen Wachbewußtseins und eine Offenheit für das, was José und Miriam Argüelles „weiblich — weit wie der Himmel" nennen.

Besonders den Menschen im Westen, die nicht an Meditation oder eine Beruhigung des Geistes gewöhnt sind, wird dieser Prozeß der Hingabe und Transformation durch visuelle Techniken wie das Tarot erleichtert. Der Geist wird durch das ruhige Betrachten der Tarotbilder still und durch die alten Symbole des seelischen Lebens tief berührt, was wiederum heilsame Wirkung auf das Herz hat. Die Weisheit für die bockigen Kinder von „Motherpeace" erreichte uns hauptsächlich in Form esoterischer Lehren.

Obwohl oft hinter patriarchaler Sprache und Terminologie versteckt, wird sich die innere Bedeutung der „Geheimlehren" als Weisheit der Mutter erweisen. Da sich mehr und mehr Menschen heute für Tarot interessieren, öffnet sich das Tor zur Großen Mutter für die Suchenden und erlaubt uns, die Reise zum Zentrum des Selbst und zu unseren kollektiven Quellen zu beginnen. Die Göttin liegt in den Tiefen des kollektiven und des persönlichen Unbewußten begraben: Jeder gedankliche oder praktische Versuch, das Unbewußte zu entschlüsseln, wird unweigerlich auch zu ihr führen.

Die meisten von uns fühlen sich heutzutage kaum noch richtig gesund, physisch wie psychisch — irgendwie aus dem Gleichgewicht geraten. Wir fühlen unser Un-Wohl-Sein, wissen aber meist keine Lösung. Wüßten wir, wie wir uns wiederherstellen können, würden wir es sicher augenblicklich tun. Das große Geschenk der Göttin besteht in solch einer Heilung. Dem Individuum bringt sie persönliches Wohl-Befinden und die Erfahrung vollen Lebens. Der Menschheit könnte sie die Harmonie bringen, die dann eintritt, wenn wir erkennen, daß wir alle diesem Planeten geistig verbunden sind. Unser Überleben hängt davon ab, und wir haben ihm das Leben zu geben.

Die „Motherpeace"-Bilder in diesem Buch verkörpern eine Vielzahl früher bildhafter Darstellungen der Göttin. Von den kleinen „Venus"-Figuren aus dem alten Europa der frühen Steinzeit bis zu den präkolumbianischen Statuen aus Mexiko und Nord- und Südamerika war die Göttin ein allgegenwärtiger Mythos, der von Frauen wie Männern auf der ganzen Welt verehrt und respektiert wurde. In den Höhlen des Paläolithikums — manchmal weit über zwanzigtausend Jahre zurück — tanzten Priesterinnen ihre Tänze; sie tun es noch heute in abgelegenen Winkeln der Erde. Moderne westliche Frauen rufen sie durch Rituale und magische Anrufungen ihres Namens und ihrer verschiedenen Aspekte zurück.

In den alten Zeiten ging die „Verehrung" der Göttin mit einer mutter-zentrierten Kultur einher. Nancy Tanner meint, indem sie die menschliche Entwicklung mit der der Schimpansen vergleicht, daß die Schlüsselinnovation in der Menschenentwicklung von unseren Affenvorfahren her das „Sammeln von Pflanzen (und kleinen Tieren wie Insekten) von den Menschenmüttern für ihren Nachwuchs war". Nach dieser Auffassung entwickelte sich die Kultur zum Teil aus dieser Sorge für die anderen und aus dem Sammeln der Überflüsse der Erde und nicht aus dem Töten heraus. Die Göttin einer solchen Kultur gab Nahrung und war voller Mitgefühl.

Natürlich war sie auch der Inbegriff der „Fruchtbarkeit". Lawrence Durdin-Robertson zieht aus seinen gründlichen Untersuchungen über verschiedene Aspekte der frühen Formen von Göttinnen aus dem Mittleren Orient den

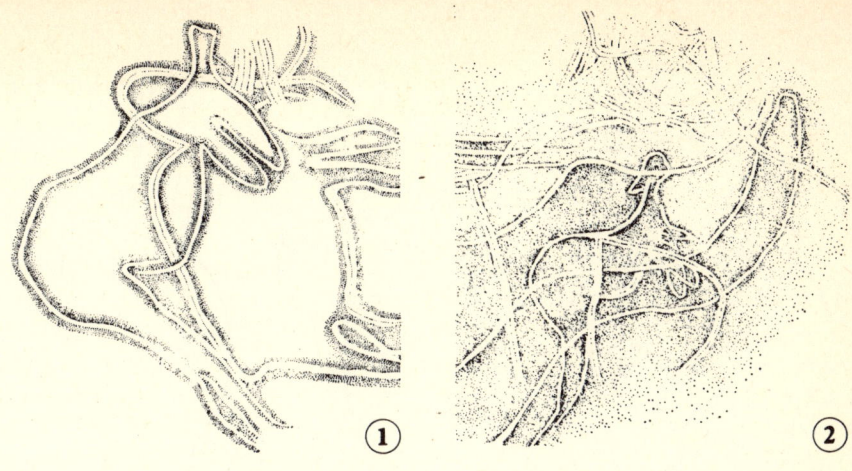

Kopflose und vogelköpfige Frauen, mit Finger in nassen Ton gezeichnet, Decke der „Halle der Hieroglyphen", Höhlen von Pech-Merle, ca. 30 000 vor Christus.

Schluß, daß die „Grundvoraussetzung" antiker Religion in der „alleinigen schöpferischen Kraft des weiblichen Geschlechts" lag. Diese sexuell-schöpferische Kraft macht die Göttin der modernen Welt mit ihrer Vorstellung der dem Mann unterlegenen Frau so suspekt. Merlin Stone stellt die Frauenkraft in dem Kapitel über die „heiligen sexuellen Bräuche" dar; ebenso die Priesterinnen, die als „heilige Frauen" galten und die Rituale für Inanna, Ishtar, Astarte, Ashtoreth, Aphrodite und Isis (um nur einige zu nennen) ausführten. Diese „heiligen Frauen der Göttin" (qadishtu) lebten innerhalb der Tempelbezirke, die zugleich Mittelpunkt der Gemeinde waren; sie hatten Besitztümer, betrieben Geschäfte und machten, was sie wollten.

Die Fähigkeit der Frau, zu gebären, wurde nicht als die einzige Form ihrer „Erfüllung" angesehen, sondern als Symbol für andere schöpferische Kräfte; ihre Kinder waren Erben in einer weiblichen Erbfolge. „Uneheliche" Kinder gab es nicht. In diesem erweiterten Sinn bezog sich „Fruchtbarkeit" nicht allein auf das Mysterium der Fortpflanzung und Geburt, sondern auf kulturelle Entwicklungen allgemein. Bei „Motherpeace" schloß diese Kultur folgende Elemente ein: Feuer, genaue Beobachtung der Himmel, Künste, die uns noch heute ehrfürchtig erschauern lassen, eine Weltanschauung, die wir heute als Ökologie wiederentdecken.

Auch die Wissenschaft erkennt an, daß die Göttin in der frühgeschichtlichen Vorstellung lebendig war und ihre Bilder die Verantwortung der Menschen gegenüber „Fruchtbarkeit" und „Natur" ausdrücken. Die frühen Religionen entwickelten sich aus „Fruchtbarkeitskulten", bei denen die Große Mutter ver-

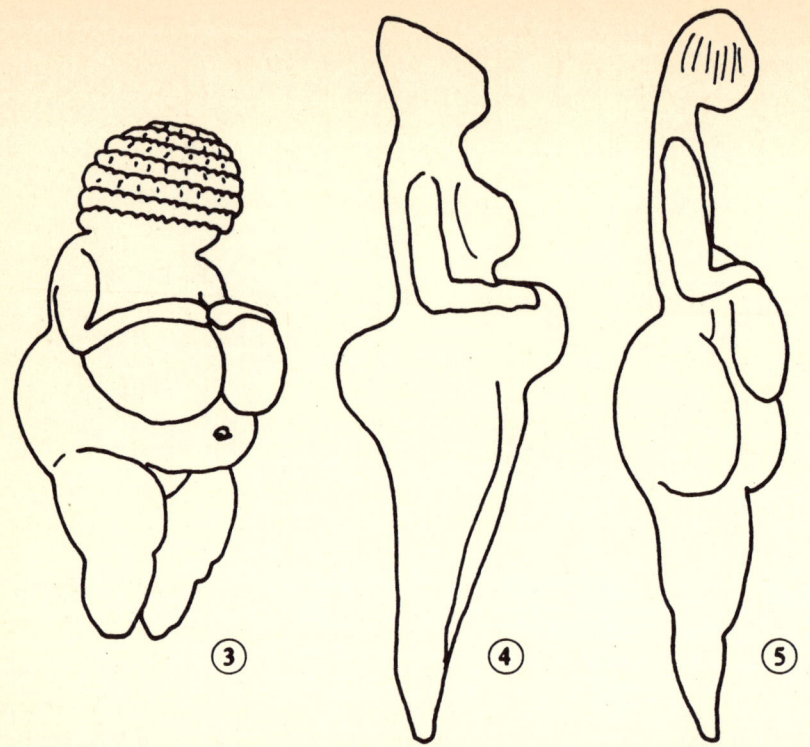

③ ④ ⑤

„Venus von Willendorf" aus Kalkstein, Österreich, ca. 20 000 vor Christus; „Venus von Menton" aus Glasgestein, Frankreich; „Venus von Lespugne" aus Elfenbein, Frankreich, ca. 15 000 vor Christus.

ehrt wurde und Frauen als ihre Priesterinnen auftraten. Diese Fruchtbarkeitsreligionen reichen weit in die vorgeschichtliche Eiszeit und wurden in vielen Teilen der Alten Welt gefunden. Sie zeigen den Überfluß von Mutter Erde und die biologischen Geheimnisse der Frauen. Charakteristisch für eine „Fruchtbarkeitsfigur" sind hängende Brüste, ein dicker, meist schwangerer Bauch und eine gutgezeichnete Yoni (die weibliche Scheide). Das bekannteste Beispiel dafür dürfte wahrscheinlich die „Venus von Willendorf" (Figur 3) sein.

Im Gegensatz zu den Fruchtbarkeitskulten steht eine andere Form antiker Religion: der Schamanismus, der meist als hauptsächlich männlich bestimmte Religion gilt. Schamanismus ist eine Religion der Ekstase. Vielfach denkt man dabei an die Fähigkeit, sich vom physischen Körper zu lösen und mit dem Geistkörper wie ein Vogel zu den geistigen Reichen fliegen zu können. Ziel schamanistischer „Reisen" ist meist die Heilung des physischen Körpers oder des Menschengeistes eines Individuums oder der ganzen Gemeinschaft.

In der Kunst wird diese Fähigkeit des Schamanen, den physischen Körper zu verlassen, in Form eines Menschen mit einem Vogelkopf dargestellt oder als

Geometrische vogelköpfige Frau mit Spiegel, auf Ton gemalt, Mesopotamien, 3100 vor Christus; vogelköpfige Terrakotta-Priesterin mit erhobenen Armen, vordynastisches Ägypten, vor 3 000 vor Christus; weibliche Vogelkopffigur aus Ton, die ihre Brüste hält, Zypern, 2 300 vor Christus.

kopflose Figur (was auf den Tod des Ego hindeutet). Ähnlich träumt vielleicht eine Person, die Schamanin werden möchte, vom Verlust des Kopfes oder auch, wie vielfach berichtet, vom totalen Verlassen des Körpers und von einer Wiedergeburt als neues Wesen. Durch die Trancereisen in den Kosmos lernt der Schamane in beiden Welten zu leben — der materiellen wie der spirituellen — und verlorene Seelen zu retten, indem er direkt mit dem Übernatürlichen verkehrt. Während solcher Reisen erfährt der Schamane die Ekstase und lernt Dinge über das Universum, die anderen Sterblichen verborgen bleiben. Nachdem er oder sie von der „einen Seite" zur „anderen" gegangen sind, fürchten sie den Tod nicht länger. Da sie die Angst aufgegeben haben, werden sie zu mächtigen religiösen Führern.

Ein anderes universelles Merkmal des Schamanismus ist die sehr lebendige Verbindung zur Tierwelt, auf materieller wie auch auf spiritueller Ebene. Schamanen haben immer Tiere als „Helfer" oder „Verbündete", genauso wie Hexen ihre „Schutzgeister" haben. Der Schamane reist auf die andere Seite und verkehrt mit den Tieren, weil er zum einen Macht von ihnen bekommt und zum anderen Dinge lernt, die jenseits des normalen menschlichen Bewußtseins sind.

Unter den Schamanen der jüngsten Zeit sind die bekanntesten die sibirischen und die Eskimo-Schamanen wie auch die eingeborenen amerikanischen Medizinmänner und -frauen. Archäologische Untersuchungen verweisen auf die alten Wurzeln, sehen die Verbindungen zwischen modernen schamanistischen Motiven und der Höhlenkunst der Eiszeit. So kann die schamanistische Kunst bis zur späten Eiszeit zurückverfolgt werden (die magadalenische Periode endete ungefähr zehntausend Jahre vor Christus): damals traten vermutlich die frühesten männlichen Figuren mit Tierhäuten und tanzend auf den Wänden der Höhlen auf. Die frühen Figuren aus der Höhle Les Trois Frères zeigen die schamanische Berufung: Teils Tier, teils Mensch tanzen sie ekstatisch. Eine der Figuren wird heute „Der Hexer von Trois Frères" genannt oder auch „Gott" oder „Herr". Im Gegensatz dazu nennt die Wissenschaft die weiblichen Fruchtbarkeitsfiguren schlicht „Kultobjekte", Symbole schmutzigen weiblichen Schicksals.

Es sollte uns doch zu denken geben, daß Tausende von Jahren vor dieser Periode die einzigen Menschenfiguren auf den Wänden der Höhlen Frauen darstellten. Dem Kulturhistoriker Giedion zufolge tauchten männliche Darstellungen viel später auf. Die frühesten Menschendarstellungen, die wir kennen, stammen aus dem innersten Heiligtum der Höhlen von Pech-Merle. Sie stellen Frauen dar. Eine ist die kopflose Frau (siehe Figur 1), die andere zeigt eine Frau mit Vogelkopf (Figur 2). Beide verkörpern schamanische Eigenschaften: Sie tanzen, sind kopflos (ekstatisch) oder haben einen Vogelkopf (können also in geistige Reiche fliegen). Sie sind nicht allein, sondern in den nassen Ton mitten zwischen die Tiere gemalt, die Linien verwischen sich, als ob nur schwach zwischen der Welt der Menschen und der der Tiere unterschieden würde – ein anderes Zeichen schamanistischen Bewußtseins.

Viele andere Versionen des gleichen Motivs – kopflose oder vogelköpfige Frauenfiguren – tauchen in den folgenden Jahrtausenden auf, bis zu der Zeit, in der die ersten männlichen Figuren erscheinen. Giedion weist darauf hin, daß die weiblichen Figuren immer gemeinsam auftreten, während die Männer einzeln und isoliert dargestellt werden.

Darüber hinaus zeigt sich bei den Frauenbildern von Pech-Merle und ihren vielen Nachfolgerinnen eine ungemein mächtige Verbindung, die ich anderswo nie erwähnt fand. Nicht nur, daß diese frühen Bilder all die bekannten und erwähnten Eigenschaften von Schamaninnen tragen, sie sind auch allesamt schwanger: Ihre Bäuche sind riesig, die Brüste hängend. So wurde die Verehrung der Fruchtbarkeit vor dreißigtausend Jahren mit den schamanischen Eigenschaften des Vogelkopfs und des magischen Tanzes verbunden. Damals haben die Vorbereitungen für eine Geburt nicht Beschränkung bedeutet, sondern im Gegenteil zu einer freudigen Hingabe, einem Tanz des Lebens, einer stürmischen Reise in die Geisterwelt aus Anlaß eines intensiven physischen Erlebnisses geführt. Was an diesen frühen Bildern so ins Auge fällt, ist die Verbindung von Schamanismus und Fruchtbarkeitskulten; eine Verbindung, die spätere Kulturen trennen. In der Frühzeit der Welt stand die Göttin für eine Vereinigung von Geist und Materie, sie repräsentierte die göttliche Verkörperung des Geistes im Körper — die Lebensfreude auf Erden.

Wenn wir die ersten Verehrungen göttlicher Figuren in die späte Eiszeit legen, nahe dem großen Zeitalter der Höhlenkunst, lassen wir einen großen Teil unserer Entwicklungsgeschichte aus. Statt die frühen weiblichen Darstellungen zu ignorieren oder als unwichtig abzutun, sollten wir fragen: Was bedeuten sie? Spätere Skulpturen wie die verschiedenen Venus-Darstellungen (siehe Figur 3, 4 und 5) spiegeln die gleiche Weltanschauung wie die ersten Zeichnungen, die vor mindestens dreißigtausend Jahren entstanden. Die Wissenschaftler fanden sie „eigenartig" oder „bizarr", doch wie wir gesehen haben, bedeuten die Vogelköpfe oder die fehlenden Köpfe keine künstlerische Laune oder einen Mangel an Können, sondern kennzeichnen schamanistischen Geist. Wenn jemand spirituelle Autorität nur bei Männern sehen kann, erscheint dieser Beweis mysteriös; betrachten wir jedoch Kunst ohne sexuelle Vorurteile, springt uns die Bedeutung direkt von den Höhlenwänden an.

Diese Menschen aus der Frühzeit haben nicht nur die Wände und Decken heiliger Höhlen bemalt, sondern auf Knochen auch die ersten Kalender geritzt, die sich nach Menstruationszyklen und den Mondphasen richteten. Religion, Wissenschaft und das Bemessen der Zeit waren nicht getrennt vom Körper und den biologischen oder Fruchtbarkeits-Geheimnissen der Sexualität und der Fortpflanzung; sie waren ein Wissenskörper. Von diesem alten ganzheitlichen Rahmen haben wir uns entfernt; wir sind gerade am Anfang der kulturellen Wiederentdeckung. Der Beginn des Heil/en/s liegt in der Rückkehr zur Göttin, wie das gegenwärtige Interesse an Astrologie, Tarot und anderen Aktivitäten der „rechten Gehirnhälfte" zeigt, gemeinsam mit der Wiedererweckung der menschlichen Sexualität als Mysterium und magische Handlung. Hinter all diesem Tun steckt die Weisheit unserer alten, tanzenden Urmütter aus den Höhlen.

Indem ich die „Motherpeace"-Bilder in einen historischen, mythologischen und künstlerischen Zusammenhang stelle, hoffe ich, die Vision einer Kultur zu entfalten, die einst existierte, die Übergangsperiode zu skizzieren, in der diese Kultur unterdrückt wurde, und Wege zu zeigen, auf denen wir die Energie und Weisheit wiedererlangen, um unsere Zivilisation zu heilen.

Bevor wir uns jedoch auf den Weg machen, haben wir uns einigen Fragen zu stellen. Wenn eine solch starke Bewußtseinsform — noch dazu über eine so lange Zeit — so weitverbreitet und derart in Einklang mit der Umgebung war — warum starb sie dann aus? Warum ist es so schwer, heute Beispiele dieses „matriarchalen Bewußtseins" in dieser Welt zu finden? Wenn die Menschheit einst in Frieden lebte, warum ist dann zumindest in den letzten fünftausend Jahren ein „immerwährendes Leidensgefühl" vorherrschend und warum liegt unsere einzige Hoffnung in der Flucht?

Auf all diese Fragen gibt es eine Antwort: die Unterwerfung der Mutter durch das Gesetz des Vaters, dem die Familie und der Haushalt „gehören" und der als Herrscher auch den Staat „besitzt". Mit einem Wort: das Patriarchat. Wie ein roter Faden zieht sich durch das ganze Buch die Entdeckung, daß das Problem der Patriarchen nicht ihr Mann-Sein ist, sondern daß sie statt gleichberechtigter Beziehungen eine Gesellschaft der Herrschaft und Unterwerfung anstreben.

Um den Widerstand ihrer „Untergebenen" zu unterdrücken, rechtfertigen Patriarchen ihre Rolle mit einer durchdringenden Ideologie, und wenn diese ihre Untertanen nicht in Bann hält, greifen sie zur Gewalt, meist als Gesetz verbrämt. In einer Atmosphäre von Betrug und Gier sind Patriarchen niemals zufrieden, halten doch ihre eigenen Methoden sie von der Erfahrung tiefster Lebensbefriedigung ab. Sie finden das Fühlen schwer.

Außerdem ängstigen sie sich, daß jemand genau wie sie danach trachtet, sie zu besiegen — ein pathetischer Ersatz für das gemeinsame Bauen an einer Welt. Merlin Stone weist darauf hin, daß in der Mythologie der neu eingeführten patriarchalen Götter die Kastration auftaucht als Mittel, den Herrscher zu entmachten und ihn durch einen Usurpator zu ersetzen. Das Abschneiden der männlichen Genitalien war anscheinend gleichbedeutend mit der Machtenthebung des gegenwärtigen Königs. Klar dann, daß der neue Herrscher das gleiche Schicksal für sich selbst befürchtet und sich ständig verfolgt wähnt.

Patriarchen sind nicht glücklich. Und sie wissen nicht, wie Frieden zu erreichen ist, den sie meist ohnehin nur als das zeitweilige Fehlen des Kampfs begreifen können. Nach fünftausend Jahren haben die Patriarchen tatsächlich eine Welt geschaffen, die ihre Ängste voll bestätigt. Und sie haben uns beigebracht, anzunehmen, daß das Menschenleben immer mit Gewalt und Krieg einhergehe; daß Gewalt zwar ein unliebsamer, aber gleichwohl „natürlicher" Bestandteil der Menschenbestimmung sei und daß wir die Möglichkeit einer Massenvernichtung zu akzeptieren haben.

Im matriarchalen Bewußtsein waren alle Männer Söhne der Mutter und alle Frauen Töchter. Die Gruppe entfaltete sich um Mütter herum, nicht um eine einzelne Frau. Die Macht matriarchalen Bewußtseins liegt in der Macht der Frauengruppe als ordnender und zügelnder Kraft. Diese Kraft machte dem individuellen Ego bewußt, daß es mit der Gruppe verbunden war und ihr gegenüber verantwortlich, so daß es sich weniger als isoliertes Individuum fühlte. Statt die destruktive Ausbeutung der „Helden" zu verehren, betete frau im matriarchalen Bewußtseinsstand die Erde selbst an, als Körper der Großen Mutter.

In zwei wunderbar mutigen Büchern beschreibt Michael Dames, wie die beieinanderliegenden frühgeschichtlichen englischen Orte Silbury, Avebury und Stonehenge das Bild der Großen Mutter formen und ihre Umrisse sich über dreiunddreißig Meilen in der Landschaft erstrecken. Entlang diesen Umrissen des mütterlichen Körpers gingen unsere alten Ahninnen in feierlichen Prozessionen Jahr für Jahr, um die jahreszeitlichen Zyklen des Lebens, des Tods und der Erneuerung zu begehen.

„Motherpeace"-Bilder tauchen in den Höhlen auch als Figuren auf, rote Ockergemälde, abstrakte weibliche Symbole wie Kreise, Spiralen, Tupfen und Scheiben. In unserer meist patriarchalen Welt heute fordern diese vorgeschichtlichen und „primitiven" Bilder der Göttin in ihrer Würde und ruhigen religiösen Kraft die herrschenden Paradigmen unserer Kultur heraus und öffnen den Weg zur spirituellen Transformation. Doch selbst bei diesen Bildnissen der Göttin glauben einige zeitgenössische Wissenschaftler, daß sie von Künstlern geschaffen wurden. Bis vor kurzem konnten Wissenschaftler noch fragen: „Wann jemals gab es denn große Künstlerinnen?" Ihr nächster Erklärungsversuch lautet dann, daß die vorgeschichtlichen Männer das malten, was sie „anmachte", und sie folgern daraus, daß sie dicke Frauen liebten — wie die breithüftigen, vollbrüstigen, schwangeren „Venus"-Figuren. Kann ja sein, daß wie zu Rubens' Zeiten die Höhlenmänner volle Figuren liebten — wie werden wir es je wissen? Aber das Bild der Göttin auf paläolithische Pin-ups zu reduzieren, verdrängt total ihre Macht wie auch die Wahrscheinlichkeit, daß sie von Frauen „in ihrem eigenen Bild" geschaffen wurden.

Zum Glück ist die Tradition der Künstlerinnen nicht überall ausgestorben. Die Frauen von Mithila in Indien haben seit mindestens dreitausend Jahren heilige Bilder gemalt. Inmitten der lärmenden und spielenden Kinder hocken sie einfach auf dem Boden und erschaffen wie in Trance einige der schönsten Kunstwerke des gegenwärtigen Indien. Eine wunderbare Photographie dieser modernen matriarchalen Kultur zeigt eine Frau bei der Vollendung ihrer Malerei. Während sie mit der rechten Hand den Pinsel führt, hält sie mit der linken ihr Kind an die Brust, um es zu stillen. Ihre ruhige Konzentration und die friedlichen Augen des Kindes drücken das Wesentliche im matriarchalen Bewußtsein aus, wo viele Formen schöpferischer Kraft nebeneinander leben können.

Unter den zeitgenössischen westlichen Kunstwerken dürfte wahrscheinlich die „Dinner Party" am besten matriarchales Bewußtsein im Gruppenprozeß verkörpern. Die „Dinner Party" besteht aus einem dreieckigen Tisch, der für ein Fest von Göttinnen, Heldinnen, Führerinnen, Künstlerinnen und Schriftstellerinnen gedeckt ist. Unter Anleitung von Judy Chicago geschaffen, besteht das Kunstwerk aus bestickten Tischdecken und Keramiktellern, die die weibliche Sexualität feiern. Was mir an dieser Ausstellung wie auch an dem Buch am besten gefällt, sind die gut erforschten zeitlichen Verbindungslinien, die die Kultur der Göttin von ihren vorgeschichtlichen Wurzeln bis in die Neu-

zeit ableiten. Beim Rundgang um den Tisch fühlte ich, was die Künstlerinnen wahrscheinlich beabsichtigt hatten — daß all diese Frauen für einen Moment zusammengekommen waren, unsere Schwestern und Urmütter, um ihre Energien zu vereinen.

Andere Künstlerinnen konzentrierten sich auf rituelle Ausführungen ihrer Visionen. Frauen wie Mary Beth Edelson veranstalten Seminare und Performances, rufen die Energien der Göttin in ihre Körper und ihren Geist, damit die Visionen sich in den Installationen realisieren, die sie als Hintergrund für das spirituelle Drama gebaut haben. Eine der besten feministischen Malerinnen unserer Zeit ist sicherlich Monica Sjöö, Autorin von „Wiederkehr der Göttin — Die Religion der großen Kosmischen Mutter und ihre Vertreibung durch den Vatergott" —, ein wunderbar verständliches Buch über die Göttin mit Malereien von Monica Sjöö illustriert. Diese modernen Künstlerinnen teilen die Macht des Heilens. Da das Patriarchat die Wurzel unseres Un-Wohl-Seins ist, bildet schon die Vorstellung einer Welt ohne Patriarchen den ersten Schritt zur Heilung der Welt und unserer selbst.

Meine Bemühungen um die Entdeckung und den Ausdruck matriarchalen Bewußtseins begannen in der Frauengesundheitsbewegung. Beim Aufbau einer feministischen gynäkologischen Praxis, in der ich als Beraterin und medizinische Hilfskraft arbeitete, geriet ich in den üblichen Lebensstil des Aktivismus; rannte herum, arbeitete zuviel und erholte mich zuwenig, trank Kaffee und aß Süßigkeiten, ohne auch nur die Grundelemente einer ganzheitlichen Gesundheit zu verstehen. Gleichzeitig war ich Stipendiatin am College, entwarf ein Frauenstudienprogramm, ein Frauenzentrum und ein Interdisziplinärstudium. Doch war ich auch die geschiedene Mutter zweier kleiner Töchter. Kein Wunder, daß ich „ausbrannte", was in meinem Fall in Form eines Magengeschwürs geschah, außerdem litt ich beinahe täglich unter Spannungskopfschmerz. Das Ganze gipfelte in meiner Medikamentenabhängigkeit. Als ich nach Berkeley umzog, war ich körperlich ein Wrack.

Mit Mildred Jackson's „Alternatives to Chemical Medicine" in der Hand begann ich dann Kräuter zum Heilen und Entspannen zu benutzen — mit relativ schnellen Erfolgen. Ich gab das Rauchen auf und änderte meine Eßgewohnheiten, ließ Weißmehl beiseite sowie Fleisch und Zucker und aß statt dessen braunen Reis und Bohnen. Ich begann eine psychische Ausbildung. Ich erlernte einfache Visualisierungstechniken und stellte mir vor, wie mein Magen heilte, mein Kopf sich entspannte. Schließlich nahm ich jeden Abend ein Kräuterbad und massierte sanft meinen Bauch in kleinen Kreisbewegungen, weil es sich gut anfühlte. Eines Nachts hatte ich das Gefühl, geheilt zu sein. Mein Magen kitzelte, als ob meine Hand innerhalb des Bauchs wäre. Wohltat dort, wo vorher Weh war.

Alle, die sich psychisch öffnen, haben über kurz oder lang ähnliche Erfahrungen. Heilen ist der natürliche Prozeß eines wissenden Körpers. Was wir dabei zu tun haben ist, aus dem Weg zu gehen und den Körper „machen zu lassen". Da wir aber nicht zu einem Körpervertrauen erzogen wurden, braucht dieser einfache Prozeß Zeit und Geduld. Während ich mich selbst heilte, widmete ich mich dem Studium der alten Religion der Göttin: Ich durchforstete alte Bücher, betrachtete Kunstwerke, Gemälde und figürliche Darstellungen der Großen Mutter und fühlte eine starke Beziehung zu diesem Erbe.

Eines Tages zeigte mir eine Freundin ein Tarot-Deck — mein erstes. Während sie mir erklärte, wie es benutzt wird, stellte ich Fragen über mein Leben, und sie interpretierte die von mir gezogenen Karten. Ich war betroffen: Ganz klar hatte ich meinen psychischen Pfad gefunden. Die Karten meiner Freundin waren die Waite-Rider-Karten, die von Edward Waite entworfen und von Pamela Smith 1910 gemalt worden waren. Selbst in diesem mittelalterlichen, männlich orientierten Deck konnte ich noch die Gegenwart der Göttin durchscheinen sehen. Ich begriff, daß meine Forschungen über die Religion der Göttin irgendwie mit der esoterischen Weisheit des Tarot zu tun hatten.

Da war sie in ihren verschiedenen Aspekten — die Hohepriesterin, die den Mond repräsentiert und die Macht weiblicher Zyklen; die Herrscherin, regiert von Venus, Symbol der Liebe und aktiver weiblicher Sexualität; die Stärke, stellvertretend für die Kraft des Geistes und des Herzens — matriarchales Bewußtsein. Ich begann eine sechsmonatige Liebesgeschichte mit dem Tarot — benutzte die Karten täglich, las jedes Tarotbuch, das ich in die Finger bekam, auch obskure und esoterische Texte. Je mehr ich mich damit befaßte, desto mehr verstand ich, daß die traditionellen Ansätze zum Tarot lediglich männliche Ansichten der Welt lieferten.

Ich besorgte mir das „Toth"-Deck, das Aleister Crowley entworfen und Frieda Harris 1943 gemalt hatte. Die Bilder dieses Decks sind magisch geladen und manchmal auch schön, doch verbreiten sie durch Crowleys „satanische" Einstellung zur Magie eine störende Negativität.

Ich habe mit dem Bildermalen angefangen, um meine Sehschärfe zu verbessern. Ich malte lichte, spielerische Bilder, wie ich mir die alten Kulturen vorstellte, stellte meist Frauen und Kinder in Gruppen, in der Interaktion und beim gemeinsamen Mahl oder Ritual dar. Ich wollte ein Bilderbuch mit Text über die Geschichte des Matriarchats machen. Unter Anleitung meiner künstlerischen Freundin Cassandra Light begann ich damit, Modelle in Ton zu formen und Puppen und Masken herzustellen. Für mich selbst zeichnete ich weit über hundert Bilder mit meiner linken „intuitiven" Hand.

Im Juli 1978 wollten meine beiden Töchter für ein Jahr mit ihrem Vater leben — unsere längste Trennung. Ich kaufte ihnen ein Tarotkarten-Deck, bei dem aber zwei Karten fehlten. Ich beschloß, die fehlenden Karten für sie zu malen, einfach so, ohne Drang nach Perfektion. So einfach sie waren, so gefielen sie mir. Ich brachte meine Töchter weg, und eine Woche später malte ich das erste Bild des künftigen „Motherpeace"-Tarot-Decks.

Sechs Stäbe

Die erste Karte waren die Sechs Stäbe, ein Shakti Bild, das meine sich vertiefende Yogapraxis spiegelt. Die Sechs Stäbe drücken Kreativität und Selbstvertrauen aus, den Ausbruch von Fähigkeiten (Shakti heißt „fähig sein"). Das Bild selbst ist rund, zeigt ein Rad mit sechs Speichen, von dessen Nabe Feuer ausstrahlt, eine magisch anmutende dunkelhäutige Frau in der Mitte ist das Zentrum der Hitze und der Strahlen. Nach diesem Bild war klar, daß die Karten rund werden würden und nicht viereckig wie die meisten anderen herkömmlichen Tarot-Decks.

Meine Freundin Karen, mit der ich bei meinen Forschungen über die Göttin zusammenarbeitete, wollte sich an diesem Projekt beteiligen. Auch sie hatte mit Tarot zu arbeiten begonnen. Sie malte die Karte des Wagens als Muster, und so kamen wir überein, Partnerinnen in der Herstellung der „Motherpeace"-Bilder zu werden.

Rückblickend sieht es so aus, als sei alles ordentlich in chronologischer Abfolge gelaufen. Doch damals ging alles sehr schnell und schien ohne bewußte Kontrolle zu geschehen. Ein besonderes Merkmal der Reise zur Mutter liegt darin, daß du nie weißt, wohin der Weg dich führen wird. So wie in der Mondkarte im Kapitel 20 beschrieben: Du gehst bei Nacht mit geschlossenen Augen durch ein Labyrinth. Durch unbekannte Wildnis findest du deinen Weg nur mit Hilfe des Mondlichts als Führung — ein Prozeß von dramatischer Intensität und für westliche Menschen fast ohne Vorbild. In diesem Labyrinth mußt du dich deinem inneren Gefühl hingeben, daß du schon irgendwo hingelangen wirst; vielleicht wirst du geführt oder gerufen, zumindest aber wird deine Reise einen Sinn haben.

Während meine psychischen und heilenden Fähigkeiten zunahmen und mir manchmal gleichsam „über den Kopf wuchsen", fand ich Bücher, die das rationale Verständnis dieses Prozesses förderten und erklärten. Ich ging in die Buchhandlungen der Umgebung, schaute mich um, bis mir gleichsam das richtige Buch vom Regal in die Hände fiel. Ich öffnete es auf einer Seite und begann zu lesen, wobei ich meist die Information fand, die ich brauchte.

Beim Studium dieser Bücher und während meiner Arbeit an den „Motherpeace"-Bildern begann ich zu verstehen, wie die visionäre (oder schamanistische) Kunst gewissermaßen die Wurzel unserer menschlichen Kultur ausmacht und als Sprungbrett für jegliche Zukunft dient. Wenn wir den Körper heilen wollen, müssen wir ihn uns zunächst gesund vorstellen. Wollen wir den Planeten heilen, müssen wir uns als erstes Frieden vorstellen — und zwar nicht abstrakt, sondern als praktische Realität. Darüber werde ich in Teil Drei ausführlicher berichten. Ich fand heraus, daß Kunst Gebet ist — heilig, mächtig, verbindend. Jedesmal, wenn ein Bild Gestalt annahm, fühlte ich, wie ein Teil meines/r Selbst heilte.

So hoffe ich, daß dieses Buch für dich zur heilsamen Reise wird — eine Reise zum Zeitalter vor dem Patriarchat mit den Mitteln des Wortes und des Bildes. Sobald du dich ins Labyrinth spiritueller Entwicklung begibst, gerätst du in einen Nebel und weißt manchmal nicht einmal deiner Mutter zu erklären, was du da mit deinem Leben machst, plötzlich jedoch — in einem zeitlosen Augenblick — ist alles klar. Du erhaschst einen flüchtigen Blick auf den Sinn und die Ganzheit. Du fühlst dich leichter, lebendiger — und gehst um die nächste Kurve der Straße.

In den letzten Jahren haben feministische Schriftstellerinnen einige brillante und wirklich notwendige Kritiken unserer Gesellschaft veröffentlicht, vor allem über die vielen Arten, wie Frauen unterdrückt werden. Besonders danke ich Merlin Stone für „When God was a Woman" und ihre jüngeren Bücher über die Göttin; Susan Griffin für „Woman and Nature: The Roaring Inside Her", sowie Mary Daly für „Gyn/Ökologie" (und ihre früheren Werke). Mein Buch fügt sich nun in diese Reihe in der gemeinsamen Vision einer Alternative. Ich denke an die Personen in dem Film „Mein Essen mit André" von Louis Malle. Der Theaterdirektor André fragt seine Begleitung: „Was glaubst du: Wie würde es das Publikum beeinflussen, wenn man eines dieser Stücke zeigte, in denen die Menschen total isoliert dargestellt werden? Sie können einander nicht erreichen, ihr Leben ist besessen und getrieben und verzweifelt." Und er fragt weiter: „Kann man so schlafende Zuschauer aufwecken? Ich glaube nein…"

Genau wie André glaube ich, daß man die Leute nicht mit Furcht oder Verzweiflung aus den Betten holt, sondern mit Hoffnung. Wenn unser gegenwärtiges Leben uns verzweifelt und isoliert macht, ist es vollkommen vernünftig zu fragen: „Wie können wir uns etwas Besseres vorstellen?"

Visionäre Kunst hat viele Formen. Die Gegenwart darstellend zeigt sie noch nicht erkannte Möglichkeiten und Aspekte der Welt, die wir vernachlässigten. Die Zukunft ausmalend, zwingt sie uns zu sagen, was wir zutiefst wünschen oder fürchten. Beim Blick zurück in die Vergangenheit — bei „Motherpeace" in die Frühgeschichte — kann uns die visionäre Kunst helfen, uns das wieder anzueignen, was systematisch geraubt, begraben und verbrannt wurde, was aber trotzdem noch immer Lebenskraft besitzt und wieder enthüllt werden möchte. Je mehr unter uns die Göttin in sich erwecken und uns bei der „Erinnerung an uns selbst" helfen, um so eher können wir gemeinsam den Kurs der planetarischen Zerstörung wandeln, der uns bevorsteht. Wir können aktiv an der Erschaffung einer Zukunft des Lebens mitwirken.

TEIL EINS
DIE GROSSEN ARKANA

1

EINLEITUNG
GEHEIMNISSE UND ESSENZEN

Arkana sind tiefe Geheimnisse. Von der lateinischen Wurzel her bedeutet das Wort „Kasten, Lade". Eine Art Kiste ist eine Aufbewahrungsmöglichkeit, wo wie in der Bundeslade ein heiliger Text sicher aufgehoben ist. „Arca" bezieht sich auch auf Noahs Mittel gegen die Flut: ein großes Boot, in dem alle Arten des Erdenlebens überleben konnten. Alchimistisch betrachtet, bezieht sich „Arcana" auf ein anderes Heilmittel: ein wunderbares Elixir zur Verlängerung des Lebens. Wenn wir diese verschiedenen Deutungen des Worts miteinander verbinden, kommen wir zu den Behältern (oder Gefäßen), die von Unglück erretten. In der Alchimie ist das Gefäß ein Destillierkolben, in dem eine Arznei hergestellt wird.

Was hat all dies mit Tarot oder der Göttin zu tun? Madame Blavatsky, Theosophin des späten 19. Jahrhunderts, schlägt den Bogen zum arkanen Wissen (zur geheimen Weisheit) zu „Arka — der unbefleckten Jungfrau der Himmel". Ähnlich behauptet Robert Graves, daß Arka die Heimat der Arkiten war — alte Kanaaniten, die die Mondgöttin Astarte oder Ishtar verehrten. Genauso wie Noahs Arche ein Mittel war, Leben zu erhalten, sind die Arkana im Tarot ein Gefäß zur Rettung spiritueller Weisheit aus der Zeit, als die Göttin noch verehrt wurde. Nach Lawrence Durdin-Robertson war die Vorgängerin von Noah Nuah, eine chaldäische Muttergöttin.

Die Arkana können nicht nur als Arche gesehen werden, nach Erich Neumann ist die Arche sogar eine Frau. In seiner bedeutenden Studie „Die Große Mutter" vergleicht Neumann den weiblichen Körper mit Booten, Schiffen und Archen, außerdem mit Kelchen, Bechern, Kesseln. Ähnlich verbindet ganz intuitiv Gareth Knight den „Schoß der Großen Mutter" mit Kesseln, Archen und der Form des Halbmondes. Wie der Mond ist der Kessel ein durchgängiges Symbol für die Göttin und bringt uns zu den alchimistischen Elixieren zurück. Auf der physischen Ebene gehörten zur Alchimie die Versuche, Metall in Gold zu verwandeln, aber wie der Psychologe C. G. Jung zeigte, lag die esoterische Suche der Alchimisten in der Transformation des Selbst.

Das Versprechen der Großen Arkana liegt in solch einer Transformation, die bei den „Motherpeace"-Bildern in der Wiederentdeckung der Göttin gründet. In der herrschenden Kultur des Patriarchats überlebte die Göttin hauptsächlich in der Esoterik. Wie wir sahen, bewahren die Arkana sowohl das Geheimwissen und stellen bei richtigem Gebrauch auch ein Heilmittel dar. Die Heilung erfordert jedoch Arbeit. Anders als passive Erfahrungen wie Fernsehen, verlangen die Arkana aktive Beteiligung. Die Arznei, die sie bieten, besteht nicht aus einer leicht einnehmbaren Pille, sondern aus dem Prozeß der Selbstentdeckung.

Um den Wert der Geheimnisse zu begreifen, müssen wir Un-Glauben loslassen und unsere Imagination traumhaften Bildern aus anderen Reichen öffnen. Wenn uns diese matriarchalen Bilder fremd vorkommen, liegt es nicht daran, daß sie keinen Bezug zu unserem heutigen Leben hätten, sondern im Gegenteil daran, daß sie die Postulate der herrschenden patriarchalen Kultur in Frage stellen.

Die Großen Arkana sind die zweiundzwanzig mit römischen Ziffern bezeichneten Tarotkarten, die kosmische Zyklen der Schöpfung und Wiederkehr repräsentieren — in der okkulten Wissenschaft Involution und Evolution genannt —, die über das Leben hinausreichende Reise einer Seele. Esoterisch gesehen, manifestiert sich alles in der Welt und entschwindet wieder daraus. Nach den Naturgesetzen findet dieser Prozeß ständig auf jeder Ebene des Universums statt. Das Interessanteste an diesen Zyklen für die meisten Menschen ist der Zyklus der Menschenseele, die sich einen physischen Körper sucht, voraussichtlich einige wertvolle Wahrheiten während jeder Lebenszeit lernt und die Essenz „herausfiltert", wenn sie „wieder auf die andere Seite wechselt". Vor und zurück, hinein und hinaus, lebt und lernt die Seele, indem sie sich in Richtung „Befreiung" oder „kosmischen Bewußtseins" vorwärtsbewegt, wo der Geist von der „Gefangenschaft" des Körpers erlöst wird. Was ist die Natur dieser Gefangenschaft? Nicht, daß die Seele einen Menschenkörper annehmen muß. Wie die Buddhisten uns sagen, ist dieser Zustand ein großes und heiliges Geschenk. Eine Seele ist solange gefangen, wie die Person, in deren Körper sie sich befindet, ihrer heiligen Gegenwart unbewußt ist. Ziel spiritueller Entwicklung ist die Bewußtwerdung der Seele und die Vereinigung mit ihr. In diesem Sinn eröffnen die Großen Arkana eine spirituelle Disziplin, zumindest wenn sie korrekt im Sinn einer Meditation benutzt werden.

Ähnliche Lehren wurden in den Initiationsschulen einer jeglichen frühen Zivilisation verbreitet. Von druidischen bis zu ägyptischen Priesterschaften, vom Maya- bis zum arktischen Schamanismus, wurden die Lehren bestimmten Mitgliedern der Gemeinschaft gegeben, um ihnen den Sinn des Lebens hier auf Erden verständlich zu machen und harmonisch als Teil individueller und kollektiver Evolution zu leben. Wir wissen nicht, wie weit diese Lehren zurückreichen. Mündliche Überlieferung hinterläßt keine Spuren, die sich leicht finden oder interpretieren lassen wie Hieroglyphen. Es erscheint gleichwohl wahrscheinlich, daß die Weisen gegen Ende des „paradiesischen" Zeitalters der Menschengeschichte um den Beginn des kommenden Dunklen Zeitalters wußten. Da sie ihre Lehren der Nachwelt erhalten wollten, haben diese „vorgeschichtlichen" Weisen ihre Weisheit bildhaft ausgedrückt; einiges davon überlebte die Jahrtausende als „Geheimlehre". Traditionell bezieht sich Tarot auf diese Quellen, und so enthalten die Großen Arkana Samen des alten und tiefen Wissens um kosmische Gesetze und die Anbetung der Göttin. Während der letzten tausend Jahre hat das Patriarchat dieses Wissen unterdrückt, oft mit schrecklicher Gewalt.

Heute bereiten sich die tibetischen Buddhisten in Amerika wieder auf ein ähnliches Dunkles Zeitalter vor. Da nach ihrem Verständnis die Dinge schlechter werden, bevor sie besser werden, sammeln diese Buddhisten die heiligen Lehren in einem ihrer Meinung nach „sicheren Raum", wo sie die folgenden Jahre überstehen werden.

Die Arkana haben im Tarot verschiedene Gestalt angenommen. Im populären Waite-Deck zum Beispiel sind die Figuren mittelalterlich gekleidet. Die Hohepriesterin schaut hier wie eine Äbtissin oder Priorin aus. Aleister Crowley wiederum verlegt sein Tarot ins alte Ägypten, das er für den Ursprung der Arkana hält. In seinem Deck wird die Hohepriesterin als die Göttin Isis porträtiert. Eingehüllt und verschleiert erhebt sie ihre Arme, als ob sie betet oder Energien kanalisiert. Diese Darstellung hat tiefere Wurzeln. Sie zeigt, daß die Arkana Samen einer heiligen Mysterien-Tradition in sich bergen, die Jahrtausende wirkte und modernen Menschen wieder durch die verschiedenen esoterischen Schulen zugänglich gemacht wird.

Die Initiationsriten der Isis eignen sich besonders gut als Einstieg ins Tarot, reichen sie doch ins ferne vor-dynastische Ägypten zurück. In der hellenistischen Periode, dreitausend Jahre später, erfuhren sie eine gewaltige Wiederbelebung. Durdin-Robertson sagt, daß Isis im gesamten Mittelmeerraum verehrt wurde, als „Staatsreligion" (mit volkstümlichen Massenzeremonien) ebenso wie auch der Initiationsriten von Korinth, Pompeji, Rom und sogar Irland. Verschmelzung der Charakteristika verschiedener anderer älterer Göttinnen zu größerer Feinheit und Reinheit — Modell für die spätere Jungfrau Maria. Die Mysterien der Isis waren Vorläuferinnen der späteren Mysterien von Eleusis wie auch der Initiationsriten von Korinth, Pompeji, Rom und sogar Irlands.

In den „Motherpeace"-Bildern gehen wir noch weiter zurück, in die vorpatriarchale Zeit zu den „primitiveren" oder ursprünglichen Bedeutungen der Lehren. Zu Zeiten der Muttergruppen konnte die ganze Gemeinschaft an den Initiationsmysterien teilnehmen. Regelmäßig stattfindende jahreszeitliche Feste, Rituale und Feiern boten die Möglichkeit, Spannungen abzulassen und sich in heilender Weise mit kosmischen Energien zu verbinden, die als göttliche Gegenwart der Großen Mutter des Alls erfahren wurden.

In diesem Zusammenhang kann die „Motherpeace"-Hohepriesterin nicht

THE HIGH PRIESTESS

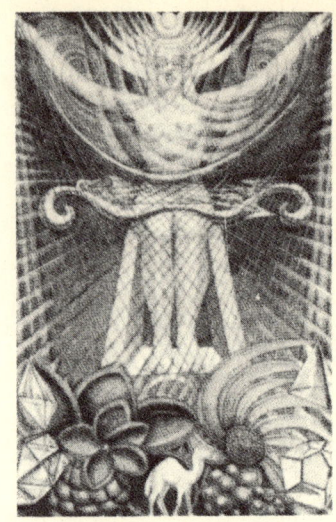

eine einzelne Frau repräsentieren, sondern vielmehr die Macht des „kosmischen Weiblichen" inkarniert in der weiblichen Gruppe. Die Zulu-Mutter auf dem „Motherpeace" ist der „Kasten" oder „Schoß", der die Geheimnisse birgt. Ihr Körper selbst enthält die schlummernde Kraft der „schlafenden Kundalini". Wenn die Stammesfrauen diese Kraft durch Tanz oder andere Formen der Verehrung erweckten, bedeutete dies Heilung für die ganze Gemeinschaft.

Die Großen Arkana wollen grundlegende Universalgesetze als Struktur der natürlichen Welt illustrieren. Metaphysisch oder kosmisch in ihrer Bedeutung werden sie manchmal als Lebensabschnitte oder Entwicklungen interpretiert, manchmal auch als Stationen eines spirituellen Wegs. Von der Zahl 0 (Die Närrin) bis zur XXI (Die Welt) ergeben sie den Zyklus des Lebens von der Schöpfung, über Wachstum und Entwicklung der Erde und der menschlichen Seele, die sich ihrer selbst bewußt wird. Der Kreis schließt sich bei der Rückkehr zur Verbindung mit der Quelle.

Wie ein Schöpfungsmythos entwickeln sie ein zusammenhängendes Bild vom Ursprung des Lebens und dem, was der Religionsgeschichtler Mircea Eliade „Zyklus der Wiederkehr" nennt. Die Jungsche Therapeutin Marie Louise von Franz glaubt, daß die „Schöpfung ein Erwachen zum Bewußtsein" ist, und wenn ein Mensch sich entwurzelt und zerrissen fühlt, bestehe der erste Schritt zur Heilung darin, daß aus dem Innern der Seele eine Art Schöpfungstraum oder eine Metapher hervortrete. Sie berichtet, daß die Fiji-Insulaner immer dann, wenn sie „von Entfremdung, Panik und sozialer Unordnung be-

Drei Versionen der Karte der Hohepriesterin. Links: das Waite-Deck, Mitte: Crowley-Deck, Rechts: Tusche-Skizze für das „Motherpeace"-Bild. Die farbige Abbildung der „Motherpeace"-Hohepriesterin befindet sich auf Farbtafel 1.

droht sind, die Schöpfung und den ganzen Kosmos durch das Nacherzählen des Schöpfungsmythos wieder herzustellen trachten". Bei der heutigen Weltsituation erscheint die Wiederbelebung des Tarot speziell der Großen Arkana kein Zufall. Nehmen wir vielleicht teil an dem gemeinsamen Hervortreten der dringend benötigten Schöpfungsmetapher und der künftigen Möglichkeit von Leben?

Nach Donald Sandler befolgen die Navahos beim Heilen vier Prinzipien, die nach meiner Ansicht auch auf den natürlichen Zyklus der Großen Arkana zutreffen: zunächst die Rückkehr zum Ursprung; zweitens Konfrontation und Manipulation des Bösen; drittens Tod und Wiedergeburt und viertens die Wiederherstellung des Universums. Da wir die Großen Arkana des „Motherpeace"-Tarot kreierten, bevor wir je vom Heilen der Navahos gehört hatten, frage ich mich, ob nicht beide Systeme sich auf die gleichen Quellen der Weisheit beziehen.

Im Zyklus der „Motherpeace"-Bilder stellen die ersten Karten die Rückkehr zum Ursprung dar. Sie betrachten die vorgeschichtliche Kultur und reflektieren über die Natur der frühen Menschen aufgrund archäologischer Beweise und Mythen. Mit dem *Herrscher* (Kapitel 6) beginnt der Zyklus der „Konfrontation und Manipulation des Bösen". Dieser Zyklus führt über *Stärke* und *Gehängte* (Kapitel 13 und 14) zu *Tod* und *Wiedergeburt*.

Stern und *Mond* (Kapitel 19 und 20) zeigen den Weg zur Wiederherstellung des Universums, dessen Vollendung dann in den letzten drei Bildern der Großen Arkana, *Sonne*, *Gericht* und *Welt* (Kapitel 21, 22 und 23) zum Tragen kommt.

Sowohl symbolisch als auch realistisch enthält diese Geschichte des Heilens den therapeutischen Prozeß des Individuums sowie den Zyklus der Wiederherstellung einer Gesamtkultur. Die ersten Kapitel berichten von einer Geschichte, die wir fast ganz verloren haben, jedoch gerade wiederentdecken; in den mittleren Kapiteln erfahren wir die Geschichte der „historischen" Erfahrung unserer Welt, wie sie auf dem Höhepunkt des Patriarchats bestand; die letzten Arkana sprechen von Zukunftshoffnungen und bringen Vorschläge für ein aktives Engagement in der Wiederherstellung unserer persönlichen wie auch kollektiven Welt.

Der erste Abschnitt der jeweiligen Kapitel ist der Mythologie und Kunst, aus der das Tarotbild stammt, gewidmet. Zum Beispiel finden sich im Kapitel *Herrscherin* auch Materialien über Venus-Figuren und andere frühgeschichtliche Skulpturen der Göttin als Erdmutter. Auch ihre späteren Formen vom Beginn der landwirtschaftlichen Revolution an, als die matriarchale Kultur ihren Höhepunkt erreichte, werden beschrieben. Der letzte Abschnitt eines jeden Kapitels der Großen Arkana bringt dann eine etwas persönlichere Deutung, für jene, die wissen möchten, wie sie das Bild in ihren Alltag integrieren können.

So spricht der Großteil der einzelnen Kapitel hauptsächlich die abstrakte „Geistseele" der Leserin an, liefert die Hintergrundinformationen und „Einweihungssachen". Der letzte Abschnitt spricht dann mehr die Person an und realisiert das Material in der wirklichen Welt. Zusammengenommen erhellen sich die beiden gegenseitig, gleichwohl ist es möglich, nur einen Teil zu Rate zu ziehen, falls die Leserin dies wünscht. Beispielsweise können die ersten Abschnitte der einzelnen Kapitel hintereinander als langer Essay gelesen werden — als Geschichte der Kulturrevolution, die sich auf die Symbole der Göttin in Mythen, Musen und Tarot gründet. Genauso können die persönlicheren Abschnitte zusammenhängend als Einstieg in die Großen Arkana gelesen werden und bilden so einen Grundstock für die Interpretation des Tarot in der Beratung, Deutung und Charakterisierung. Natürlich erwächst die vollständigste Interpretation aus der Beachtung beider Teile — so wie eben jede Person Seele und Körper befriedigen möchte, die spirituellen und materiellen Ebenen.

2

DIE NÄRRIN
DIE ELFE IN DIR – SELBST VERTRAUEN

Dargestellt durch die Zahl Null ist die Närrin im Tarot ein Symbol für die Leere, jenen Zustand vor der Erschaffung, in dem noch alles möglich ist, aber noch nicht manifestiert. In vielen Schöpfungsmythen heißt jener Zustand Chaos und wird im allgemeinen als weiblich angesehen. Die Göttin aller Dinge erhob sich nackt aus dem Chaos und fand keinen Platz, ihren Fuß aufzusetzen. Sie trennte die Meere von den Himmeln und brütete über dem Wasser und gebar das Leben: sich selbst. Das über den Wassern schwebende Bewußtsein ist biblisches Gedankengut und beschreibt den Heiligen Geist in seiner ursprünglichen, nämlich weiblichen Form — der Odem des Lebens.

Nach den Worten der Jungianischen Analytikerin Marie Louise von Franz ist die Närrin ein Sinnbild für „psychische Ganzheit... vor dem Erwachen des Ichbewußtseins oder irgendeiner anderen Art trennenden Bewußtseins". Von daher ist der Narr in den Tarot-Decks ein unbekümmerter Sterblicher, der gerade über die Klippe in den Abgrund zu gehen scheint. Die Närrin enthält ein Element des göttlichen Schwindels. Ich denke an die „Roadrunner"-Cartoons, die ich als Kind sah. Wie schlau der Koyote auch immer war, der „Roadrunner" hat ihn stets ausgetrickst. Der „Roadrunner" war wirklich der Narr mit der Fähigkeit, über Klippen in den Raum zu gehen und nicht getötet zu werden. Die Närrin weiß nicht, was sie im logischen Sinn tut, geht aber von einem Impuls aus, der aus dem unendlichen Möglichen des embryonalen Zustandes, der durch Null repräsentiert wird, erwächst.

Ausgestattet mit allen Möglichkeiten, steht die Närrin für das Phänomen der „Synchronizität" oder der „Zufälle" zwischen den Geschehen. Die Närrin ist der Teil in uns, der uns unbewußt mit dem größeren Ganzen, dem Universum verbindet. Es passieren „einfach" solche Dinge, die unausgesprochen und unbemerkt die Verbindung zwischen Gedanken und Ereignissen herstellen. Öffnen wir uns magischen Ereignissen, werden wir auch diese kleinen Verbindungsstücke zwischen den Welten akzeptieren. Sobald wir die Synchronizität

Siehe Abbildung auf der Umschlag-Rückseite.

Die Närrin (0)

anerkennen, erkennen wir auch solche Ereignisse
öfter und lernen sie schätzen.

Die Närrin von „Motherpeace" ist ein Kind, das
auf seinen Händen geht, all der Gefahren ringsum
überhaupt nicht gewahr und „unselbst-bewußt"
glücklich, zu leben. Das Kind ist ein Symbol der
Menschenseele, die noch nicht über sich selbst
nachdenkt, der Lebensfunke, der sich immer wieder inkarniert, bis das Selbst erwacht. Die Wiedergeburt ist der geheime Schlüssel zur Närrin, und
die Närrin ist der geheime Schlüssel zum ganzen
Tarot. Einzig der Narr blieb Teil der modernen
Kartenspiele als Joker.

Auf dem „Motherpeace"-Bild balanciert das Kind
eine Tasche auf seinen linken Zehen — die traditionelle Narrentasche, die das
enthält, was die Jungianer „kollektives Unbewußtes" nennen. Die Tasche
steht für die Archetypen und Symbole, die das kosmische Bewußtsein in der
Seele wecken und die in die Schaffung eines Tarot-Decks einfließen. So gesehen, enthält die Närrin alle Tarotkarten in embryonaler Form. Das offene
Auge auf der Tasche steht für das Erwachen der Seele, das gegenwärtig für die
ganze Menschheit geschieht. (Auf früheren Decks ist das Auge geschlossen, um
auf das geheime oder esoterische Wissen hinzuweisen.) Die Initiation, die eine
geheime und individuelle Angelegenheit war, ist zu einem kollektiven Prozeß
geworden, der sich im offenen Geist im Leben vieler moderner Menschen vollzieht. Dies kennzeichnet den Beginn eines Zyklus, der zu der Ganzheit der frühen Menschheit zurückführt.

Öffnen wir die Tasche der Närrin, können wir uns vielleicht an „frühere Leben" erinnern und beginnen eine erweiterte Realität der Erfahrungen der See-
lenleben zu verstehen. Wie ein Kind, dessen Aufmerksamkeit auf den gegenwärtigen Moment gerichtet ist, bewegt sich die Närrin von Moment zu Moment oder Leben zu Leben, ohne intellektuelle Analysen des Vergangenen
oder Künftigen. So bleibt die Närrin ewig jung, beginnt stets von neuem, wie
ein Sonnenaufgang. Sie steht für Unschuld, ohne Gedanken an Schuld oder
Vergehen.

Noch „ungeformt" und dem „Jetzt" geöffnet geht das Kind in die Zukunft —
über das Wasser — ohne Furcht oder Zweifel oder überhaupt einen Gedanken
daran. Es glaubt an sich selbst und vertraut automatisch seinem Körper und
dem Lauf des Lebens. Impulsiv springt das Kind in den Handstand und sieht
die Welt verkehrt herum. Die Gehängte später wird diese Umkehrung bewußt
vollziehen und vorsichtig. Für die Närrin geschieht das Ganze spontan.

Der heilige weißköpfige Geier der ägyptischen Göttin Maat wacht über das
Kind. Maat als Göttin der Weisheit und inneren Wahrheit schützt jede Seele

während der langen Reise der spirituellen Evolution. Die Pfauenfeder am Stab der Närrin ist Zeichen uralter Intelligenz, die zur Wahrheit vorantreibt.

Die Närrin freut sich an der reinen Spontaneität, die Yoga und andere Meditationsformen wiedererlangen wollen und deren Sinn während der Inkarnation in einen Körper in der Vereinigung der Seele mit dem Geist liegt. Mircea Eliade spricht von einer „Sehnsucht" im Menschen nach „uranfänglicher Fülle und Seligkeit" die wir vom „Paradies" her kennen. Diese Seligkeit wird im Tarot durch die Närrin verkörpert. Im persönlichen Bereich wird diese Sehnsucht oft als Verlangen nach einer Rückkehr in die Wonnen der Fruchtblase im Mutterleib gedeutet. Feministisch gesehen, deutet dieses Suchen auf das frühe Leben unserer Art hin, das noch von der Verehrung und Anbetung der Großen Mutter der Liebe und des Lebens für alle geprägt war.

Im „Motherpeace"-Bild steht das Krokodil für die Gefahren und das instinktive Unbewußte, doch bedeutet ganz offensichtlich dieses Zwergkrokodil keine Gefahr für das Kind. Reptilienweisheit ist eine primitive Form psychischer Empfänglichkeit. Die Zirbeldrüse einer Schlange oder eines Reptils ist die evolutionäre Vorläuferin des menschlichen Potentials für höhere Weisheit, das dritte Auge psychischer oder innerer Schau. Weil die Närrin psychisch mit dem Krokodil verbunden ist, indem sie das gleiche ursprüngliche Bewußtsein teilt, gibt es nichts zu fürchten.

Die Katze der Närrin ist ihre Freundin und psychische Gefährtin — eine Hexe würde sie ihre „Verbündete" nennen —, sie hat sich selbst für ein Leben mit der Närrin entschieden. Da die Närrin sich nicht an gewöhnliche gesellschaftliche Verpflichtungen gebunden fühlt, kann sie sich voll und ganz ihren Tierfreunden widmen und sich telepathisch oder mit anderen magischen Kommunikationsformen mit ihnen verbinden. Hexen sagen, daß ihre Verbündeten „Astralreisen" unternehmen können und von dieser Ebene her für sie wirken. Nach den Worten einer Zeitung für Spiritisten „kommunizieren die Tiere mit der ursprünglichen ,Sprache' der rechten Gehirnhälfte über Bilder und Gefühle. Sie haben ein Mitgefühl für ihre Menschenfreunde und unterstützen sie in Zeiten der Trauer, Pein, Einsamkeit oder Freude. Drückt man sich in ihrer Sprache aus, verstehen sie einen."

Die Närrin hat keine Angst davor, an etwas Göttliches oder Größeres als das Ich zu glauben. Sie lädt zu einer Rückkehr zu den Mysterien und einem Glaubenssprung zu kosmischen Erfahrungen ein. Im Vordergrund des „Motherpeace"-Bildes wachsen amanita muscaria (Fliegenpilze), die „magischen" Pilze, die in alten Zeiten für ihre Wirkungen zur Tranceeinleitung, Prophezeiung und zu ekstatischen Visionen bekannt waren. Sie waren ungefährlich, solange man sie mit dem richtigen Wissen gebrauchte.

Lotusblumen oder Wasserlilien wachsen vom Grund des Flußbetts empor und erinnern die Närrin daran, daß Höhen und Tiefen zusammengehören und daß Schönheit seine Wurzeln in so etwas Gewöhnlichem wie Schlamm hat. Die

Blüte symbolisiert das Kronenchakra — höchstes der sieben Kraft- oder Energiezentren des menschlichen Körpers. Die Krone oder das siebte Chakra verbindet das Menschenwesen mit dem einen universellen Geist, wie er sich in der Offenheit der Närrin gegenüber dem kosmischen Licht und göttlicher Führung kundtut. Natürliches und spontanes „Kanalisieren" passiert, wenn Kinder die Tarotkarten lesen. Ohne Vorbereitung oder Studien (und mit nur wenig Gedanken über das, was sie wissen „sollten") interpretieren sie die Bilder so genau wie eine Expertin. Sie machen es im Geist des Spiels. Alle Arten „heiliger Spiele" sind direkte Wege zur Göttin und zur reinen Weisheit der Lotusblume.

Die Berge in der Karte der Närrin sind rosa und repräsentieren Zuneigung und spirituelle Liebe. Die schneebedeckten Gipfel kennzeichnen die kühle Reinheit nach dem Aufstieg, die in den Fluß des Lebens mündet, den die Närrin zu überqueren sich anschickt. Der Fluß steht für den beständigen Gedankenfluß im Geist. Die über die Spitzen der Berge lugende Morgensonne symbolisiert die Frische des ersten Frühlings und plaziert die Närrin astrologisch genau zwischen Fische (Ende) und Widder (Beginn).

Die Närrin in uns treibt uns aus der Lethargie hin zur Erleuchtung und Transformation — ohne Angst vor der Zukunft. Bei jedem Wechsel wird die Närrin in uns wiedergeboren und in die Aktivität entlassen. Von Franz erinnert daran, daß „jedesmal, wenn ein Menschenwesen in seinem Bewußtsein einen richtigen Fortschritt gemacht hat, hat die ganze Welt sich verwandelt, die Beziehungen wandeln sich, die Weltanschauung und die Betrachtung der eigenen Situation verändert sich. Die ganze Welt wird wiedergeboren."

Wie der Narr am Hof eines mittelalterlichen Königs ist die kindliche Närrin völlig frei, die Wahrheit auszusprechen ohne Bestrafung oder Zensur. Wir glauben an die absolute Unschuld ihrer Motivation. Sie kann unser Bewußtsein erwecken wie das Kind im Märchen, das der ganzen in Illusion befangenen Bevölkerung verrät: „Der Kaiser trägt gar keine Kleider!" Das Gegenstück heute ist jede Närrin, die die Wahrheit über unsere Zivilisation ausspricht, vielleicht den Wert der „Sicherheit", die sich auf Nuklearwaffen gründet, in Frage stellt; einen Wohlstand anzweifelt, für den wir einen GAU riskieren, oder eine Kultur kritisiert, die aus stundenlangem Fernsehen besteht.

*

Wenn die Närrin in deinem Blatt erscheint, ist es wahrscheinlich am besten, alle gelehrten Selbstdarstellungen loszulassen, denn das Kind in dir will heraus. Hängst du dich zu sehr an Logik oder Rationalität, wirst du wahrscheinlich steckenbleiben. Die Närrin steht für reine Spontaneität — verbinde dich also mit deinen unbeachteten Impulsen und den unvorbereiteten Antworten auf die Welt. Die Närrin ist im allgemeinen leicht und lustig, hat Zugang zu einer

„paradiesischen" Zeit vollkommener Freiheit, wo jegliche Energie gut war. Hat je eine von uns diesen Glauben an ein „goldenes Zeitalter", ein Reich ohne „Sünde" oder Schuld ganz und gar fallengelassen?

Die Närrin ist der Teil in dir, der paradoxerweise sich nicht darum schert, „dumm" zu erscheinen, und daher gleichzeitig sehr offen ist für jegliche Beschuldigung. Närrinnen heben Federn auf oder bestimmte Steine, die sie am Strand finden, und wissen, daß darin Magie enthalten ist. Sie lesen die Zukunft aus den Karten, fühlen sich persönlich von der Göttin berührt, wenn etwas „Besonderes" passiert. „Warum verlieben Narren sich?" Und warum gehen sie über die Klippen der harten Wahrheit in den offenen Raum? Die Närrin ist der Teil in dir, der sich nicht darum kümmert, was andere Leute sagen oder wie etwas aussieht.

Die Närrin bewegt sich aus dir heraus. Sie hat nicht die klare, ruhige Stimme der inneren Weisen, die dich berührt, sondern die sorglose, irrationale Impulsivität — die ununterdrückbare Energie, die dich irgendwohin treibt. Vielleicht weißt du es besser, vielleicht gibt es logische Gründe, vorsichtig zu sein, Pläne zu machen, aufzupassen. Doch die Närrin freut sich am verführerischen und spielerischen Sinn des Lebens, möchte Dinge ausprobieren. Handelt die Närrin durch dein Leben, wirst du Warnungen in den Wind schlagen oder vielmehr in den Lebensodem, den die Närrin darstellt: Du läßt dich vom Odem tragen.

Das Universum scheint solche Leute zu „mögen", die sich öffnen und bewegen lassen. Es segnet sie mit Erfahrungen des Wachstums und der Freude, es hilft ihnen beim Lernen, hält sie geistig jung — gleich, wie alt sie biologisch sein mögen. Eine Person, die sich mit der Närrin identifiziert, wird unpraktisch und vielleicht auch dumm erscheinen — aber sie wird ihre Chancen nutzen und etwas riskieren. Sie vertraut der Liebe, die das Universum durchströmt, und läßt ihre Wünsche Wirklichkeit werden. Die Närrin zu erkennen heißt, der Elfe in sich zu vertrauen — der ewigen „Spinnerin", die in der zusammengesetzten äußeren Realität lebt, die wir als Selbst bezeichnen.

3

DIE MAGIERIN
FEUER TANZEN

Die Alchimie des Feuers ist der Magierin großes Geheimnis. Ihre aktivierende Kraft verwandelt ein Ding in das andere. Sie ist Werkzeugmacherin und Schamanin. Von allen frühen Techniken war das Feuer das wirkungsvollste und vielseitigste: Es ermöglichte den Menschen, Korn zu Brot zu wandeln, Ton in Steingut, entzündbare Materie zu Asche. Wenn die Leute sich um die Feuerstelle scharten, schützten sie Wärme und Licht vor wilden Tieren und Kälte, und sie fanden die Magie geheiligter Kraft in den Flammen verkörpert. Nach den jüngsten archäologischen Untersuchungen wurde Feuer seit vier bis fünf Millionen Jahren sinnvoll genutzt. Die ursprüngliche Kraft der weiblichen Gruppe, Feuer zu nutzen und zu gebrauchen, wird in allen Mythologien der Erde erwähnt und bezieht sich sowohl auf das Feuer der Sexualität als auch auf den Gebrauch des physikalischen Feuers zum Kochen und zu geheimnisvoller Transformation.

Schamanismus ist die älteste Religion der Welt und reicht weit zurück zu den frühen Wurzeln unserer Kultur im Matriarchat. Nach Geoffrey Ashe war Schamanismus „zunächst ein Kult der Frauen, der einheitlich war, solange es die Menschen waren. Er ging dann in die Hand der Männer über... nachdem die Stämme zersplitterten und den Bezug zueinander verloren hatten."

Die Schamanin kanalisierte heilende Hitze — das Feuer des Universums durchströmt das Menschenwesen. Wie andere moderne Schamanen ist die Magierin Mittlerin zwischen zwei Welten — dem inneren, spirituellen Himmel und der äußeren physikalischen Erde. Ihr ist die Aufgabe der Unterscheidung und Entscheidung gestellt. So ist sie verantwortlich für sich selbst und für den größeren Organismus, von dem sie, wie auch wir, Teil ist. Als Werkzeugmacherin symbolisiert die Magierin die Macht zu scheiden — jenen großen Moment des geistigen Erwachens, da das Menschen-Ich sich selbst erkannte, seine Kraft der Unterscheidung spürte und zu denken begann. (Die frühesten Beweise der Werkzeugherstellung stammen aus Afrika, ein- bis eineinhalb Millionen Jahre

Siehe Abbildung auf Farbtafel 1.

zurück.) In jedem Menschenleben wird dieser evolutionäre Augenblick wiederholt, wenn das Kind, verbunden mit seiner Mutter, sich selbst als getrennt erlebt und diese schockartige Entdeckung verarbeiten muß. Ehrfürchtig versteht sie: Ich bin. Das vom Solarplexus ausstrahlende gelbe Licht spiegelt diese magische Geisteskraft.

In der Tradition steht die Magierin für den Widder — das kardinale Feuerzeichen, das vom fruchtbaren Feuer des Planeten Mars und den lebensspendenden Strahlen der Frühlingssonne regiert wird. Widder ist das erste Zeichen des Tierkreises, die Magierin ist die Nummer Eins im Tarot. Sie repräsentiert das Ich, befindet sich wie die Sonne im Zentrum der Person. Mit dem Feuer des Willens läßt sie ihre Wünsche durch die Kraft der Gedanken Wirklichkeit werden. Die Magierin zerbricht das universelle Ei der Närrin, so daß die darin enthaltenen Energien erlöst werden. „Aus dem Ei kommt ein strahlendes Wesen: die Sonne." Als Eins repräsentiert sie die individuelle Einheit, den Mikrokosmos. Dargestellt durch einen Tupfen oder Punkt, etwas Bestimmtes, das aus dem Nichts hervortrat, verkörpert sie die Yang-Qualität äußerer Aktivitäten.

Die frühesten Beweise des Schamanismus finden wir an Höhlenwänden aus dem Paläolithikum (Altsteinzeit). Die frühen schamanischen Künstler/innen stellten Messer (Klingen) und Äxte aus Stein her, mit denen sie auch die Einkerbungen auf den Höhlenwänden ausführten. Die frühesten Bilder sind abstrakte Symbole, hauptsächlich runde Löcher in den Stein geschlagen. Nach Meinung von Archäologen sollen die Symbole Brüste darstellen oder auch Sterne.

Die frühesten und häufigsten Menschendarstellungen an den Höhlenwänden sind Bilder von Schamaninnen ohne Köpfe — frühe Vorfahrinnen der Göttin Kali in ihrem kopflosen Aspekt. Diese kopflosen Figuren finden sich neben anderen weiblichen Darstellungen von Frauen mit Vogelköpfen, die sehr deutlich auf den magischen „schamanistischen Flug" hinweisen, bei dem der Geist den Körper verläßt und zeitweilig ohne Form und Begrenzung existiert.

Mensch-Tier-Hybriden tauchen früh in der Vorgeschichte auf. Nach Siegfried Giedion „ist die Frau der Grundtypus, der Mann kam später". Die durch die hybriden Formen dargestellten Interaktionen zwischen Menschen und Tierreich sind typisch schamanisch. Im „Motherpeace"-Bild trägt die Magierin ein Tierfell, mit dem sie sich magisch verbindet und dessen Kraft sie übernimmt. Das Bild ruft die vogelköpfige Frau auf der Decke der Halle der Hieroglyphen in Pech-Merle, einer Höhle in Spanien, in Erinnerung. Giedion nennt sie „die früheste Darstellung einer Verbindung von Mensch und Tier". Und was macht sie auf dieser alten Decke? Sie tanzt.

Zu den berühmtesten Hybriddarstellungen zählt wahrscheinlich der „Hexer von Les Trois Frères" in Frankreich. Fast alle haben Skizzen dieser hochgelobten Männerfigur in Tierfell gekleidet und mit Hörnern oder Maske gesehen. Er gilt als der erste maskierte Tänzer, wird als Schamane oder auch öfter als Gott gesehen — der Geist der Tiere oder Herr der Tiere wie später der hinduistische Schiva, der Kalis sexueller Partner ist. Zwei andere Hybridfiguren männlichen Geschlechts wurden noch in der gleichen Höhle gefunden — Männer mit Bisonfellen bekleidet.

Die späteren Männerfiguren von Les Trois Frères unterscheiden sich von den frühen vogelköpfigen Frauenfiguren aus Pech-Merle. All diese Figuren sind von Tieren umgeben, doch während die männlichen Figuren von den anderen Leuten entfernt sind, scharen sich die Frauen zusammen und tanzen miteinander. Die früheste vogelköpfige Frau ist „untrennbar mit der irdischen Existenz verbunden, mit rudimentären Armen, schweren Brüsten, einem schwangeren Bauch, stark betonten Hüften und menschlichen Füßen" (siehe die Tuschzeichnungen im Prolog).

Im „Motherpeace"-Bild setzt die Magierin die uralte Tradition des feurigen Tanzes von Magie und Sexualität fort. Das Messer in der rechten Hand wie der „Athalmos" einer Hexe zieht die Energien wie ein Blitz zur Erde. Der Stab in der Linken dirigiert die Manifestation — sie atmet Macht ein. Willentlich läßt sie geschehen, was sie wünscht. Ähnlich wie der Gebetsstock der amerikanischen Indianer oder wie ein königliches Zepter wird der Zauberstab in der westlichen Kultur häufig als Phallus gedeutet, doch steuert die Magierin ihren Willen mit der linken Hand, die als weiblich gilt.

In der Hindutradition werden diese Elemente der Feuergöttin Kali zugeschrieben. Sie hält ein Schwert oder ein Messer empor und tanzt die Welt in die Schöpfung, hat aber auch die Macht, alles zu zerstören. Wie die Magierin repräsentiert die rote Kali die weibliche aktive Kraft — Shakti, die Kraft zu handeln —, die schamanische Macht, Hitze herzustellen. Die feurige Kali zerstört Falschheit und besiegt Egoismus.

Der Tanz der Magierin feiert keine Überlegenheit gegenüber den Tieren, sondern die Verbundenheit mit ihrer Welt, ihre Fähigkeit, selbst Tiergestalt anzunehmen oder sie in sich aufzunehmen, je nach Wunsch. Sie ist Neith, die von Mary Daly als „die in Felle gehüllte Dreifaltige Göttin von Libyen" beschrieben wird, die „zu einer Epoche gehörte, in der man von Vaterschaft noch nichts wußte". Das bedeutet, daß die Menschen wohl wußten, daß Frauen nur durch Verkehr schwanger werden konnten, sie aber gleichwohl an Vaterschaft als Institution nicht einmal im Traum dachten. Kinder waren kein Besitz und „Unehelichkeit" gab es nicht. Die Magierin ist eine „göttliche Yogini" indischen Erbes, wie Bhairavi, die vorpatriarchale indische Göttin, die ein Löwenfell um ihre Hüften geschlungen hatte und eine Elefantenhaut um ihre Schultern trug. In ihrem Haar trägt sie eine Schlange als Tiara; die Hüfte vorgereckt, steht sie in der traditionellen Haltung der Yogini. Bhairavi und Neith sind Archetypen der Göttin, die vor der Institutionalisierung der Vaterschaft und der Erfindung von Vatergottheiten existierten.

Die ägyptische Kultur, besonders die vordynastische (früher als dreitausend

Jahre vor Christus) porträtiert Frauen mit erhobenen Armen, Vogelköpfen und spitz zulaufenden Beinen — Nachfolgerinnen der paläolithischen Figuren Zehntausende von Jahren früher. Während der dynastischen Zeit (nach der Zeit der Anbetung der agrarischen Göttin) feiern die Mysterien die Fähigkeit des Menschen, sich aus dem Körper zu entfernen und willentlich zurückzukehren, wie eine Flamme vom Docht emporzusteigen.

Im „Motherpeace"-Bild schaut die Magierin zur Sphinx hinter ihr, die die mystische Verbindung von Mensch und Tier verkörpert und uralte Geheimnisse, die sonst verlorengingen, bewahrt. Die Magierin — menschliches Ich — studiert die Geheimnisse der Sphinx, um mit dem Heiligen in Kontakt zu bleiben. Ohne die Verbindung zur Magie und zu den heiligen Feuerriten wird das Ich egoistisch und wähnt sich als Zentrum des Universums. Der Standpunkt der Magierin erlaubt den direkten Augenkontakt mit dem Göttlichen, während sie gleichzeitig die physikalischen Elemente Wasser und Erde berührt — die Kelche und Scheiben zu ihren Füßen. Sie weiß, daß das Ich zwischen Natürlichem und Göttlichem vermitteln muß, um schließlich zu verstehen, daß beide eins sind.

Weil wir glauben, daß der Mensch sich vom Tier durch seinen Intellekt unterscheidet und durch die Fähigkeit, Werkzeug herzustellen, hat sich die Menschheit von der gleichermaßen bedeutsamen Erkenntnis abgeschnitten, daß die Tiere heilig sind und wir nur ein Teil der Natur — nicht ihr Herrscher. Die Magierin steht für die Zeit, in der die Menschen verstanden, daß sie ein gemeinsames Schicksal mit den Tieren teilten und sich mit den Tieren im sogenannten Totemismus identifizierten. Jäger glaubten, daß die von ihnen erlegten Tiere ihr Leben willig darboten und daß daher, wie Giedion schreibt, „alles getan werden muß, ihren Tod zu erleichtern... außerdem muß dem Tier die Möglichkeit eines neuen Lebens gegeben werden". Die zeitgenössische Feministin Monica Sjöö geht in dieser anthropologischen Sicht einen Schritt weiter:

Totem bedeutet „durch die Mutter miteinander verwandt"... Maskentänze stellen eine Möglichkeit dar, sich der bio-mystischen Tiernatur anzunähern. Sie sind damit auch eine Möglichkeit, der göttlichen Mutter innerhalb und außerhalb aller natürlichen Gestalten näherzukommen. Das Totemtier wird von der Gruppe im Sakrament verspeist, oder es wird als Gruppentabu völlig gemieden... Tanzen mit den Geistern der Tiere bzw. zu ihnen hin ist die älteste menschliche Zeremonie, von der wir wissen: Pantomimischer Tanz ist der Kern jedes Mysterienkults... die Gruppe wird gefühlsmäßig eins — durch das Tragen von Tiermasken und Verkleidungen, durch Tanzen nach gemeinsamem Rhythmus, durch allgemeine Erregung...

Die Magierin tanzt für alles Leben, einen Tanz des universellen Feuers in allen Wesen.

Wenn die Magierin in deinem Blatt erscheint, heißt es, daß du Energie hast; du hast Lust zu tun, zu handeln, vorwärtszugehen. Die Magierin steht für Sonnenbewußtsein (das strahlend gelbe Licht des Tags) und Marsenergie (das Rot der Handlung). Jetzt ist die Zeit, neue Projekte anzufangen, einen Standpunkt zu vertreten, eine Idee, an die du glaubst, zu bekräftigen. Vielleicht fühlst du eine Zielstrebigkeit in dir, entwickelst ein Gespür für Sinn und Zweck und motivierst dich selbst. Wärme strahlt von deiner Person aus, ein strahlendes Selbstvertrauen, das andere spüren und zur Handlung treibt. Du möchtest unbedingt etwas Kreatives oder Aktives unternehmen, erreichen, was du dir vorstellst.

Das Feuer des Willens zum Erfolg gibt dir Kraft. Deine Wünsche können persönlich oder selbst-bezogen sein, es kann aber auch ein höherer Wille oder Zweck durch dich kanalisiert werden. Möglicherweise beginnst du etwas Neues oder bist sonstwie in der Situation einer Pionierin. Du hilfst anderen, während du dir selber hilfst. Das Glaubensbekenntnis der Hexen für erfolgreiches Tun und positive Magie lautet: „Tu, was du willst, und verletze niemand.“

Kreative Leistungen erfordern Sorgfalt und Disziplin, die manchmal schwer zu erlangen sind. Willst du etwas Wertvolles schaffen, solltest du zuvor das Ergebnis visualisieren und dann ohne Zerstreuung darauf hinarbeiten. In der Magie wie auch im Heilen ist die Absicht alles. Was du siehst, wirst du bekommen; also behalte das Ziel im Auge und fang an. Alle guten Ideen brauchen einen Kanal, durch den sie auf Erden Wirklichkeit werden. Sonst verschwinden sie einfach im Äther, ohne sich manifestiert zu haben. Mit der Magierin an deiner Seite sollten dir all deine Vorhaben gelingen.

Als Meisterin des Feuers kannst du jetzt auch sexuell die Initiative ergreifen. Du kannst jemand berühren und die Lebenskräfte mit deiner Energie wecken. Eros ist auf deiner Seite, Shaktis Macht ist groß. Tanze dich in Ekstase, wie deine alten Vorfahrinnen, die Schamaninnen und Hexen der alten Zeit. Fühle die regenerierende Kraft des Feuers der Wiedergeburt und des neuen Wachstums, wie die wiederkehrende Sonne des Frühlings.

4

DIE HOHE PRIESTERIN
GEWAHR SEIN

Die Hohepriesterin repräsentiert den Mond, das Element des Wassers. Sie ist der weibliche Archetypus der empfänglichen Seite des Bewußtseins — das innere Wissen des Herzens. Sie steht für Feuchtigkeit und Regenmacherei, die Nacht, den Schoß, die Brust, die Vulva, das Herz und das innere Auge der Weisheit. Was die Magierin im Tageslicht erkennt, weiß die Hohepriesterin in der Dunkelheit. In Verbindung mit dem sich immer wieder erneuernden Mond waren ihre Mysterien die ursprünglichen, geheiligten Riten der Frauengruppe während ihres Menstruationszyklus, wenn sie gemeinsam ovulierten, bluteten und meditierten.

Die Transformationen der Magierin unter der Ägide von Sonne und feurigem Mars geschehen für alle sichtbar in der äußeren Welt, wo offenkundig ein Ding sich zum anderen wandelt: Das Essen kocht, die Schlange häutet sich. Die Transformationen der Hohepriesterin geschehen innerlich: Ein Ei wird zum Embryo, aus dem Fötus wird das Kind. Wie Ebbe und Flut wechselt der weibliche Körper vom empfänglichen zum aktiven bei jedem Monatszyklus. Die Magierin und die Hohepriesterin symbolisieren die wechselnden Zustände von Empfängnis und Aktivität, die durch den schamanischen Mondzyklus ausgedrückt werden.

Der zunehmende Mond steht für Geburt und Wachstum, der Vollmond für Erleuchtung und Licht, der abnehmende Mond für Tod und Heilkraft. Diese drei — Tochter, Mutter und die Alte — stellen die archetypischen Stadien im Leben einer Frau und den Wandel aller Geschehnisse im Kosmos dar. Die Hohepriesterin ist Artemis, die Tochter, jung und frei, Nymphe oder Mädchen; sie ist Selene, die Mutter, Pasiphae, der volle Mond (SIE, DIE ALLEN SCHEINT), und sie ist Hekate, die weise alte Frau, die die Kraft der Unterscheidung und Heilung besitzt, sich in der Hebammenkunst auskennt und um die Geschehnisse von Tod und Erneuerung weiß.

Die Hohepriesterin ist die „Wächterin des Tors", nach Nor Hall das „vermit-

Siehe Abbildung auf Farbtafel 1.

telnde Weibliche". Sie sitzt zwischen den beiden Säulen der Gegensätze und stellt das Gleichgewicht her. Sie führt uns auf unseren Reisen durch das Unbewußte. Sie sieht durch die Dunkelheit der Unterwelt; in ihrem Bewußtsein der rechten Gehirnhälfte erfahren wir das elektrisierende Dunkelblau des schöpferischen Raums. Die Hohepriesterin ist die Sehende, die sich jederzeit und überall auf alles, was passiert, einstimmen kann. Sie steht für das Traumbewußtsein, die Traumzeit der australischen Eingeborenen und latente psychische Fähigkeiten. Monica Sjöö schreibt:

Traumsymbolsprache ist die tiefgründigste Art zu denken — Denken mit der rechten Hälfte des Gehirns, angeregt durch die linke Hand — und eine Methode der Wahrnehmung und Kraftgewinnung, die die westliche Kultur zu ihrem eigenen Schaden unterdrückt hat.

Heutzutage wird eine wirkliche Verehrerin der Göttin nichts mit den sogenannten „schwarzen" Riten zu tun haben wollen — wie Schwarzer Sabbat oder schwarze Magie —, denn sie befassen sich mittlerweile mit den wahrhaft dämonischen Elementen verletzender Magie. In den alten Zeiten jedoch, bevor das Patriarchat die Ideologie von hell-über-dunkel und männlich-über-weiblich verbreitete, war der Schwarze Ritus der Isis die Hauptmysterienfeier. Die Schwarze Isis führte in die Geheimnisse des Todes und der Auferstehung ein. Sie war ganz sicher keine böse Figur, sondern eine Heilige, ebenso wie sicherlich ihre mexikanische Entsprechung, die Schwarze Madonna.

Auf dem „Motherpeace"-Bild verkörpert die schwarze Afrikanerin als Hohepriesterin die höchsten spirituellen Werte; sie stellt das offene Tor zu den heiligen Reichen der Mystik und Magie dar. Die Säulen, zwischen denen sie sitzt, sind mit Gravuren der Ureinwohner verziert, die den frühen Höhlenmalereien ähneln: Mondkalendern und abstrakten geometrischen Symbolen. Traditionell wird die Hohepriesterin als Archetyp des Weiblichen gesehen; sie wird mit den frühesten weiblichen Symbolen abgebildet: Kreisen, Scheiben, Ringen, Tupfen, Brüsten und am häufigsten die Vulva. Mindestens seit Aurignac vertritt die Hohepriesterin den Eingang zur Höhle/zum Schoß der Mutter.

Das griechische Wort Delphi bezieht sich auf den Uterus und setzt die Hohepriesterin (überhaupt Frauen) mit der Prophetie und dem Orakel in Verbindung. Nach den Worten von Sjöö „waren Frauen überall auf der Welt die ersten Menschen mit prophetischen Gaben — Schamaninnen, Seherinnen, visionäre Dichterinnen. Die Kunst der Wahr- und Weissagung, der Prophezeiung steht mit psychisch-biologischer Energie in Zusammenhang, die vom Mond empfangen und in menschliche Bahnen gelenkt wird." Die Hohepriesterin ist Sibylle, deren Begabung zur Trance und zur Erkenntnis der Zukunft sie zum Mundwerk der Göttin macht. Madame Blavatsky meint, daß Mantismus und Prophezeiung aus derselben Wurzel stammen und sich auf das *soma* des antiken *manti*-Bechers beziehen, das getrunken wurde, um den Geist „aufzuwekken" — „die höchste göttliche Essenz selbst" —, der dann in den Körper einfuhr und die Initiierten körperlich ergriff. „Von daher ekstatische Vision, Hellsehen und die Gabe der Prophezeiung."

Die Hohepriesterin bezieht sich auf das astrologische Zeichen Krebs, kardinales Wasser, das die Brust regiert. Die Brüste sind *das* Symbol der Mutterliebe und enthalten das Geheimnis der Verwandlung von Körpersäften in Milch. In der Höhle von Pech-Merle (siehe Kapitel 3) gibt es eine „natürliche Erhebung" in Form einer weiblichen Brust, „die von zwanzig roten Punkten umkränzt ist". Im innersten Heiligtum der gleichen Höhle, nahe den kopflosen Frauenfiguren an der Decke, bilden natürliche Stalaktiten einen Kranz weiblicher Brüste mit schwarz angemalten Brustspitzen. Eine Steininschrift in der Kunst des dynastischen Ägyptens besagt: „Ich habe Brüste, daher bin ich."

Die Hohepriesterin symbolisiert den weiblichen Körper als Gefäß für das heiligste aller Mysterien und göttlichen Erfahrungen des Menschen. Spätere Mysterien und östliche Religionen nutzen den weiblichen Körper und seine Funktionen als Metaphern für männliche Initiationsriten. Ein Überbleibsel der früheren weiblichen Macht findet sich heute noch im Tantrismus, wo die Frau die höchste Lehrerin ist und die wirksamste Initiation für einen Mann darin besteht, mit einer Frau während ihrer „roten" Zeit, das heißt ihrer Periode, Geschlechtsverkehr zu haben.

In unserer modernen Kultur heute erleben die meisten Frauen ihre Menstruationsperiode als Trauma oder verspannten Zustand, was an den geänderten Eßgewohnheiten und unserer Entfremdung von der Natur liegen mag. Das erschwert das Begreifen der einer Periode innewohnenden Kraft. Professor Durdin-Robertson behauptet, daß die ersten Opfer auf heiligen Altären aus dem Menstruationsblut der Priesterinnen bestanden. Die Hohepriesterin mußte weder Menschen- noch Tieropfer darbringen, denn ihr Blut kam auf ganz natürliche Weise jeden Monat und wurde freiwillig der Mutter geopfert. Das Wort Eucharist kommt vom Blut der Göttin „Charis" (Gnade) und deutet auf diesen frühen weiblichen Ritus der Reinigung und monatlichen Säuberung hin, was bei den heutigen Assoziationen von „unrein" und „verflucht" nicht mehr erkennbar ist.

Das auf dem Altar geopferte Blut weist zum Teil auch auf das ungeborene Leben hin — das unbefruchtete oder abgegangene Ei, das Mutter Erde wiedergegeben wird. Eine Frau, die ihren Zyklus beobachtet und ihre körperlichen Veränderungen, weiß genau, wann sie ihren Eisprung hat und wann sie bluten wird. Ein Stamm von Frauen, die miteinander den gleichen Zyklus hatten (wie es auch heutigen Frauen, die gemeinsam leben, noch passiert) konnte so tatsächlich die Zahl der Geburten ohne äußere Eingriffe (Chemie oder Autoritäten) steuern. Lunaception ist kein Witz — es ist zweifelsohne die älteste Form der Geburtenkontrolle der menschlichen Rasse. Sie wurde mit einem weisen Verständnis praktiziert, das der heutigen Geburtenkontrolle fehlt.

Unsere intelligenten hohepriesterlichen Ahninnen vor dreißigtausend Jahren verfolgten ihre Mondphasen nicht nur, indem sie Zeichen auf Knochen ritzten, sondern sie erfanden auch den ersten Mondkalender, als sie den Mond durch ihre Zyklen wandern sahen. Sie fertigten winzige Notizen, die von der Anthropologie bis vor kurzem noch für Zufälle gehalten wurden. Monica Sjöö stellt die Behauptung auf, daß „Frauen die ersten Methoden abstrakter Aufzeichnung und wissenschaftlicher Beobachtung sowie die Anfänge der Mathematik entdeckten". Ihre Beobachtungen und Aufzeichnungen der Mondzyklen eröffneten ihnen ein Wissen über Pflanzen und Mondzeiten, Wanderzeiten der Vögel, Tiere und Fische und über die Landwirtschaft. Die Astronomie holt jetzt erst langsam auf und entschlüsselt die alten Materialien, die sich auf Höhlenwänden und Artefakten der ganzen Erde finden.

Da das meiste „Steinzeit"-Wissen so differenziert und esoterisch war, wurde es bis heute oft genug als unbedeutend oder Blödsinn abgetan. Es scheint aber, daß einige der frühen Kennzeichnungen den Beginn des Schreibens und vielleicht auch Alphabete darstellen. In der prähistorischen spanischen Kunst zum Beispiel bemalten die Leute Kieselsteine mit magischen Zeichen. Diese Steine finden sich in der Nähe der Höhlen „früheren künstlerischen Glanzes", wurden jedoch als weniger gut von der Archäologie klassifiziert. Es gibt Hinweise darauf, daß diese „azilianischen" Steine aus Spanien den „heiligen Steinen" der Australier (Churinga) ähneln. Unter den Mustern finden wir „M und E und Kreuze, Punkte, Linien und vage Schemata und Nachbildungen der uralten Fruchtbarkeitszeichen der Kaurimuschel".

Die halbmondförmigen Hörner der Fruchtbarkeit, die die Hohepriesterin als Kopfschmuck trägt, weisen auf ihren Mondzyklus hin — ein Horn stellt den zunehmenden, das andere den abnehmenden Mond dar. Gleichzeitig wird durch die Hörner ihre Verbindung zur Tierwelt hervorgehoben. Die ägyptische Muttergottheit Hathor wurde durch die Hörner einer Kuh dargestellt. Auch in Asien und Afrika trugen die Mondgöttinnen Kuhhörner; Brüste und Kuhhörner schmücken die Wände der heiligen Hallen in den alten Ruinen von Catal Hüyük in der heutigen Türkei. Alle Tiere gehören zur Regentin der Kreatur. Die gehörnten Tiere im besonderen werden der Jungfrau Artemis zugeordnet, die nach Geoffrey Ashe mit den frühesten Formen des Schamanismus in Kleinasien verbunden ist. Die Hörner symbolisieren die Transformation, die jährlich beim Hornabstoßen und Nachwachsen bei Ziegen, Hirschen, Rehen, Rentieren und anderen stattfindet.

Die gehörnte Priesterin wie auch die Priesterin mit den erhobenen Armen finden sich auf der ganzen Erde und sind ein uraltes Motiv für die Frau als heiliger Kanal. „Den Mond hinunterziehen" ist das alte Ritual der Priesterinnen in westlichen Hexenkreisen und im östlichen Tantra. Die Jungfrau Artemis überlebte in ihrem Aspekt als „Bogenschützin" auf Felsmalereien und Steingravuren in der ganzen Welt. Ein äußerst lebendiges und schönes Beispiel ist die Schwarze Artemis (oder Diana) in der Sahara mit einem Halbmond statt Hörnern auf ihrem Kopf. Sie ist rennend dargestellt wie auf der Photographie vor dem Prolog. Robert Temples assoziiert mit dem Bogen den Stern Sirius, der auch „Bogenstern" genannt wird, und Michael Dames sieht in den Pfeilen und dem Rennen einen Hinweis auf das Regenmachen, die alte Kunst der Frauen, Wetter und Jahreszeiten zu beeinflussen. „Der Flug der Pfeile symbolisiert die Regenschauer." Ähnliche rennende Frauen finden sich auf australischen Felszeichnungen, und die Hopizeichen für Regen schließen immer Pfeile ein (wie Blitze).

*

Wenn die Hohepriesterin in deinem Blatt erscheint, heißt dies, daß deine Intuition stärker ist als dein Intellekt. In dir aktiviert sich eine Weisheit, die älter ist und tiefer geht als dein übliches Denken. Sei offen: gegenüber deinem Körper, deinen Gefühlen, damit du mit dem in Berührung kommst, was du schon weißt.

Indem du deinem Körper und seinen natürlichen Rhythmen Aufmerksamkeit widmest, kommst du zur Harmonie mit deiner inneren Weisheit. Eine Frau, die ihren Menstruationszyklus beobachtet, wird wissen, wann sie ovuliert, und von daher eine Empfängnis verhüten können. Eine Schwangere mag bei innerem Gewahrsein Geschlecht und Temperament des Kindes erfassen. In Indien beispielsweise existiert noch heute der Glaube, daß die Frau im dritten Monat der Schwangerschaft weiß, ob sie ein Mädchen oder einen Jungen gebären wird.

Hast du eine wichtige Frage in deinem Leben zu beantworten, lädt die Hohepriesterin dich ein, zu entspannen und deiner inneren Intuition zu lauschen. Atme tief, stell dir einen offenen Raum mitten in deiner Brust vor: Dort ist alle Weisheit gespeichert, nun laß die Antwort zu dir kommen.

Dies könnte eine Zeit sein, in der du dein weibliches Selbst besser kennenlernst. Um mit deinen Mondzyklen in Berührung zu gelangen, könntest du eine Menstruationstabelle anlegen und auch den Eisprung eintragen, wenn du ihn fühlst. Zusätzlich kannst du deine Gefühle und Gedanken, die Höhen und Tiefen in deinem Monatszyklus aufschreiben und vielleicht ein Muster herausfinden. Vielleicht beginnst du mit Yoga oder Meditation oder liest die Tarotkarten regelmäßig, um deine inneren Botschaften verstehen zu lernen und die Zukunft zu erkennen. Eine andere Möglichkeit, Fragen zu stellen und sich dabei besser zu begreifen, liegt im I Ging. Dies ist eine chinesische Methode der Weissagung, bei der das Orakel durch Hexagramme interpretiert wird, die durch Münzenwurf oder Schafgarbenstengel-Kombinationen entstehen. Du könntest auch deine Träume aufschreiben und herausfinden, wann die tiefsten

Träume stattfinden — ob zu Neumond, Vollmond, während des Eisprungs oder der Blutung? Nimm dir Zeit zum Aufwachen am Morgen — gönne dir die wenigen Momente zusätzlich, um dich deiner Traumbruchstücke zu erinnern oder die Bilder wahrzunehmen. Sie aufzuschreiben mag die Erinnerung verbessern.

DIE HERRSCHERIN
HERVOR BRINGEN

Die Herrscherin repräsentiert die Große Mutter — einfach und klar. Sie verspricht Überfluß, Geburt, Wachstum, Harmonie, Gemeinschaft und Beziehungen. Sie war die früheste Versorgerin, die Gesellschafterin, die Mutter-Liebende-Lehrerin, verkörpert in den Archetypen der babylonischen und griechischen Liebesgöttin: Ishtar und Aphrodite. Sie ist Demeter, die griechische Göttin des Getreides, die in den eleusischen Mysterien verehrt wurde und sich später in der römischen Göttin Ceres widerspiegelt. Chronologisch verdeutlicht die Herrscherin die Entwicklung der Landwirtschaft und die ersten Zivilisationen, die während des Neolithikums entstanden.

Im „Motherpeace"-Bild repräsentiert die Herrscherin als Große Mutter die Erde, aus der alles Leben geboren wird und zu der es am Ende eines jeden natürlichen Zyklus zurückkehrt. Die ersten Herrscherin-Statuen waren die kleinen schwangeren „Venus"-Figuren aus dem Europa und Rußland der Eiszeit (ca. 30 000 Jahre vor Christus). Diese kleinen Göttinnen-Figuren waren hochschwanger und zeigten meist keine ausgeprägten Gesichtszüge oder Hände und Füße. Ihre Bedeutung lag klar in ihren vollen Brüsten und Bäuchen.

In allen frühen Kulturen waren die Fruchtbarkeit der Mutter und die Fruchtbarkeit der Erde aneinander gekoppelt. Das begann im Paläolithikum, als die Menschen jagten und sammelten, und reicht in die Zeit der Landwirtschaft, als die Menschen Getreide züchteten und Tiere zähmten. Der Stier gilt als eines der ersten Haustiere, was sich auch im astrologischen Zeichen und dem Sternbild des Stiers ausdrückt. Der Stier — „Zeichen der Mütter" — wird den Pleiaden zugeordnet und dem Planeten der Herrscherin: der Venus.

Die erste bekannte Stadt war Catal Hüyük in der heutigen Türkei, wo die ersten Tempelgebäude um 7000 vor Christus entstanden. Zusammen mit Kuhhörnern und weiblichen Brüsten waren die Frauen Hauptthema religiöser Kunst: Frauen beim Mahlen des Korns, beim Backen des Brots im Tempel — in diesen Darstellungen vereint sich das Mysterium der Nahrungsum-

Siehe Abbildung auf Farbtafel 2.

wandlung mit dem Mysterium der sexualinitiatorischen Transformation durch das Feuer. Beide wurden feierlich als Geschenk der Mutter zelebriert.

Seit wann essen wir Brot? Das ist kaum erfahrbar, was zum Teil daran liegt, daß das Sammeln von Getreide keine offenkundigen Spuren hinterläßt wie die Unmengen von Tierknochen, die die Fleischesser hinterließen. Wir wissen jedoch, daß Tausende von kleinen Klingen in den Pyrenäen gefunden wurden, die wahrscheinlich aus der Zeit um 9 500 vor Christus stammen. Interessant an diesen Klingen war die Entdeckung, daß sie mit einer Art pflanzlichem „Film" überzogen waren, was die Archäologen zu der Ansicht veranlaßte, daß sie nicht als Waffen, sondern als Sicheln benutzt worden waren, um wildes Gras aus den Tälern zu ernten. So hat man auch Steinmörser und Mühlsteine gefunden, „die dazu dienen konnten, Körner in schmackhaftes Mehl zu verwandeln". Daraus folgerte man, daß etwa Porridge oder auch Brot hergestellt wurden, das zu den „Rentierfesten" im Schutze des Kliffs gegessen wurde.

Ein anderer Beweis kommt aus der Neuen Welt, wo die Azteken Amaranth anbauten, ein Hochertragsgetreide, mit dem sie ihre riesige Bevölkerung ernähren konnten. Amaranth wurde in Zentral- und Süd-Amerika seit mindestens achttausend Jahren angebaut. Botaniker sehen nun in diesem landwirtschaftlichen Wissen der Indianer ein verlorengegangenes Potential, das es wiederzuerlangen gilt.

Die Eiszeit-Skulptur auf der rechten Seite des „Motherpeace"-Bildes der Herrscherin ist die berühmte „Venus von Laussel", die auch manchmal als „Frau mit Horn" bezeichnet wird. Sie trägt ein Füllhorn („Horn der Fülle") in der Form eines Halbmonds. Diese Skulptur aus dem Paläolithikum, mindestens dreißigtausend Jahre alt, war ursprünglich mit rotem Ocker bemalt und wurde im Zentrum eines prähistorischen Höhlenheiligtums gefunden, das als „Fruchtbarkeitsschrein" angesehen wird. Noch heute gibt es in Afrika einen Stamm, der ein mit Blut gefülltes Horn als äußerst mächtiges Symbol begreift, was auf eine mögliche Verbindung mit diesem frühen Horn und Menstruationsblut hindeutet.

Zwanzigtausend Jahre nach dieser „Venus von Laussel" wurde die auf der linken Seite des „Motherpeace"-Bildes dargestellte Statue in der frühen Stadt Catal Hüyük geschaffen. Marija Gimbutas bemerkt dazu: „Die ersten Landwirtschaften müssen um die Schreine der Muttergöttin entstanden sein, die so zu sozialen und wirtschaftlichen Zentren als auch heiligen Plätzen wurden und den Keim für spätere Städte legten." Diese zwischen zwei Leoparden (Aphrodites Brüsten) thronende Göttin erweitert das Bild der Schwangeren um den Aspekt der Macht. Auf ihrem Schoß sitzt die menschliche Rasse, und sie befindet sich in der Hocke, bereit zur Geburt. Noch später bedeutet der ägyptische Name Isis „Thron" oder „Sitz". Erich Neumann sagt: „Die Große Mutter ist der Thron, rein und einfach." Zwischen Paläolithikum und späterem Neolithikum wandelt sich das Bild der Großen Mutter, doch wie schon früher erscheint sie vor uns: bereit, etwas hervorzubringen.

Die Herrscherin versinnbildlicht die Verbindung von Geist und Materie, die Göttin im Körper. In diesen frühen Kulturen waren Rituale in den Zyklus des Pflanzens und Erntens, von Geburt und Tod eingebunden. Die Große Mutter wurde wegen ihres Geschenks der Fruchtbarkeit verehrt. Wie in Catal Hüyük wurden Städte ohne Befestigung gebaut, woraus sich schließen läßt, daß die Menschen ihren Raum auch ohne Krieg finden konnten. Der gemeinsame Besitz wurde über die weibliche Linie vererbt, nämlich über die Priesterinnen und den Tempel. Die matrilineare Erbfolge existiert auch heute noch in einigen afrikanischen und eingeborenen amerikanischen Kulturen.

Auf dem „Motherpeace"-Bild hat sich die Herrscherin im Gras niedergelassen und scheint einen Liebhaber oder „Zelebrant" der Mysterien zu erwarten. Sie erinnert an Figuren, die im Eingang von La Magdaleine, einer eiszeitlichen Höhle in Frankreich gefunden wurden. Auf beiden Seiten des Eingangs ist eine liegende weibliche Figur in den Fels gehauen. „Fremdartig an diesen Figuren erscheint ihre ungewöhnliche Haltung, die so gar nicht einem Idol ähnelt. Beide Figuren sind ausgestreckt in ruhevoller Lage, ein Arm ist gebeugt und stützt den Kopf. Sie erheben sich aus dem Fels wie die ‚schaumgeborene' Venus aus dem Meer." Nach Giedion antizipieren diese Reliefskulpturen die späteren liegenden Artemisfiguren, „die die vielfältigen Attribute jener Göttin ausdrücken: Muttergöttin, Mondgöttin, Herrin der Tiere, Göttin der Liebe". Er erwähnt auch kleine nackte Darstellungen aus Babylon (dem frühen Sumer) aus dem dritten und zweiten Jahrhundert vor Christus, die wie die Figuren in La Magdaleine das Schamdreieck stark betonen.

Der Demeterfries im unteren Teil des „Motherpeace"-Bildes ist einem Relief des klassischen Griechenland mit einer Darstellung der eleusischen Mysterien gegen Ende der Zeit der Verehrung der Göttin entlehnt. Marija Gimbutas weist darauf hin, daß vom Paläolithikum bis zur klassischen Antike das Bild der Göttin von der ursprünglichen Fülle ihres Selbst immer fragmentarischer wurde. Die Mysterien, die schließlich vom Hierophant oder Priester geleitet wurden, konnten nicht die Inhalte ursprünglich weiblicher Mysterien erhalten. Dennoch haben diese späten Initiationsriten die Verbindung von Mutter und Tochter wie auch die Ernte der geheiligten Getreide gefeiert und enthielten wahrscheinlich noch uraltes Wissen und mündliche Traditionen, von denen wir heute keine Ahnung haben.

Die griechische Demeter (oder spätere römische Ceres) hält in ihren Händen die Schlange der Regeneration und die Kornähre, die Überfluß symbolisiert. Diese esoterischen und aus der üblichen Sozialorganisation herausgelösten Bilder müssen den Initiierten Kraft verliehen haben, wenn auch vielleicht nur symbolisch. Heute kennen wir die einstmals lebendigen weiblichen Mysterien, die später als esoterische Rituale abgeschwächt wurden, nur noch in der weitaus blasseren Version der Wissenschaft. Die Grundlage dieser Mysterien tragen wir jedoch in unseren Körpern. Unsere modernen Initiationen finden auf unbewußter Ebene statt, in unseren Träumen und Visionen.

Die Herrscherin in ihrer modernen „verführerischen" Pose symbolisiert das unbewußte Wissen, das heutige Frauen von den alten Mysterien des Heilens und der Transformation in sich tragen und das in unserer kleingehaltenen Sexualität und unserer allgegenwärtigen Lebenssehnsucht weiterlebt.

Die Herrscherin fühlt ihre Verbindung zur Erde. Sie riecht an der Rose — rot wie die Leidenschaft oder das Menstruationsblut — und kennt die Geheimnisse der Fortpflanzung, das Potential des Wachstums und die Möglichkeit, Leben in ihrem Schoß zu nähren bis hin zum heiligen Akt der Geburt. Sie steht für ein erdhaftes Gemeinschaftsleben — eine Zeit, als die Menschen noch nicht Kriege führten, sondern ihre Freizeit mit Liebe und Kunst verbrachten, ein Gegensatz, der nicht zum abgedroschenen Slogan wie in den sechziger Jahren werden sollte.

Als aus der Agrarkultur die Agrarwirtschaft wurde, gingen die lebensspendenden Eigenschaften der Herrscherin verloren, und Arbeit wurde so langweilig, wie sie es heute für die meisten Menschen ist, ohne jegliche Bedeutung und Sinn. Der Abfall der Menschheit von den grünen heilenden Energien der Herrscherin und ihrer fruchtbaren Erde war der wahre Sündenfall. Der Tag, an dem wir aufhörten, die Erde als unsere Mutter zu lieben und die Frau als ihre heilige Vertreterin, war der Tag, an dem wir aus dem Paradies vertrieben wurden. Die Mutter fordert uns zur Rückkehr auf, bevor wir uns selbst zerstören. Wie die Energie der schlafenden Göttin Kundalini möchte sie in uns wiedererweckt werden, so daß wir wieder die Freude und den Sinn in diesem Leben auf dem Planeten finden.

Der Handspiegel neben der Herrscherin ist den vielen Spiegeln nachempfunden, die an archäologischen Stätten der Göttinnen-Verehrung gefunden wurden. Die Archäologie interpretiert das Vorkommen von Handspiegeln in den frühen Kulturen oft als Beweis für die „Eitelkeit der Frauen". Spiegel tragen jedoch einen weit älteren und heiligen Sinn, der auch heute noch von den Ureinwohnern Amerikas oder den japanischen Shintogläubigen verstanden wird, die in ihren Schreinen einen Spiegel aufbewahren, der ihnen das menschliche Herz spiegelt. Nach G. H. Mees reflektierten der „Spiegel des Bewußtseins" und die Bilder im Spiegel „die Dynamik des Bewußtseins". Im „Book of Signs" schreibt Mees, daß der Spiegel von Mutter Erde materieller Natur sei und der Spiegel der Venus mehr emotional. „Die Vorfahren der menschlichen Rasse schauten in den ‚Spiegel der Venus' und fanden ihn im Wasser, im Wind, im Himmel und auf Erden, in den Bergen und Wiesen, den Bäumen und Tieren und in der ganzen Welt belebter und unbelebter Gegenstände." Im Spiegel ist die Herrscherin mit den Hauptinitiationsriten verbunden, deren wichtigstes Anliegen das „Erkenne dich selbst" ist.

*

Wenn die Herrscherin in deinem Blatt erscheint, kommst du wahrscheinlich mit deiner ursprünglichen sinnlichen Natur in Berührung. Die Herrscherin regiert mit Liebe, so laß auch du dich vom Herzen auf den Weg führen, entspanne dich mit deinen Sinnen, laß die Sexualität fließen. Die Herrscherin ist der Teil in dir, der eine/n Partner/in gewinnt oder ein Kind bemuttert — sie ist grundsätzlich auf jemand bezogen. Mit der Herrscherin in Berührung zu kommen heißt, sanft zu werden, spirituelle Nahrung und Sensibilität in den Alltag zu bringen. Ob du kochst, ein Kind versorgst, Liebe machst oder das Haus putzt — du wirst die Gegenwart der Mutter in dir spüren.

Die Herrscherin weckt deine künstlerischen Fähigkeiten, deine Liebe zur Schönheit und erweitert deine künstlerische Urteilskraft. Es könnte eine gute Zeit sein, ein Zimmer neu einzurichten oder ein Blumengesteck zu binden. Mag sein, daß dein Drang zur Kunst angeregt wird — vielleicht nimmst du Ton in die Hand und gestaltest etwas oder malst ein Bild oder entwirfst das neue Muster, von dem du schon lange träumst. Du möchtest vielleicht mehr die Erde spüren und den Garten bestellen oder wandern oder vielleicht auch nur in der Sonne sitzen, dem Gesang der Vögel lauschen und die Blumen riechen.

Auf einer tieferen Ebene kann die Herrscherin uralte Lebenseinstellungen in dir aktivieren. Du wirst erkennen, wie verzweifelt du die Welt anders haben möchtest — menschlicher —, und dir etwas überlegen, um auf dieses Ziel hinzuarbeiten. Die alten Kulturen der Göttin können in dir Wünsche wecken: nach einem Gemeinschaftsleben, in dem materielle Dinge geteilt werden, oder nach einem Leben ohne Krieg. Vielleicht stellst du dir eine Welt vor, in der alle Kinder Wunschkinder sind oder in der du die Freiheit hast, deine Sexualität ohne die Muster und Ideologien über Liebe auszudrücken. Spürst du diese Gefühle in dir heranwachsen, ist es gut, sie auszudrücken: durch Kunst, Gespräch oder wie ich hier durch Schreiben.

Da die Herrscherin auch die Große Mutter ist, wirst du diese Karte vielleicht ziehen, wenn du dich mit einem Kinderwunsch trägst. Sie repräsentiert den Teil in dir, der sich ganz dieser Idee stellt und das Wunder der Empfängnis, der Schwangerschaft und Geburt erleben möchte. Zweifelst oder ängstigst du dich, kannst du über ihre andere Eigenschaft, die der „Großen Versorgerin" meditieren. Sie ist die, die allen alles gibt. Sie ist der Teil in dir, der weiß, wie man das, was man zum Überleben auf dieser Erde braucht, manifestieren kann. Sie repräsentiert außerdem den Teil in dir, dessen Mutterinstinkt dir die Energie und das Mitgefühl sowie die Freude gibt, dich um Kinder zu kümmern.

Die Herrscherin repräsentiert das „Glücksdenken" und die wirkliche Kraft positiver Imagination. „Was da ist, kommt herbei", ist ein magischer Spruch zur Manifestation. Du mußt es dir nur vorstellen und daran glauben, daß du es verdienst — was nicht immer einfach ist. Dies ist eine sorgsame Zeit für dich, wo du dich selbst wie auch andere ernähren und umsorgen kannst. Laß dein offenes mitfühlendes Herz vom Glauben an die Liebe berührt werden. Laß deine Sehnsucht nach Harmonie deine Gedanken und Wünsche beeinflussen. Bitte die Große Mutter um das, was du brauchst. Denk dran: Venus (Ishtar-Aphrodite) ist der Stern der Wünsche.

6

DER HERRSCHER
AB TRENNEN

Der Herrscher im Tarot ist traditionell das Symbol des Patriarchats. Er repräsentiert den König, den Patriarchen, den Boss.

Er kann auch ein Vater sein, doch ist er immer eine autoritäre Figur, die kontrollieren und dominieren will. Zeitgeschichtlich repräsentiert er die indo-arischen Invasoren im astrologischen Zeitalter des Widders (erstes und zweites Jahrtausend vor Christus), die in die Alte Welt einfielen und die Religion und Kultur der Mutter zerstörten. Erich Neumann weist auf den brutalen, aggressiven Wechsel von einer Kultur zur anderen hin: „Während die Anfänge der psychologisch-matriarchalen Zeit im Dämmer der Vorgeschichte verschwimmen, tritt uns ihr Ende am Beginn der uns bekannten historischen Zeit in großartiger Entfaltung entgegen." Das Reich der Göttin wird „von der patriarchalen Welt abgelöst, in welcher der Archetyp des Großen Vaters oder des Großen Männlichen mit seiner andersartigen Symbolik, seinen andersartigen Werten und seinen andersartigen Tendenzen die Herrschaft übernimmt."

An die Stelle der heiligen Riten der Göttin setzten diese und andere Eindringlinge die Verehrung von kriegführenden Himmelsgöttern wie den zornigen und eifersüchtigen Yahweh oder Jehovah des Alten Testaments und den donnernden Zeus, dessen Beziehung zur Frau hauptsächlich in Vergewaltigungen bestand. Wo die Große Mutter einst großzügig all ihre Kinder regierte, tritt nun der Vatergott auf den Plan und unterdrückt Frauen und Natur mit seiner Doktrin der männlichen Überlegenheit. Wo früher der männliche Archetypus als „Sohn" bezeichnet worden war und später als Erwachsener zum „Gefährten" der Mutter wurde, wird nun, im Übergang zum Patriarchat, die „Vaterschaft" wichtig. Und wenn biologische Vaterschaft eine Bedeutung haben soll, dann muß die „promiskuitive" oder ungezähmte weibliche Sexualität ausgerottet und die monogame Ehe per Gesetz eingeführt werden.

Die patriarchale Kultur nimmt den Frauen die Selbstbestimmung über Geburt und Sexualität. Die Frau wird zum Besitz des Patriarchen, und die Kinder tragen fortan des Vaters Namen.

Unter dem Einfluß patriarchaler Götter und ihrer Gesetze verbreitete sich

Der Herrscher (IV)

die Philosophie vom „bösen Sex" und „gefährlichen Beischlaf". Gleichzeitig wurde Vergewaltigung als Möglichkeit sozialer Kontrolle über die Gruppe der Frauen institutionalisiert. In der religiösen Literatur des Ostens wie des Westens läßt sich diese Doppeldeutigkeit noch immer nachweisen. Vergewaltigung ist jedoch kein ausschließliches Thema der Mythologie und Literatur, wie die heutigen Statistiken über Vergewaltigung traurigerweise belegen. Erst jüngst begann unsere Gesellschaft, sich dem Phänomen des sexuellen Mißbrauchs von Mädchen durch ihre Onkel oder Väter zuzuwenden. Eine solche Verirrung würde den meisten „Primitiven" nicht in den Sinn kommen. Gleichzeitig erfahren wir mehr und mehr über geschlagene Frauen und Kindsmißhandlungen.

Während das Feuer der Frau noch schamanisch, heilend und sexuell war, brennt das Feuer des Herrschers in Krieg, Askese und Herrschaft. In der Astrologie war das Feuer der Magierin Widder — „ich bin". Des Herrschers Feuer ist Löwe — „ich will".

Da der Imperialismus den patriarchalen Stil charakterisiert, zeigt das „Motherpeace"-Bild des Herrschers Alexander „den Großen". Ziel seiner zwölf Jahre währenden Eroberungszüge war die Unterwerfung der Erde. Unter der Herrschaft von Alexander wurden große Bibliotheken des Matriarchats verbrannt. Die alte Weisheit wurde gründlich zerstört. Der Herrscher repräsentiert den Archetypus eines „machenden" Gotts, der die „Welt wie ein totes Objekt behandelt". Er repräsentiert ein Stadium, in dem „das Bewußtsein sich bis zu einem gewissen Ausmaß als vom Unbewußten unabhängige Kraft entwickelt hat". Das Patriarchat ist stolz auf diese Ab-trennung vom Unbewußten und von der Welt natürlicher Instinkte. In des Herrschers Welt ist Gott nicht länger der Materie immanent wie die Mutter, sondern „existiert außerhalb davon, und er behandelt die Welt wie einen Gegenstand, so wie ein Handwerker sein Material benutzt".

Während der Übergangszeit wurde das Element des Feuers zum Symbol männlicher Macht — „logos" oder „Wort" —, und dieser wortgewaltige Gott wurde der Schöpfer des Universums. Feuer wurde zur „intelligenten Substanz... die eine weise Ordnung enthält und diese allen Dingen vermacht". Die Macht des Schreibens wurde zur Rechthaberei und Bemächtigung. „Logos ordnet; bewußte Gedanken können durch Worte ausgedrückt werden." Das Schreiben, einst heiliger Ausdruck religiöser Macht, wurde zum tödlichen Werkzeug des abgetrennten Intellekts und vom Ego zur Herrschaft über die Natur benutzt. Die Hymnen an die Göttin wurden durch Geschichten über die

Eroberungszüge des Helden ersetzt, die meist das Töten von weniger heldenhaften Menschen beschrieben, die Vergewaltigungen von Frauen und das Zerschlagen monströser Bilder der Göttin.

Von Franz vergleicht den König mit der „integrierten Egostruktur" und sagt: „Er sitzt auf seinem Thron über der Welt und entwirft einen Plan wie der Architekt, der ein Haus bauen will, und so erschafft er die Welt." Der Thron des Herrschers — kalt, losgelöst und abgetrennt vom Leben — repräsentiert Autorität, die der natürlichen Welt der Frauen entrissen wurde. Erich Neumann erklärt: „Das sitzende Große Weibliche ist die ursprüngliche Form der ‚thronenden Göttin' und darüber hinaus des Thrones selbst... Der König kommt zur Macht, indem er den ‚Thron besteigt' und so seinen Platz auf dem Schoße der Großen Göttin, der Erde, als ihr Sohn einnimmt."

Vergewaltigung als soziale Kontrolle, des Mannes gewaltsames „Besteigen" der Frau hält Frauen im Zustand der Furcht, wie Susan Brownmiller klarmacht, und die Institution der Monogamie aufrecht. Die Frau braucht einen Mann, der sie vor allen anderen beschützt, die ja potentielle Vergewaltiger sein könnten. Vor der Errichtung einer Kultur, in der die Männer den Frauen Angst einflößen, brauchten die Frauen keinen männlichen Beschützer.

Das Ego des Herrschers tritt aus dem Rot des Feuers, des Lebens, der Leidenschaft und der Vision hervor. Leider sieht der Herrscher nur selten eine andere Seele oder berührt etwas Lebendiges mit Gefühl. Er hat seine Beine übereinandergeschlagen und schneidet sich so von seinen sexuellen Gefühlen ab. Seine verschränkten Arme schützen das Kraftzentrum in seinem Sonnengeflecht vor der Begegnung mit anderen. Ich glaube, er möchte berührt werden, doch unzugänglich sind ihm Gefühle und das Lied des Herzens. Wie jeder Held seit Gilgamesch wandert er allein, ein Opfer seines Rollenverhaltens. Umsonst verlangt er nach dem Unbenennbaren, das ihm die Sinne öffnet und ihm die Freiheit gibt, Liebe zu empfinden. Ein Paradebeispiel blockierter Gefühle — bisweilen als Aggression, Krieg, Ärger und Unterdrückung der ihm „Nahestehenden" herausgelassen. Er ist die Miniaturausgabe eines vierjährigen Kindes, dessen Wutanfälle sich in „ich, mir, mein" nieder- und überschlagen.

Auf dem „Motherpeace"-Bild trägt ein Tisch die Beute seiner Siege: Wein, Weib und Gesang, die so lauthals von der patriarchalen Poesie verherrlicht werden. Die okkulten Traditionen lehren, daß „mit dem Schlachten der Tiere der Sündenfall begann". Wenn wir unsere Tiere mit künstlichen Hormonen vollpumpen, sie in Käfigen verfetten lassen, am Fließband abschlachten und uns dann an ihrem Fleisch überessen — können wir uns da noch wundern, wenn daraus eine Reihe von Krankheiten uns zu schaffen machen? Man muß nicht vegetarisch leben, um diese Beziehung zu Tieren als brutal zu empfinden — nur ein anderes Ergebnis des Ab-getrennt-Seins.

Beim Vergleich der historischen Kunst mit der vorzeitlichen entdeckt Giedion eine gewaltige Revolution, die sich vor fünftausend Jahren ereignet haben muß, als der Glanz der früheren Kunst, ihre „vollständige Freiheit und Unabhängigkeit in der Vision" durch das nach meiner Ansicht ordnende Ich des Ego ersetzt wurde. In der Komposition, sagt Giedion, wurde „die undifferenzierte Beziehung des paläolithischen Menschen zu unbegrenzten Richtungsmöglichkeiten durch eine herrschende Beziehung ersetzt: die Vertikale... der rechte Winkel". Dieser Wandel vollzog sich nicht nur in der Malerei, sondern in allen Gewohnheiten des Alltags. Unser rechtwinkliger Blick auf die Dinge führt zu allen geraden Linien und Kästen, Kategorien und Definitionen. Nichts davon ist natürlich, doch alles ist logisch. Das Patriarchat behauptet: „Wenn etwas nicht logisch ist, kann es auch nicht richtig sein." Der Rahmen oder das Viereck sind stabil, die Dinge werden eingeschachtelt und somit kontrollierbar.

Traditionell wird der Herrscher mit Jupiter in Verbindung gebracht, er repräsentiert also den „Donner", hält die Macht des Mars (den Donnerkeil) in der Hand. (Dies ist der zerstörende oder strafende Aspekt des Donners, der aber auch transformieren kann, wie beim „Erleuchtungsblitz" des Turms in Kapitel 18 beschrieben.) Wie Jupiter ist der Herrscher nach dem Hinduismus „der Herrscher der Sinne" und kontrolliert die vier Elemente. Die Zahl vier und das geometrische Viereck entsprechen der physischen Welt und bewußter Ordnungsstruktur. Von Franz erklärt in einem anderen Zusammenhang: „Die Zahl vier... deutet immer auf das Ganze hin und auf bewußte Orientierung, während die Zahl drei auf einen dynamischen Aktionsfluß hinweist. Man könnte auch sagen, daß die drei ein schöpferischer Fluß ist und vier das klare Ergebnis des Fließens, wenn es zum Stillstand gekommen ist, sichtbar und geordnet." In der Person des Herrschers kommt der kreative Fluß der Herrscherin zum Stillstand, aufbewahrt für die Nachwelt.

Der Herrscher symbolisiert den Intellekt — das mächtige und kreative Werkzeug des menschlichen Geistes — der sich vom Rest der Natur abgenabelt hat; er funktioniert jetzt wie der „losgelöste" oder „autonome Komplex" einer neurotischen Person. Die Abtrennung des Menschengeistes vom Rest der Natur ist die Hauptursache der Entfremdung unserer heutigen Welt. Giedion spricht von der anfänglichen Trennung „des Menschen vom Tier" und den Revolutionen, die darauf folgten: hierarchische und patriarchale Städte, Königreiche und Imperien. „Aber", so sagt er, „keiner dieser Aufstände traf so sehr ins Mark der menschlichen Beziehung zur Welt und seiner Natur wie der Graben, der sich gegen Ende des zoomorphischen Zeitalters zwischen Kreatur und Kreatur öffnete." Mit welchen Konsequenzen? „Dieser Prozeß der Abtrennung... öffnete den Weg zur Entfremdung des Menschen von den Naturgesetzen, die jegliches Lebewesen steuern." Diese Trennung ist der Triumph des Herrschers.

*

Wenn der Herrscher in deinem Blatt erscheint, heißt es aufpassen: Wahrscheinlich hast du es mit irgendeiner zornigen, patriarchalen Struktur zu tun und mußt dich mit Sturheit oder sogar Bosheit auseinandersetzen. Wahrscheinlich weist die Karte auf irgendeine Konfrontation mit einer Autorität hin, möglicherweise mit deinem Chef oder mit deinem Vater. Die im Herrscher verkörperte Person ist kein leichter Umgang — egoistisch, selbstbezogen und Gefühlen abgeneigt. Es liegt an dir, welchen Gefühlen du dich in dieser Begegnung zuwendest und zu erkennen, daß dieser Mensch ausgesprochen starre Vorstellungen von der Wirklichkeit hat. Er glaubt unbedingt, daß sein Weg der richtige und er der Chef ist.

Wenn dieses Bild dich repräsentiert, solltest du in dich schauen und herauszufinden versuchen, warum du dich so starr und eingeschüchtert fühlst. Was in deiner jetzigen Situation macht dich so verspannt, daß du dich um jeden Preis abschirmen mußt? Entspanne dich und laß eine andere Wirklichkeit in deinen Blickwinkel kommen. Vielleicht mußt du gar nicht schmollen oder dich besiegt oder als Boß fühlen. Vielleicht kannst du dein Herz ein wenig öffnen und den Standpunkt der anderen sehen. Die rote Umrandung der Karte enthält eine starke Lebenskraft — warum zapfst du sie nicht an, statt dich von ihr in selbstverteidigender Manier abzuschneiden?

Und da wir gerade vom Abschneiden und Abtrennen reden — vielleicht glaubst du gerade, daß du dich verteidigen mußt, und das macht es schwer, anders als mit Furcht auf andere zuzugehen. Dann solltest du vielleicht ein heißes Bad nehmen oder in die Sauna gehen oder ein paar Kilometer laufen oder irgend etwas Aufbauendes für dich selbst oder jemand anderen tun. Entspanne dich, bevor dein Körper sich weiter schmerzvoll verspannt. Denn sonst wirst du früher oder später krank oder den ganzen Schmerz und die Spannung auf andere entladen — wahrscheinlich auf die Person, die dir am nächsten steht und die du lieber nicht verletzen willst.

Bei der Beschäftigung mit dem Herrscher ist es wichtig, zu beachten, daß er den versteinerten und erstarrten Intellekt darstellt — wahrscheinlich drückst du deine Kreativität nur ängstlich und zaghaft aus und mußt dir nur den richtigen Ausdruck suchen. Wenn du dich auf deine inneren Gefühle einstimmen kannst und sie auszudrücken vermagst, verbessern sich die Dinge sofort. Wenn dich jemand geärgert hat, sag es; das ist viel besser als ärgerliche Gefühle so lange zurückzuhalten, bis sie unangemessen explodieren. Und wenn du geliebt werden möchtest — warum wirst du dann nicht sanfter, damit du Liebe empfangen kannst?

Was hier am dringendsten benötigt wird, ist die Rückkehr zum Bewußtsein, wie es durch die Karte der Herrscherin ausgedrückt wird — der Muttergöttin archaischer Weisheit und mitfühlenden Verstehens. Vielleicht kannst du spazierengehen und Mutter Erde erleben — berühre einen Baum, setz dich auf einen Stein und erfahre diese uralten Energien. Du solltest etwas mit dem

Körper machen, um deine Sinne zu öffnen und den Körper zu lockern. Dann kannst du besser auf die Welt um dich her eingehen und mußt nicht mehr länger alles unter Kontrolle halten. Erinnere dich auch der kindhaften Weisheit der Närrin.

7

DER HIEROPHANT
UNTER DRÜCKEN

Von der Wurzel her bedeutet „Hierophant": einer, der heilige Dinge ans Licht bringt. In der Tradition des Tarot steht der Hierophant für den Priester oder Papst, die väterliche religiöse Autorität. „Zwilling und Ergänzung" des Herrschers, bildet er die spirituelle Autorität zur Rechtfertigung des Kriegsrechts im Imperium. Manchmal beansprucht ein Mann beide Ämter. Jocelyn Godwin sagt, daß jeder Herrscher seit Julius Caesar der „Pontifex Maximus der Staatsreligion war, der Hohepriester oder ‚Brückenbauer' zwischen Menschen und Göttern". Der Hierophant, ursprünglich der Gestalter von Ritualen, kann ein Geistlicher oder religiöser Führer sein oder gar ein Psychiater — irgendein Bevollmächtigter einer Orthodoxie, die herrschende Glaubensbekenntnisse aufrechterhält und die entsprechende Anpassung der Menschen fordert.

Der Hierophant repräsentiert die hierarchische Seite der Religion und steht daher auf einem Podest: über der Erde, erhaben über die gewöhnlichen Leute. Im „Motherpeace"-Bild trägt er Gewänder und Rock der Hohenpriesterin mit Brüsten, die die heilige Macht symbolisieren, doch hat er ihre „sophia" oder Weisheit aufgegeben. Er repräsentiert die neu eingeführten Kirchenmänner, die die Priesterinnen der Großen Mutter enteignet haben. Er ist der Priester der Mysterienkulte von Serapis, Mithras, Orpheus, Pythagoras oder Christus. Seine Rituale erscheinen vertraut, sind sie doch der Religion der Mutter entlehnt — allerdings fast bis zur Unkenntlichkeit verfremdet.

Die Autorität des Hierophanten gründet sich zu großen Teilen auf die Unterdrückung der Frauen sowie der durch sie versinnbildlichten natürlichen Instinkte. Die neuen Führer im Patriarchat kriminalisierten und unterdrückten die heiligen Rituale der Göttin. „Die Keuschheit vor allem unterscheidet den Mönch von den Laien", sagt Godwin, und alles unterhalb der Keuschheit Stehende wurde — zumindest bei Frauen — mit der Todesstrafe bedroht. Die weiblichen Riten von Ishtar, Astarte, Ashtoreth, Hathor, Isis und Aphrodite wurden ungesetzlich zugunsten der puritanischen Repression, die eine solch wichtige Rolle im Judentum, Buddhismus, Christentum, Islam und anderen uns bekannten Religionen spielt.

Der Hierophant (V)

Die patriarchale Religion glaubt, daß die physische Verkörperung, das Leben des Körpers „in Wahrheit ein Kreuz ist: das Göttliche an die vier Achsen des Kreuzes der Elemente genagelt". Diese Ablehnung des Körpers ist meilenweit entfernt von der ekstatischen Wertschätzung der Sinne durch die Göttin, und natürlich hat das Volk diese Zurückweisung nicht gerade leicht akzeptieren können. Der mit erhobenem Schwert hinter dem „heiligen Mann" stehende Soldat auf dem „Motherpeace"-Bild verdeutlicht die Gewalt, die in der ganzen Geschichte zur Bekehrung der Menschen zu neuen Religionen angewandt wurde.

In der Verbindung der im Tarot *Hierophant* und *Herrscher* genannten Figuren bemerkt Godwin, daß „der Weg des Mönchs wie der des Kriegers auf einer dualistischen Weltanschauung beruht... der Dualität von Geist und Materie, die sich im Menschenwesen als Graben zwischen Seele und Körper auftut". Der Hierophant repräsentiert diese dualistische Anschauung der hellhäutigen indo-arischen Eindringlinge, die sich zu Führern über die dunkelhäutigen eingeborenen Völker in Indien, dem Mittleren Orient, Afrika und später in Nord- und Südamerika sowie der Südsee aufschwangen und die Welt in „gut und böse" aufspalteten, in hell und dunkel, männlich und weiblich, Geist und Materie.

Der Hierophant unterdrückt „okkulte Energien" und ihre Anwendung. Die Wahrsagekunst der Priesterin war die Gabe ihres weiblichen Mondzyklus: Wenn sie blutete und ihr Kundalinifeuer aufsteigen ließ, konnte sie die Zukunft erkennen, und ihre Worte erlangten Wahrsagekraft. Diese innere, intuitive Vision (das menschliche Gewissen) verkam später zur Konvention in der Moral des Hierophanten, die von geschriebenen Gesetzen und bestimmten Lebensregeln abhängt. Die Feministin Mary Daly weist auf die Bedeutung dieser Kontrolle hin und betont, daß der „Dauer-Krieg" des Patriarchats „in erster Linie auf einer psychischen und geistigen Ebene geführt wird".

Die biblischen zehn Gebote sind ein gutes Beispiel für die Arbeit des Hierophanten. Wie vieles im Alten Testament wurden sie zu dem Zweck geschrieben, den vorherrschenden Glauben der damaligen Zeit zunichte zu machen — die Verehrung der phönizischen Astarte (von den hebräischen Schriftgelehrten Ashtoreth genannt), der Feuergöttin der Kanaaniten. Das wichtigste Gebot lautet: „Du sollst keine anderen Götter neben mir haben." Es zeigt die Eifersucht dieses aufstrebenden Männergotts, der die verschiedenen Manifestationen der alten Religion nicht dulden konnte, Ishtar, die sumerische Große Mutter, wurde zur großen Dirne, zur Hure von Babylon oder — nach Aleister Crowley — zur Scharlachroten Frau; die Tempelpriesterinnen, die die heiligen

Riten seit vielen tausend Jahren aufgeführt hatten, wurden als „Tempelpro-stituierte" gezähmt. Die Menschen, die die Große Mutter noch in irgendeiner Form verehrten – in ihren heiligen Hainen oder ihrem asherim, ihrer Säule oder ihrem „Götzenbild", wurden von den neuen rechthaberischen Kriegsher-ren massakriert, und das erste Gebot – du sollst nicht töten – wurde der Be-quemlichkeit halber ignoriert.

Von Tiamat über Lilith zu Pandora, vom Seeschlangenmonster über die Dä-monin zur üblen Hexe wurde die Frau zur Übeltäterin, zum personifizierten Übel. Die dunkle Seite des Lebens – Tod, Zerstörung, Gewalt, Ehrfurchtslo-sigkeit – alles, was tatsächlich von den neuen Machthabern verkörpert wurde, projizierte man auf die Frauen, die man nun als unrein, materialistisch, in-stinktiv, grob, sexuell und von Natur aus sündhaft bezeichnete. Im „Mother-peace"-Bild sind diese Hetzreden gegen die Frauen durch die bleigraue Schrift-rolle des Hierophanten dargestellt.

1978 hat Mary Daly „Gyn/Ecology" (deutsch: „Gyn/Ökologie", 1981) pu-bliziert, eine klare und erstaunliche Sammlung der Greueltaten, die Frauen im Namen der patriarchalen Religion angetan wurden, und der fortgesetzten Be-mühungen, die Göttin in den Frauen und in der Natur auszulöschen. Ende 1978 habe ich drei Wochen am Bild des Hierophanten gemalt – ein schmerzhafter Versuch, einen graphischen Ausdruck für die Vielfalt, die ich im klassischen Tarot sah, zu finden und auch meine feministische Interpretation einfließen zu lassen. Kurz darauf erhielt ich die ersten Leseproben von „Gyn/Ecology" und war erstaunt, daß Mary Dalys Hypothesen und das „Motherpeace"-Bild eine gemeinsame Vision ausdrückten.

Im Zuge der religiösen Machtübernahme wurde aus dem großen Kessel, um den sich die Frauen versammelten, der Kelch, der von einem Mann allein ge-halten wurde. Daly fragt: „Was geschieht also, wenn der Kessel der Frauen-identifizierten umwandelnden Kraft gestohlen, das heißt vom christlichen My-thos in den Kelch verkehrt und zum Symbol der angeblichen umwandelnden Kraft einer nur-männlichen Priesterschaft wird?" Nach ihrer Auffassung und nach der Darstellung im „Motherpeace"-Bild vom Hierophanten macht „Pa-triarchat seine Macht über andere im Namen des männlichen Gottes geltend, indem er das aus alten Zeiten stammende Symbol der nicht-hierarchischen, gynozentrischen, verwandelnden Energie benutzt".

Um unsere alte Göttinnen-Kraft wiederzugewinnen, müssen wir nach Daly in den „Hintergrund" treten und die fürchterlichen Lügen der patriarchalen Kultur und Religion des „Vordergrunds" „exorzieren" oder vertreiben. Der Hierophant verbietet den direkten Zugang zu heiligem Wissen, indem er die magisch-religiöse Kraft des Wassers im Hintergrund staut. Das Wasser steht für Gefühle, Empfindungen, das Unbewußte, den Mond, das Weibliche. Frauen, die einst mit erhobenen Armen in direktem Kontakt mit der Mutter standen, müssen nun vor dem Hierophanten niederknien, der die Religion wie Krumen für einen Bettler abgibt. Während es Matriarchats waren die Hände der Hohenpriesterin offen zum Zeichen der Schöpfung und Kraft. Der Hierophant hingegen teilt seine künstliche Kommunion mit zwei Fingern aus; nach Godwin symbolisiert dies „Denken, *logos* und Lehre".

Die offene Schriftrolle ist ein anderes Zeichen für „logos" oder das männliche „Wort Gottes" und repräsentiert geschriebene Gesetze, göttliche Schriften, „heilige" Bücher. Die Symbole der Religion der Göttin wurden völlig unverschämt von der aufkommenden Priesterschaft ausgebeutet, verdreht oder unterdrückt. Godwin weist darauf hin, daß die Mysterien durch Symbole wirkten, die „sich der begrenzten Präzision der Wörter entzogen, einer Präzision, die Ideen wie Schmetterlinge aufspickt". Der Hierophant repräsentiert die verlorengegangene Feinfühligkeit.

Eines der ältesten existierenden Schriftstücke erzählt die Geschichte der schamanistischen Reise Inannas in die Unterwelt. In späteren Versionen finden wir nicht mehr die Protagonistin auf der schamanischen Visionssuche, sondern den Helden, der die Göttin selbst erschlägt, die als Monster dargestellt wird. Später verliert die Mythologie immer mehr die Verbindung zu den Originalen, verdreht die ursprünglichen Vorstellungen und kleidet die Verdrehungen noch in religiöse Gewänder. Man stelle sich zum Beispiel nur einmal die Ursprünge der Kommunion vor. Die Idee gemeinsam geteilten rituellen Essens geht auf das Lagerfeuer zurück, das als erster Altar diente. Fleisch und Blut der Göttin wurden ursprünglich im zitternden Körper und pulsierenden Blut der Anbetenden erlebt. Das erste göttliche Blutopfer war — wie in Kapitel vier erläutert — das Menstruationsblut der Priesterin. Die spätere Religion gab das weibliche Menstruationsblut auf und ersetzte es durch Menschen- und Tieropfer. Dieses Nehmen von Leben — oft fälschlich der „Verehrung der Göttin" oder dem „Matriarchat" zugeschrieben — ist der Kirchenbann der Mutter und ihrer Prinzipien natürlichen Lebens und Sterbens.

Wein ist ebenfalls ein Ersatz für die früheren Blutopfer, und Christus wird oft der Wandel von Menschen- oder Tieropfern zum Wein zugesprochen. Wein und Hostie des Christentums setzen jedoch nur den weitverbreiteten Alkoholkonsum zu Zeiten Christi fort. Godwin weist auf einen persischen Mithras-Text hin, der „erstaunlich an Jesu Worte erinnert", die ja besagen, daß „derjenige, der mein Fleisch nicht ißt und mein Blut nicht trinkt, und somit nicht eins wird mit mir, keine Erlösung finden kann". In den dionysischen Mysterien, die der Geschichte von Christus sehr ähneln, wird Alkohol mit Betäubungsmitteln gemischt, was zum Essen von rohem Tierfleisch führte, das in der „Ekstase" zerrissen wurde, sicherlich eine krankhafte Verirrung der sanften Ekstasen der Mutter.

Um die Auswirkungen des Hierophanten im Alltag zu spüren, muß man nicht einer patriarchalen Religion anhängen. Es ist noch gar nicht so lange her, daß Frauen das Wahlrecht erlangten. Unsere Fruchtbarkeit kontrollieren wir noch immer nicht selbst. Die Gegner des „Equal Right Amendment" (ein Zusatz zur amerikanischen Verfassung, der die Gleichberechtigung im Gesetz verankert — Anm. d. Übers.) berufen sich auf „Gottesrecht" in ihrer Begründung, warum Frauen nicht volle gesetzliche Rechte erlangen sollten. Mary Daly dazu: „Die vorherrschende Religion auf dem gesamten Planeten ist das Patriarchat als solches."

Der Hierophant ist aber nicht identisch mit dem Herrscher. Obgleich die Kirche in vielen Fällen den Staat ideologisch unterstützt, gibt es doch auch andere religiöse Traditionen, die Kritik an der Staatsgewalt üben. Bei den Quäkern heißt es: „Wahrheit im Angesicht der Macht sprechen." Neben der absurden Waffensegnung auf beiden Seiten kriegführender Armeen, wobei beide natürlich „Gott auf ihrer Seite haben", hat die Kirche auch Unterschiede zwischen „gerechten" und „ungerechten" Kriegen definieren wollen, sie versucht, bei Konflikten zu vermitteln und Grenzen der Bewaffnungsmethoden vorzuschlagen.

In diesem Augenblick der Geschichte hat die Kirche die Möglichkeit, ihre Mitglieder und andere aufzurütteln und auf die ethischen Konsequenzen eines atomaren Rüstungswettlaufs hinzuweisen. Eine zunehmende Zahl katholischer Bischöfe und Priester haben die atomare Aufrüstung in Frage gestellt. Sie drängen beide Seiten zu einem Rüstungsstop, fordern Verhandlungen zur Verringerung des Waffenarsenals. In mindestens einem Fall weigerte sich ein Bischof, den Steueranteil für den Rüstungswettbewerb zu entrichten.

Da die Kirche ihre Mitglieder stark beeinflußt, würden viele Menschen ihr Stillschweigen zu diesem selbstmörderischen Waffensystem brechen, wenn der Hierophant sich deutlich für den Frieden aussprächе. Einen weitverbreiteten, von der Kirche unterstützten Protest gegen die offizielle Politik könnten die politischen Führer nicht so ohne weiteres hinnehmen. So könnte der Hierophant den Herrscher an der Fortsetzung seiner Selbstzerstörung hindern. Die schon lange anstehende „karmische Reinigung" könnte durch die Kirche vollzogen werden, wenn sie einen ernsthaften Kampf gegen die Aufrüstung führen würde. So würden die hehren Worte der Kirche mit Leben erfüllt, Geist und Körper würden eins, die Folgen wären revolutionär. Dann könnte der Hierophant als Lehrer und Enthüller der heiligen Wahrheit walten, wie sein Name andeutet.

*

Wenn der Hierophant in deinem Blatt erscheint, wirst du wahrscheinlich in irgendeiner Form mit konventioneller Moral und patriarchalen Gesetzen konfrontiert. Möglicherweise stößt du mit Autoritäten zusammen — Gericht, Kirche oder Tempel —, oder du gerätst in Konflikt mit deinen Eltern oder einer wichtigen Person. Irgend jemand benimmt sich wie ein Richter und Sachwalter der Moral, stellt sich vielleicht zwischen deine Gefühle und dein Selbst oder sogar zwischen dich und deine Gottheit. Angesichts einer solchen sozialen Opposition ist es wichtig, stark zu bleiben, sonst landest du womöglich noch auf deinen Knien wie die Frauen im Bild. Irgend jemand will dir klarmachen, wie die Dinge „richtig zu laufen" haben, und es könnte sein, daß du anfängst, es zu glauben. Vielleicht zitieren sie geschriebene Gesetze oder die Bibel, um dir Angst einzujagen oder dich „gottesfürchtig" erstarren zu lassen.

Andererseits kannst auch du genau wie beim Herrscher der Hierophant sein. Willst du vielleicht ein „gutes Mädchen" oder ein „guter Junge" sein? Dich den Regeln und Gesetzen anpassen, auch wenn sie deinem inneren Selbst zuwider sind? Die internalisierten Regeln einer Kultur sind stark, ihre Tabus oft tief im Unbewußten des Körpers verwurzelt. Was dir Eltern oder Lehrer über „richtig" und „falsch" erzählten, behältst du dein ganzes Leben — falls du nicht ein eigenes, unabhängiges Gewissen entwickelst. In diesem Moment handelst du konventionell oder programmiert — mehr aus deiner Konditionierung heraus als aus deinen wahren Gefühlen vom Herzen her. Möglicherweise handelst du aus einer dir unbewußten Angst heraus.

Versuche herauszufinden, welche Regeln zu brechen du Angst hast, und schau, ob du entdecken kannst, wer dich bestraft, falls du es tust. Ist es wirklich dein reifes Gewissen, das dir sagt, paß auf, oder ist es eine frühe Prägung, die deine Werte nicht berücksichtigt und die du loslassen möchtest? Wenn du dir irgendwie die Freude am Leben nicht gönnst, frage dich, ob du von einem verinnerlichten „Richter" oder „Priester" daran gehindert wirst.

Genauso wie das Bild des Hierophanten dir dein unreflektiertes Gewissen deutlich machen kann, fragt es dich auch, ob du selbst dich wie ein Priester oder ein Gesetzgeber benimmst. Vielleicht bläst du dich ein wenig auf, übernimmst mehr Verantwortung, als du tragen kannst, erzählst den Leuten, „wo es lang geht". Achte bei dir auf Anzeichen von Besserwisserei. Besonders wenn du davon ausgehst, daß die Handlungen oder auch Nichthandlungen einer anderen Person „schlecht" sind, solltest du lockerer werden und die andere auch mal etwas sagen lassen.

Der Hierophant ist langweilig. Er ist anmaßend und pompös, fühlt sich anderen überlegen und möchte auf alles, was geschieht „den Daumen halten". Wahrscheinlich hat er etwas gegen Tanzen, Singen und Liebe machen — sicherlich würde er Tarotkarten nicht benutzen, da sie in seinen Augen „Teufelswerkzeug" sind. Hält er sich in deinem Inneren oder Äußeren auf, solltest du seinem Daumen entwischen.

8

DIE LIEBENDEN
SICH VERBINDEN

Traditionell im Bild von Dualität und Entscheidung entsprechen die Liebenden den Yin- und Yang-Kräften des Universums und deren natürlicher Anzie-
hung. „Liebe" beziehungsweise das Zusammentreffen dieser sich ergänzenden
Kräfte geschieht auf vielen Ebenen. Im sozialen Bereich stehen die Liebenden
für Heirat. In der tieferen esoterischen Bedeutung weist das Bild auf *hieros
gamos* oder die heilige Hochzeit der Initiationsmysterien hin: die Vereinigung
gegensätzlicher Energien in einer Wesenheit, die zur Ganzheit führt.

Die Verbindung von weiblich und männlich wird in allen Kulturen als Voraussetzung zur Erhaltung der Art gesehen. In der indischen Praxis des Tantra
wird die Verbindung rituell an geeigneten Orten vollzogen. In den eleusinischen Mysterien wie auch in anderen alten Religionen und Traditionen war es
der Hierophant, der *hieros gamos* beistand; bis zum heutigen Tag brauchen wir
in unserer Kultur einen Priester, Rabbi, Geistlichen oder Standesbeamten zur
offiziellen Vermählung. Die einer „alchimistischen Heirat" — egal ob sexuell
oder nicht — zugrundeliegende Bedeutung ist stets die Vereinigung mit dem
Göttlichen in uns und im Universum. Im „Motherpeace"-Bild ist die Union
noch nicht vollzogen, sie wird ersehnt und angestrebt — in diesem Moment
wird die Anziehungskraft selbst aktiviert.

Das Bild der Liebenden wird dem astrologischen Zeichen Zwillinge zugeordnet und steht für das Paar oder Dinge, die paarweise auftreten. Im okkulten
Wissen finden wir dazu die Lehre der Seelengefährten — was die Idee vielleicht
am deutlichsten verkörpert. Auf der physischen Ebene hat jedes Menschenwesen zumindest ein Gegenüber oder einen „Zwillings"-Aspekt irgendwo auf dieser Erde, mit dem unsere Seele sich zu vereinigen wünscht. Wenn diese Menschen sich begegnen, wissen sie es und verbinden sich. (Im Märchen verlieben
sie sich und leben glücklich bis an ihr Lebensende zusammen.) Vertikal betrachtet, besagt diese Lehre von den Seelengefährten, daß die Menschenseele
bereits vor ihrer Herabkunft auf die Erde existiert. Im Prozeß physischer Inkarnation wird die Körper-Person von ihrem geistigen Selbst getrennt und
schafft so das Bedürfnis nach einer Vereinigung mit dem Geistkörper durch

Die Liebenden (VI)

Yoga oder Meditation. Sind die beiden harmonisch verbunden, findet eine glückselige Vereinigung statt, und das Wesen ist Eins.

Im Tarot bezieht sich die Karte der Liebenden gewöhnlich auf die sexuelle Vereinigung. (Im „Motherpeace"-Bild sind die Liebenden androgyn oder abstrakt dargestellt, damit die traditionelle männlich-weibliche Typisierung als Eigenschaft — nicht geschlechtsbezogen — gesehen wird.) Tantra lehrt, daß das Verschmelzen zweier Menschen im „sexuellen Akt" die Ego-Grenzen auflöst und die Erfahrung der Ekstase ermöglicht. Die indischen Shiva-Shakti-Figuren im Geschlechtsakt oder die tibetischen Yab-Yum-Paare bezeugen auf der menschlichen Ebene eine göttliche Vereinigung. Im I Ging heißt es dazu: „Zwischen den beiden Urkräften entsteht immer wieder Spannung, das hält die Kräfte in Bewegung und bringt sie zur Vereinigung, wodurch sie sich beständig erneuern."

In den modernen Kulturen ist die Verbindung der Liebenden mit Vorstellungen und Rollenstereotypen behaftet, die unsere Kultur uns eingeprägt hat. Im „Motherpeace"-Bild ist der patriarchale Boden, auf dem Liebe stattfinden kann, durch griechische Vasen dargestellt, die unsere „Drehbücher" zeigen, nach denen wir leben — Drehbücher, die im Patriarchat entstanden und noch heute — fünftausend Jahre später — Vorlage für Filme, Fernsehen, Bücher, Stücke liefern — für die Mythen unseres Alltags.

Griechische Vasen wurden seit dem 7. Jahrhundert vor Christus in Korinth gemalt, ein Jahrhundert später auch in Athen. Insbesondere Vasenzeichnungen aus Athen sind Vorläufer europäischer und amerikanischer Romantik. Die Vase links im „Motherpeace"-Bild stellt einen volkstümlichen Mythos dar: Der Held schlägt die Amazonenkönigin — in diesem Fall ist es Achill, der Penthesilea ermordet. Eine frühere Version dieser Szene (die auf einer Amphore aus Athen aus dem Jahr 540 vor Christus gefunden wurde) zeigt Achilles mit schwarzem Helm, die Amazonenkönigin schlägt mit ihrem Schwert zurück. Eine spätere Interpretation (die sich nicht wie hier auf einer Amphore, sondern auf der Innenseite eines Weinkelchs aus dem Jahre 460 vor Christus findet) zeigt nicht einmal mehr eine Verteidigung der Amazone. Sie hat kein Schwert mehr. J. J. Pollitt sagt: „Während Achilles sich über die stürzende Amazone beugt, um ihr den Todesstreich zu versetzen, treffen sich ihre Augen. Sein erhobener Arm scheint erstarrt, und Zorn, Pflicht und Stolz geraten in Konflikt mit Liebe und Reue." Schlägt Penthesilea zurück? Nun, sie packt ihn nur „schwach, teils bittend, teils widerstrebend. Auch bei ihr mischen sich die Gefühle von Furcht und Stolz sowie vielleicht auch Liebe."

Die dunkle Seite der Romantik zeigt diese frühe Verbindung von Sexualität und Gewalt, die als Vergewaltigung während des Übergangs zum Patriarchat begann. Die Verherrlichung der Vergewaltigung und ihre perverse Verbindung zur Sexualität erinnert uns schmerzlich an die gewalttätigen Wurzeln unserer Kultur.

Die Vase rechts zeigt ein Paar, da übt der Mann gerade nicht Gewalt über die Frau aus, sondern betet sie an, was auf den ersten Blick an die Verehrung der Göttin erinnert. Die Frauen in Athen waren anbetungswürdig — damit sie nicht gleichberechtigt neben den Männern stehen konnten. Nach der Heirat konnte diese Frau keinerlei romantische Aufmerksamkeiten von ihrem Gatten mehr erwarten. Mit ihr schlief er nur noch der Nachkommenschaft wegen, seine Leidenschaft bewahrte er sich für Hetären und junge Burschen auf.

Die matschig rosafarbene Energie im Vordergrund kennzeichnet die Verbindung von Liebe und unbewußten Sehnsüchten und Ängsten, die wir in eine Beziehung einbringen. Das Ganze steckt voller Gedanken über das, was passieren kann, wenn zwei Leute sich sexuell begegnen. Nach den Worten der Geheimwissenschaftlerin Alice Bailey ist es die „Verblendung der Gegensatzpaare, die ihrem Wesen nach einem dichten Nebel gleicht, der manchmal mit Freude und Seligkeit, manchmal mit Trübsinn und Niedergeschlagenheit gefärbt ist, während der Jünger zwischen den Gegenpolen hin- und herschwankt". Wie lange dauert dieses Wechselspiel? Nur so lange, „wie das Gefühl tonangebend bleibt". Und noch genauer ausgedrückt: Es währt, so lange wir in Vorstellungen über uns selbst befangen sind, wie wir fühlen sollten — anstatt vom wahren Herzensgefühl aus fortzuschreiten. So lange unser Zusammenkommen durch patriarchale Ideologien bestimmt wird und durch die Vorstellung von Liebe und wie wir uns damit zu fühlen haben, so lange werden wir große Schwierigkeiten haben, die kosmische Freude zu erfahren.

Wenn zwei Seelen sich einander in ihrer Verletzlichkeit und getragen von spontanem Vertrauen zeigen, kann das zweite Stadium der Liebe beginnen. Im „Motherpeace"-Bild wird dies durch die schwarze und weiße geometrische Figur ausgedrückt, die einander zustreben. Jetzt entsteht das Gespür für etwas Größeres als das Ich — etwas, das der bewußte Intellekt rational kaum begreifen kann. Wenn zwei Leute sich soviel Vertrauen schenken können, daß sie sich der Liebe hinzugeben vermögen — dem Unbewußten, der Leere —, dann beginnen sie mit der gemeinsamen Erschaffung des göttlichen Lichtkörpers, der ihre Vereinigung besiegelt.

Im Buddhismus wird dieser feinstoffliche Körper *vaira* oder Diamantkörper genannt — unbesiegbar und ewig. Das „wir" unserer Vereinigung ist eine Wesenheit in sich und beginnt ihr eigenes Leben. Auf dem „Motherpeace"-Bild stehen die beiden Wesen unentschlossen an der Schwelle zur Ekstase — vor dem Abgrund, an dem sie alles Weltliche fallenlassen. Unter der überhängenden Girlande roter Rosen, Sinnbild der Leidenschaft, verbinden sich die Liebenden. Im Sprung in den offenen Raum erkennt das Selbst das andere Selbst ohne Trennung, und jegliche Liebe, die gegeben wird, kehrt sofort zurück im immerwährenden Kreislauf der Energieströme der Partner.

Diese Verzückung, symbolisiert im orangeroten Ball der westlichen Sonne, ist der Prototyp des Heilkreises. Zum Kanal für die bewegenden Energien der Liebe zu werden öffnet gleichzeitig die tiefe Sorge und universelle Heilkraft — wie im Yoga und anderen Formen kosmischer Feiern versprochen. Die Psyche wird gereinigt, die Zellen erneuern sich, alte Schmerzen werden losgelassen, während die Hitze der Liebe das Karma der Vergangenheit verbrennt. Dieser glückselige Zustand der Bewußtheit drückt sich sehr gut in der Zahl sechs aus, die immer einen Höhepunkt kennzeichnet. Voller Ausdruck und Ausdehnung wie die Sonne kann die Sechs als die Bewegung des Bewußtseins verstanden werden, vom Kraftzentrum zum Herzen — ein momentanes Erheben, das die kommende, längerdauernde Integration ahnen läßt, die durch die Sonne repräsentiert wird (siehe Kapitel 21). Liebe machen ist wie das Probespiel für die höchste Vereinigung des eigenen Selbst mit dem universellen Selbst.

Heutige Liebende, die diesen geheiligten Raum betreten möchten, müssen sich zunächst von ihren gewalttätigen Bildern und Vorstellungen befreien, die der wahren Energie von Eros und Psyche entgegenstehen — Herz und Seele. Im „Großen Buch des Tantra" beschreiben Nick Douglas und Penny Slinger, wie die Liebenden auf diese Reise vorbereitet werden durch Tantra und andere östliche Disziplinen, bei denen gefastet wird, Reinigungsrituale ausgeführt werden, die den Körper von Giften und Schadstoffen reinigen, die auch das Nervensystem beeinträchtigen und wahres Fühlen erschweren. Es folgen Meditations- und Atemübungen, Berührung und Entspannung, so daß die Energien der beiden transformiert und auf das Verschmelzen vorbereitet werden. Schließlich darf das Verlangen wachsen und die heilige Flamme der Leidenschaft entzünden, die in uns allen existiert.

Begegnen sich zwei ernsthaft Liebende in gegenseitiger Achtung und Ehrerbietung für die heiligen Energien, vollzieht sich eine Vereinigung, durch die sie ohne Worte die wahre, liebende Natur der Welt begreifen. Sie erfahren ihre Körper als Tempel der Göttin, in denen sie ihre Herzen ohne Zweifel, Kritik, Zorn oder egoistische Bedürfnisse öffnen können. Durch Übung erlangen sie große Sensibilität und jedesmal, wenn sie zusammenkommen, lassen sie alte Muster los und neue Formen entstehen. Die Weisen des Tantra sagen, daß man jegliche Krankheit so heilen könne und „langlebig" werde. Auch zeige sich ein tiefes Verständnis für Geheimnisse, die jenseits der Worte liegen.

*

Erscheinen die Liebenden in deinem Blatt, heißt das, daß du entweder an einer Partnerschaft arbeitest, in der du dich gerade befindest, oder eine neue Verbindung vorbereitest. Liebe ist in deinem Geist. Du fühlst die Anziehungskraft, du stehst vor einer Entscheidung. Vielleicht lautet die Frage so: „Werden wir Liebende werden?" Kommt diese Frage aus leidenschaftlicher Erregung, so halte ein, atme tief durch: Du beginnst eine Reise an einen tieferen Ort. Da wahrscheinlich noch jemand davon betroffen ist, mußt du dich also dem Unbekannten stellen, der Liebe vertrauen und riskieren, dich im anderen zu verlieren.

Zu bedenken bei dieser „Macht der sexuellen Hingabe" ist die Tatsache, daß du dich der Göttin anheim gibst — nicht einem anderen Menschen. Du fühlst dich natürlich von dieser Person angezogen und möchtest mit ihr verschmelzen. Bei diesem gemeinsamen Sprung in den Raum wird von dir aber die Hingabe an die göttliche Kraft der Liebe selbst gefordert. Die Energie ist transpersonal — das heißt, größer als die eurer beiden Personen. Es ist nicht einmal die/der besondere Liebende, der/die zählt, sondern der Akt des Liebens an sich.

Das heißt nicht, daß du deine/n Partner/in nicht lieben solltest. Im Gegenteil — Sex macht mehr Freude, wenn man sich liebt. Wenn du dich gelegentlichem Sex hingibst, ohne die andere Person zu mögen, verletzt dies dein Herz. Ähnlich wirken Verhaltensweisen, die Gewalt anwenden oder Opferhaltung fordern — dadurch wird nur der Graben zwischen dir und dem höheren Selbst vertieft, zwischen dir und dem göttlichen Geist des Universums. Du kannst auf Vergewaltigung oder Herrschaftsphantasien „abfahren", doch töten sie deine Fähigkeit wirklichen Fühlens. Die Gefühle werden vorübergehen, und langanhaltender emotionaler Schmerz wird kaum dieses momentanen Stachels der Erregung wert sein.

Jedesmal, wenn dein Ego beim Sexualakt die Oberhand gewinnt, wird er auf der körperlich-geistigen Ebene bleiben; das ist auf die Dauer kaum befriedigend. Öffnet sich dein Herz, wirst du eine „höhere" Kraft dich emporheben fühlen, sie reißt dich aus der üblichen geistigen Vorstellung heraus und schleudert dich in einen weiten Raum. Während das Ego alles kontrollieren will, sich Vorstellungen macht, den Partner beherrschen will, verlangt das Herz nach dem Aufgehen der beiden in einer absoluten Vereinigung — die Glückseligkeit universaler Einheit, in der all deine Zellen zusammen pulsieren. Danach verlangend wirst du zu diesem Garten jedesmal dann zurückkehren, wenn du und dein/e Geliebte/r sich auf heiligem Grund treffen. Es ist die Wiederbelebung des essentiellen spirituellen Dramas — daß alles Leben eins im Geist ist, verbunden in Liebe.

9

DER WAGEN
DEN EIGENEN WEG GEWINNEN

Der Wagen repräsentiert die Siegerin, die triumphierende Amazone. Während sich das Bild der Liebenden mit der Vereinigung und Verschmelzung befaßte — dem Eins-in-Zwei der heiligen Hochzeit —, steht der Wagen für unabhängige Gedanken und Handlungen der Jungfrau, derjenigen, die aus der Beziehung heraustreten kann und zur Arbeit geht. Die Wagenlenkerin ist die griechische Göttin der Weisheit, Athene, die nach Robert Graves vom See Triton in Libyen kam. Ursprünglich, „vor ihrer monströsen Wiedergeburt aus Vater Zeus' Kopf", war sie die libysche Dreifachgöttin Neith. Neith, die nach einigen Gelehrten die älteste Göttin der Welt ist, war die Göttin der oberen Himmel. Sie ist die gleiche wie die ägyptische Himmelsgöttin Nut, die im „Motherpeace"-Bild dargestellt wird.

Neith wie auch Athene rufen das Licht oder die Dämmerung hervor (Ahana auf Sanskrit) und repräsentieren das intellektuelle Licht des Geists. Später wurden sie zu Göttinnen der Weisheit. Somit ähneln sie auch wieder der indischen Göttin Ushas, deren Name Dämmerung, Aufwachen oder Wissen bedeutet. Eine vedische Hymne an Ushas lautet: „Die vielversprechende Ushas hat ihre Wagen von fern geholt, jenseits der aufgehenden Sonne. Glorreich kommt sie zu den Menschen mit Hunderten von Wagen."

Nuts Körper überdacht das „Motherpeace"-Bild und repräsentiert den nächtlichen Himmel mit 13 Sternen — Verbindung zum Mond und der Mondzahl 13. Der Krebs, das astrologische kardinale Wasserzeichen verbindet den Wagen mit der Hohenpriesterin und Artemis, der Bogenschützin, Ahnin der libyschen Amazone, die den Wagen lenkt. Pfeil und Bogen der Amazone wiederholen diese Verbindung. Der Krebs symbolisiert zudem einen Schutzschild, den die Amazone beim Kampf tragen kann. Es ist der psychische Schutz der Mondenmutter für ihre Anhängerinnen.

In der griechischen und römischen Kunst der klassischen Periode werden sehr häufig Amazonen abgebildet, doch im allgemeinen hält man sie für eine

Siehe Abbildung auf Farbtafel 2 und Umschlagvorderseite.

Erfindung. Allerdings beschrieben Herodot und andere die Existenz von Amazonen in der Übergangzeit zwischen Matriarchat und Patriarchat. Die Amazonen scheinen Kämpferinnen gewesen zu sein, die Waffen trugen. Oft wurden sie als Bogenschützinnen porträtiert und Kriegerinnen, die abseits von Männern in reinen Frauenstämmen lebten. Viele dieser Geschichten über die Amazonen beziehen sich auf Nordafrika und besonders Libyen — früher hieß jedoch ganz Afrika Libyen. Die Amazonen waren wahrscheinlich weiter verbreitet, als wir denken.

Phyllis Chesler nennt die Amazonen den „universellen männlichen Alptraum" und meint, daß früher wahrscheinlich auf allen Kontinenten Amazonen gelebt haben. In Anbetracht der Mutter-Tochter-Bindung als Herzstück der matriarchalen Gesellschaft nennt sie die Amazonen Töchter — so wie Artemis die Tochter ist. Ihre Existenz sieht sie als Rebellion sowohl gegen matriarchale als auch patriarchale Macht. Die Tochter wies Schwangerschaft wie Mutterschaft und die damit verbundenen Einschränkungen zurück, lehnte sich aber zugleich auch gegen die Herrschaft der Männer auf. Viele moderne lesbische Feministinnen identifizieren sich mit der Amazone, der archetypischen Athene oder, wie sie später genannt wurde, Pallas Athene.

Traditionell verkörpert Pallas Athene, wie die zwei Namen schon implizieren, die zwei Seiten eines Charakters. Pallas weist auf ihre Funktion als Göttin der Winde hin (sie trägt den Sturmschild ihres Vaters) und Göttin der Schlacht. Nach Murray war sie „tapfer, eroberungslustig, ganze Heerscharen von Helden fürchteten den Anblick ihres Schilds". Die andere Seite ihres Charakters ist jedoch weich, sanft und himmlisch; sie herrscht über die Schlachten nicht wie ihr Gegenspieler, der Kriegsgott Ares, des Bluts wegen, sondern für Siege, Frieden und Wohlstand.

Athene wie Neith lehren die Menschheit „alles, was Schönheit ins Menschenleben trägt, Weisheit und Kunst". Murray sieht sie als „göttliche Personifizierung des Geistes, unbewegt in der Bewegung". Im Frieden ist sie stets die Göttin des Handwerks — weben, spinnen und sticken — der „Klarheit des Himmels und geistiger Aktivitäten". Sie ist die Göttin der Heilkunst, „zähmt aber auch Pferde und schützt das Anschirren der Tiere an den Kriegswagen". Später wird sie zur römischen Minerva, die auch die Kriegsgöttin der Weisheit und „ernsthafter Gedanken" ist, die zudem Kunst und Industrie beschützt.

Christine Downings Kapitel über Pallas Athene in „The Goddess" ist das beste, was ich darüber finden konnte, sowohl von der Komplexität als auch von der Intelligenz her — Spuren von Athene selbst. Downing sieht Athene als Prototyp der künstlerisch tätigen Frau, die „die wechselseitige Spannung zwischen Arbeit und Beziehung, Freundschaft und Einsamkeit, Ego und Seele, Weiblichkeit und Kreativität" in Frage stellt. Im Gegensatz zur traditionellen Ansicht über Athene — völlig losgelöst vom eigenen weiblichen Selbst wie auch den anderen Frauen — findet Downing in ihr einen tieferen Charakter —

androgyn, leicht im Umgang mit Männern wie auch Frauen und jungfräulich (für sich) mit beiden. Sie ist die aktive Anima, die der Arbeit Seele einhaucht und die in sich selbst die Eigenschaften des Geists verkörpert — kühl, losgelöst und reserviert.

Für Downing repräsentiert Athene die Art, in der unsere Kreativität „freigesetzt wird, verdreht und durch die Macht des Vaters besetzt — nicht notwendig seine äußere Macht, sondern die, die wir ihm in unserer Vorstellung verleihen". Sie ist „Zeus' inspirierte Tochter", doch existierte sie, wie Downing betont, zeitlich lange vor ihm. Downing wie Chesler weisen darauf hin, daß Athene nicht Mutter ist, sondern Tochter „nicht die Göttin der Fortpflanzung, sondern der Schöpfung... die Arbeiterin, die Macherin, und so ist sie der Seele, der Seelenarbeit verbunden". Athene möchte ihre Seele nach außen ausdrücken. So ist sie „die Göttin, die am engsten mit der Zivilisation identifiziert wird, mit dem, was uns zu Menschen macht". Ihr Tochtersein — ihre Jungfräulichkeit — ist anders als das der wilden Artemis. „Athene ist nicht Jungfrau, um allein zu sein, sondern um mit anderen ohne Verwicklungen sein zu können. Sie repräsentiert das ‚Beisammensein', das Kreativität entfaltet, das auf Seele und Geist gründet und weniger auf Instinkt und Leidenschaft."

Wie die Wagenlenkerin lenkt Pallas Athene ihren Willen aus einem starken zentrierten Selbst heraus — ausgewogen und ganz. Dies Zentrum wird durch die Doppelaxt in ihrer rechten (aktiven) Hand dargestellt, Symbol matriarchaler Macht wie auch einer im Gleichgewicht von Yin und Yang ruhenden Person. Symbol auch der Sonne. Die Axt wurde ebenso verehrt wie Speere in einigen anderen Kulturen. In diesem Zusammenhang weist die Axt auf die Beherrschung des Universums hin, und die Wagenlenkerin ist zweifellos Herrscherin des eigenen Universums. Sie hat ihr Leben selbst in die Hand genommen und kann ihr Gefährt oder ihr eigenes Ich genausogut führen.

Die Zahl des Wagens — sieben — wird gemeinhin als heilig betrachtet. Es ist eine mystische Zahl, die Vollendung und Erfüllung verkörpert. Sie kommt zum Ausdruck in den sieben magischen Planeten des Altertums und den sieben Noten in der Musik. Für die Pythagoräer war nach Graves sieben „die Zahl weiblicher Verzückung" und gehörte zu Athene. Im hinduistischen System der Energie und psychischen Arbeit gibt es sieben Chakras. Der Wagen zeigt das Gleichgewicht und die Kontrolle eines Energiesystems. Sieben wird von Saturn beherrscht, dem Planeten der Vorsicht und Prüfung, Eingrenzung und Disziplin. Sybil Leek sagt, Saturn lehre Geduld und Zurückhaltung, „er führt die Bremse in unser Leben ein", so daß wir Situationen einschätzen lernen.

Auf dem Schild der Wagenlenkerin sehen wir das Haupt der Medusa, der Gorgonenkönigin mit ihrem Schlangenhaar, ihre Augen sind weit geöffnet, und sie streckt ihre Zunge heraus. Graves sagt, daß die Argiven Medusa als „wunderschöne libysche Königin sahen, die von ihrem Ahn Perseus nach einer Schlacht enthauptet wurde". Er identifiziert sie mit der libyschen Schlangengöttin Lamia oder Neith. Das Gorgonenhaupt ist „lediglich eine häßliche Maske, die Priesterinnen bei Zeremonien trugen, um Störenfriede zu verschrecken", was wiederum auf die Geheimhaltung magischer Arbeit hinweist. Das rote Gesicht der Maske deutet auch auf Kali hin. Graves zieht eine Linie von Perseus, „dem Zerstörer", zur ersten Welle der Archäer, die die Macht der argivischen Dreifachgöttin brachen. Obgleich nach der späteren Mythologie Athene Perseus bei der Zerstörung Medusas geholfen haben soll, war sie doch in früheren Zeiten ein und dieselbe. Downing erklärt, daß Medusa zunächst lediglich „das Double von Athene war und die dunkle Seite ihres Charakters verkörperte... ihren Schatten".

Die Ziegen, die auf dem „Motherpeace"-Bild den Wagen ziehen, sind hybrid: geflügelt, mystisch, zwei-in-eins. Sie wie auch der Hirsch sind Tiere von Artemis, der Herrin der Tiere, und beweisen die frühe Domestizierung von Tieren durch Frauen wie Athene und Artemis. Eine Ziege schaut hinauf, die andere hinunter. Symbolisch verifizieren sie so den okkulten Spruch: „Wie oben, so unten." In sich selbst verbinden sie Himmel und Erde und wiederholen so Athenes Eigenschaften der Ausgewogenheit und Integration.

Über der scharfen Trennung von Himmel und Erde in der Landschaft — grün (neues Wachstum) und himmelblau (spirituelle Präsenz) — steht der Baum des Lebens als Verbindungsglied, so wie der Mensch die sicht- und unsichtbaren Welten der physischen Materie und geistigen Wesenheiten verbindet. Die Wagenlenkerin lernt hier als Adeptin oder auch Initiierte, daß Dualität nur Illusion ist — der An/Schein der Welt.

*

Der Wagen steht für Erdung und die Fähigkeit, Aufgaben in der Welt zu erfüllen. Traditionell repräsentiert er den Sieg der Selbstdisziplin. Wenn der Wagen in deinem Blatt erscheint, wird dein Geist vielleicht größere Kontrolle über die unbewußten Anteile deines Selbst erlangt haben. Diese Kontrolle ist weder steif noch verbietend wie die des Herrschers, sondern bringt die unbewußten Inhalte ins Bewußtsein, damit sie zur Vollendung beitragen. Bei dieser Arbeit kannst du wie der Krieger handeln, den Carlos Castaneda beschreibt, einer, der Ungeheuern begegnet und sie sich zu Verbündeten macht.

Auch wenn du in einer Beziehung stehst und wahrscheinlich nicht einsam sein wirst wie die Weise Alte, die in Kapitel 11 beschrieben wird, so bist du doch autonom in deinen Beziehungen und wirst in keiner Weise bevormundet. Du verlierst dich nicht an andere, noch trittst du deine Macht an andere ab. Du handelst aus einer Position der Stärke und Unabhängigkeit heraus. Du kontrollierst die Anziehungskraft der Liebenden, die In Kapitel 8 beschrieben wurde. Dein Geist begibt sich nun an die Arbeit. Du wendest dich dem zu, was zentral und bedeutend für dich und deine schöpferische Ausdruckskraft ist. Was auch immer du zur Erlangung deines Ziels unternehmen mußt, wirst du anpacken, du richtest deine Aufmerksamkeit auf die Aufgabe und ruhst nicht eher, bis du sie erfüllt hast. Wichtig ist es jetzt, sicher zu sein, daß die Ziele positiv sind und du nicht jemanden überrumpelst.

Von deinen Emotionen bist du nicht unbedingt abgeschnitten, doch scheinst du dich gerade nicht darauf zu konzentrieren und gibst wahrscheinlich nicht einmal acht, wenn sie dich rufen. Vielleicht glaubst du, daß Gefühle von der Arbeit ablenken und daß du ihnen daher für eine Weile fernbleiben willst. Das geht so lange gut, wie du nicht behauptest, daß es keine Gefühle gibt. Bisweilen braucht es einen starken Antrieb, um eine schwierige Aufgabe anzugehen, wie Downings Athene kann dir dann eine emotionale Beteiligung wie „Verwicklung" vorkommen. Was auch immer dein Ziel ist — deine Konzentration wird sich bezahlt machen.

Trägst du jedoch das Handwerkszeug der Kriegerin — Axt, Schild und Schutzrüstung — in eine Beziehung hinein, wirst du zweifelsohne Ärger kriegen, denn Liebe erfordert im allgemeinen ein sanfteres Vorgehen. Handelt es sich aber bei deinem Tun um kreative oder künstlerische Arbeit, wird die Göttin der Weisheit dir unendlich helfen. In dieser Zeit trennst du ganz stark zwischen deiner Arbeit und deinen Gefühlen, doch hast du die Fähigkeit, die Kluft zu überbrücken und die beiden zu verbinden.

Der Wagen gehört zur Aktivität — ob du dich am Kampf gegen die Atomaufrüstung beteiligst oder an einer anderen Demonstration gegen patriarchale Zerstörungswut. Als Athene mit Poseidon um die Herrschaft über Athen kämpfte, konnte sie einen Olivenbaum aus dem Fels wachsen lassen. Der Olivenbaum ist das Symbol des Friedens. Wie Athenes kann es deine Aufgabe sein, den Frieden an einer harten Stelle Wurzeln schlagen zu lassen. Der Wagen bedeutet dir, daß du es vermagst — so geh hin und tu es. Du hast Führungsqualitäten in dieser Zeit wie auch Mut und einen starken Willen. Du kannst die Energien mobilisieren, die du brauchst, um deine Aufgabe zu erfüllen, so wie die Ziegen gerüstet sind und bereit zur Bewegung in diesem „Motherpeace"-Bild.

DIE GERECHTIGKEIT
RICHTIG STELLEN

Gerechtigkeit repräsentiert die Naturgesetze und die unbarmherzige Schicksalsmacht — das langsame, doch regelmäßige Drehen des Karmarads. Im Prediger Salomo heißt es dazu: „Ein Jegliches hat seine Zeit, und alles Vorhaben unter dem Himmel hat seine Stunde." Im „Motherpeace"-Bild finden wir die Verbindung zwischen Menschen, Tieren und Bäumen — Verbindungen, die früher automatisch entstanden. Jane Roberts schreibt: „Jedes natürliche Element hatte sein eigenes Schlüsselsystem, das es mit anderen verband und Kanäle bildete, durch die das Bewußtsein von einer Lebensform zur anderen fließen konnte." Jede Person verstand sich als „individuelles Wesen, das aber mit der gesamten Natur verbunden war." Als diese Verbindungen aufgrund der Überentwicklung des Ego zerbrachen, wurde es notwendig, ein ethisches System zu schaffen, das jenes Wissen zusammenfaßte, das die Menschen früher ohne Worte oder Konzepte hatten. „Ursprünglich hatte Sprache nichts mit Worten zu tun. Tatsächlich ergab sich die verbale Sprache erst, als der Mensch einen Teil seiner Liebe verloren und einen Teil seiner Identifikation mit der Natur vergessen hatte, so daß er ihre Stimme nicht mehr als die seine verstand."

Die Figuren im Bild sind die drei Schicksalsgöttinnen der skandinavischen Mythologie, die Nornen, jene „Spinnerinnen", die die Schicksalsfäden in der Hand hielten. Nach Neumann halten die Nornen „das Geschehen in Händen, sie spinnen den Faden, reißen ihn ab und bestimmen über das Kommende". Sie stehen unter der heiligen Weltenesche Yggdrasil und sprechen das Recht der Dreifachen Göttin. Sie sprechen die „Sprache der Liebe" und identifizieren sich mühelos mit den verschiedenen Aspekten der Natur und sprechen zu ihnen. Es bedarf keiner Worte, denn die Nornen erkennen einander direkt. Als mächtigste der Nordischen Gottheiten entscheiden die Nornen das Schicksal aller (einschließlich der Götter); niemand kann ihren Fluch oder ihren Segen lösen. (Feen, die neugeborene Kinder in den Märchen segnen oder verfluchen — siehe Dornröschen —, sind eine spätere Version der Schicksalsgöttinnen.)

Die Gerechtigkeit (VIII)

An den Wurzeln der großen Esche sprudelt Wasser aus Quellen und Brunnen, das die Nornen zum Benetzen des Lebensbaums benutzen, nach Neumann der „Ort der Empfängnis, des Wachsens, Reifens und Ausgebärens". Sie sind die alten Weisen Frauen, „erfahren in alten Bräuchen, altem Wissen von richtig und falsch". Sie sehen die Natur nicht als Objekt, sondern sind Teil der gesamten Wirklichkeit um sie her. Eine berührt ein Tier und erfährt durch diese Berührung das Tier, seine Wahrheit, sein Leben. Eine andere berührt den Baum mit der einen Hand und das Wasser mit der anderen, bringt sie so zusammen, daß sie sich nähren und Harmonie entsteht. Sie findet das Gleichgewicht zwischen beiden und wird eins mit ihnen. Die Dritte sitzt ganz still und begibt sich in die ruhige Realität eines Kristalls, die vollkommenste Form der Natur; sie sieht sich selbst und die Zukunft in diesen klaren Facetten. All diese Tätigkeiten sind Möglichkeiten des „Wissens" ohne Systematisierung. Roberts schreibt dazu: „Die emotionale Ausdehnung seines Lebens ging also weit über eure sogenannte persönliche Erfahrung hinaus." Mit einem solchen Wissen würde man natürlich nicht unnötig ein Tier töten, einen Baum fällen oder einen Fluß verunreinigen. Dies zu tun hätte gleichzetig eine eigene Verletzung beinhaltet.

Die Griechen nannten dieses Konzept der Verbundenheit Themis und sahen darin ein abstraktes Prinzip von Recht und Gesetz. Jane Ellen Harrison verfolgt die Spur von Themis zurück zu ihrem Ursprung als Tochter der Erdgöttin Gaia, „der Wahrsagekraft der Erde selbst". Die ersten „Erlasse" waren Prophezeiungen, göttliche Wahrsagungen der Priesterinnen — Aussagen, die später von Hierophanten (siehe Kapitel 7) kodifiziert wurden. Als Tochter von Gaia war Themis „Erdgöttin mit unschlagbarer Macht", der Macht absoluten „beständigen" Gesetzes.

Im indianischen Stamm der heutigen Hopi glaubt man, daß sowohl in der natürlichen wie auch in der übernatürlichen Welt eine stabile Ordnung herrscht und daß jedes Leben zyklisch verläuft. Wie im alten Ägypten sagen sie, daß wir in Harmonie mit der universellen Ordnung leben müssen und sie mit unseren Segnungen und Ritualen aufrechterhalten. Fällt die Harmonie zusammen, wird das Leben nicht mehr „wie geschmiert" laufen, und Menschlichkeit kann sich nicht entfalten. Dann, sagt Patricia Broder, „müssen wir unsere Fehler erkennen und die Ordnung so schnell wie möglich wieder herstellen". Das ist karmische Anpassung — wenn etwas schiefläuft, muß es sofort wieder gerade gerichtet werden.

Als die Menschheit noch unter der „Herrschaft von Themis lebte, ein gemeinsames Gewissen besaß", war nach Harrison Verpflichtung so „normal", daß sich die Menschen ihrer „kaum bewußt waren". Mit dem nachlassenden Zusammenhalt der Gruppe wird das Feld der Religion „Stück für Stück eingeengt" bis „Gott persönlich zum Individuum" wird. Zu Homers Zeiten dann repräsentiert Themis die Verträge unter den Menschen. Die männliche Gottheit wurde zum mächtigen Gott und zur Abstraktion. Die griechische Themis hielt wie die ägyptische Maat eine Waage in ihrer Hand, um den Wahrheitsgehalt einer Situation abzuwägen. Themis trug auch ein Füllhorn, Hinweis auf ihre Verbindung zu Gaia. Sie war die Mutter der Jahreszeiten, die wie die Nornen „den richtigen Zeitpunkt für die Arbeiten mit der Erde festlegte und auch die Zeit für menschliche Ereignisse bestimmte".

Auch Maat, die ägyptische Göttin, mußte von der Göttin der Weisheit zum abstrakten Prinzip der Weisheit werden: innere Wahrheit. Auch Maat trägt die Waage, um nach den Herzen der Verstorbenen zu entscheiden, ob sie ein zukünftiges Leben haben würden oder die „Fehler ihres Lebens zu büßen hätten". Ann Forfreedom beschreibt, wie die Ägypter/innen nach dem „Prinzip der Maat" lebten, so daß sie, wenn etwas nicht stimmte, es wiedergutmachen wollten. Dort haben die Landbewohner/innen den ersten Generalstreik der Geschichte inszeniert, indem sie es als „göttlichen Willen" bezeichneten, ihnen in einer Hungersnot Nahrung zukommen zu lassen.

Nemesis ist ein anderer Aspekt Themis' — die Göttin göttlicher Rache, die das Rad der Vergeltung dreht und die notwendigen Anpassungen vornimmt, damit die Dinge wieder ins Lot kommen. Wir erfahren das Schicksal in unserem Leben, wenn es hereinbricht und Dinge passieren, die uns für unsere Vergehen „strafen". Die Geheimwissenschaften und die Astrologie lehren, daß das Universum sich zyklisch bewegt. Zyklen, die uns im Vergleich mit unserem Menschenleben lang erscheinen. Die meisten religiösen Traditionen kennen irgendeine Art der Offenbarung, die sich mit dem Ende des gegenwärtigen Weltzyklus und dessen Bedeutung für unser Leben befaßt. Die Prophezeiungen der Hopi und der Tibeter/innen wie auch die biblischen Offenbarungen stimmen alle dahingehend überein, daß der „Mensch/Mann" zu weit geht und die Erde aus Eigennutz und Egoismus zerstört. Die meisten stimmen auch darin überein, daß dies auch bereits früher geschah.

In der Tarottradition gehört die Karte der Gerechtigkeit zum kardinalen Luftzeichen Waage — Zeichen sozialer Gerechtigkeit und des Ausgleichs, dargestellt durch die Waage. Die Waage wird von Venus regiert (Göttin der Liebe) und betrachtet alles in Beziehung zu anderen. Die Waage liebt Schönheit und Harmonie und möchte die Welt zu einem friedlichen Zusammenleben einen. So ist die Waage auch Themis — die Verbindung, die Menschen zusammenhält, und auch die Notwendigkeit für alle, sich mit dem All zu verbinden. Der Segen, der auf einem einzigen Erdenwesen ruht, gilt allen, der Fluch trifft ebenso alle.

Erscheint die Gerechtigkeit in deinem Blatt, wirst du dir wahrscheinlich deines Platzes im Universum bewußt. Vielleicht stehst du in telepathischem Kontakt mit anderen Wesen, vielleicht erlebst du, wie die Erde spricht. Wie der Baum im „Motherpeace"-Bild bist du der Erde jetzt sehr nah, geerdet und verwurzelt in ihrer Weisheit. Lausche dem Orakel, den Zeichen, den Bedeutungen, die dich zum nächsten Schritt deines Wachstums führen. Du fühlst dich durch uralte Kraft mit allem Lebendigen verbunden.

Auf irgendeine Weise spürst du, wie Karma in deinem Leben wirkt. Vielleicht gewinnst du einen Prozeß oder Rechtsstreit; vielleicht fängst du eine neue Arbeit an oder kletterst die Leiter der Hierarchie hinauf; oder du entwickelst eine neue Zielstrebigkeit und Selbstsicherheit auf deinem Lebensweg. So wie die Frauen still und ruhig mit dem und durch den Baum sowie untereinander kommunizieren, fühlst du dich auch gerade ausgeglichen und ruhig. Vielleicht ist ein Konflikt deines Lebens beendet, nach einer Periode der Unsicherheit sind die Dinge wieder klar. Alles läuft von allein richtig, du entdeckst deinen inneren Seelenfrieden wieder. Du seufzt tief auf, weil du weißt, daß der Kampf fürs erste vorüber ist.

Du bist dabei, deine Wirklichkeit anzuerkennen und Verantwortung für deine Entscheidungen — auch aus der Vergangenheit — zu übernehmen. Du fühlst dich reifer als sonst, im Einklang mit deinen Entschlüssen, getragen von Selbstsicherheit, die im universalen Willen gründet. Du fließt mit den natürlichen Zyklen des Lebens, folgst den Naturgesetzen. Was auch immer du dir erwartet hast, ist dabei, Gestalt anzunehmen; was du brauchst, wird eintreten. Du verstehst, daß jegliches Geschehen seine Ursache in vergangenen Handlungen trägt.

Wenn du deine Situation gerade nicht als leicht empfindest, dann frage dich, was da aus dem Gleichgewicht geraten ist. Wenn du einen Fehler gemacht hast, dessen Folgen sich jetzt zeigen, dann vergib dir selbst und fahre fort. Dies ist eine Lektion, die dich führen soll. Wenn jemand dich verletzt hat oder die Gegebenheiten dir unfair erscheinen, dann laß die Verletzung los und Gerechtigkeit walten. Sobald du dein Schicksal annimmst und verstehst, wie es zustande kommt, wird jegliches Un-wohl-Sein weichen, und du wirst wieder Ver-Einigung erfahren.

Manchmal erscheint uns das Gleichgewicht der Natur unangenehm. Vielleicht hast du deine Verantwortung auf irgendeinem Gebiet nicht ernstgenommen, und dies wird dir plötzlich bewußt gemacht. Vielleicht hast du einen Termin für ein Projekt, das du noch nicht fertiggestellt hast, und du mußt Überstunden leisten, um es rechtzeitig zu schaffen. Oder vielleicht hast du dir nicht genug Zeit für dich selbst genommen, um mit und in der Natur zu sein, ruhig reflektierend und Sorge tragend für dich selbst — so daß du nun krank wirst. Die Natur arbeitet im stillen, sie gibt uns, was wir brauchen und weniger das, was wir wollen. Die Karte der Gerechtigkeit bedeutet, daß du dich in die „richtige" Situation einstimmen kannst, wenn du sie nur genügend verstehen willst.

DIE ALTE
WENDUNG NACH INNEN

Die Alte ist die Weise Frau, die unsere Träume und Visionen hütet, die uns Geheimnisse ins innere Ohr flüstert. Nor Hall schreibt: „Die alte Frau, die als Lehrerin von ‚Gesang, Geschichte und Gespinst' gilt, ist die Weisheit selbst, sie spinnt und webt den Faden des Lebens." Die Alte ist die Hexe, die die Kraft des Monds zu nutzen weiß, die mit Geistern spricht und Zaubersprüche kennt. Sie ist Hekate, die griechische Göttin der Unterwelt und Mutter der Hexen, Vorgängerin der Olympischen Götter. Ihr Ursprung liegt wahrscheinlich in Thrakien, einer als magisch bekannten Provinz. „Hekate, Tochter der Nacht — Dunkelheit des Monds, die in Höhlen haust, auf den Straßen geht, dreifach an Kreuzungen aufgestellt wurde, die Liebe auf hoher See macht — sie war die Kraft, die den Mond bewegte."

So wie Hekate den Neumond vertritt, repräsentiert Artemis den zunehmenden Mond. Hall sieht Artemis-Hekate als gespaltene Persönlichkeit, „die mediale Frau". Worin liegt ihre Aufgabe? Menschen zu helfen, die nicht mehr dort sind, wo sie waren, doch auch noch nicht dort, wohin sie hoffen zu gehen. „Hebamme der Psyche erscheint sie dann, wenn ein Geist, ein Gesang, eine Alternative, ein neues Wesen heraustritt — immer dann, wenn die Dinge anscheinend spontan aus den Tiefen des Unbewußten aufsteigen."

Als Initiatorin, Suchende und Einsiedlerin steht die Alte für eine Phase im Leben, in der Weisheit gesucht wird — eine Zeit der Innenschau und spirituellen Suche. „Die Initiation ist der aktive Eintritt in den dunklen Bereich des unbewußten Selbst, wo wir noch immer nach der verlorenen Tochter suchen, der weiblichen Quelle des Lebens."

Biologisch gesehen, steht die Alte für die Wechseljahre im Leben einer Frau, da sie anfängt, ernsthaft über Spiritualität nachzudenken, und sich auf die Suche begibt, was sie zuvor wegen der Kindererziehung noch nicht tun konnte. Wie die Initiierte repräsentiert sie jede Zeit der Hinwendung zu inneren Fragen. „Initiiert zu sein heißt, für eine Weile gegen den Strom zu schwimmen,

Siehe Abbildung auf Farbtafel 3.

eine Kandidatin zu sein (gekleidet in reines Weiß) für eine vollkommen neue Erfahrung von spiritueller Bedeutung.''

Die Alte repräsentiert die Geistfreundin, die den Weg zu geistigen Reichen kennt. Die ,,Laternenanzünderin'' der Traumwelt weist den Weg vom äußerlichen sozialen Rahmen, von Menschen und Parties weg nach innen zum dunklen Reich der unbewußten Psyche. Wie die vestalischen Jungfrauen im alten Rom kommt sie barfuß als Pilgerin daher und strahlt Bescheidenheit und innere Stärke aus. Vesta (oder Hestia), die Göttin des Herds, war eine Schwester von Demeter, und wie Artemis erhielt sie von Zeus die Erlaubnis, ihr ganzes Leben lang unverheiratet — Jungfrau — zu bleiben. Anders als die meisten anderen Römerinnen waren die Vestalinnen, wie Murray erklärt, ,,unverletzlich, frei von väterlicher Kontrolle; zudem hatten sie das Recht, über eigenen Besitz zu verfügen''. Die Alte gehört auch noch in anderer Weise zu Vesta: Sie ist die Hüterin des heiligen Feuers. Im alten Rom unterhielten die vestalischen Jungfrauen das heilige Feuer im städtischen Herd. Die Alte hält das innere Feuer am Brennen.

Wie Schamanen und Weise Frauen überall ist die Alte sowohl männlich und weiblich, aktiv und empfänglich, Sonne und Mond. Sie hat gelernt, die Kraft der Energie zu er/halten und zu verwandeln — sie entscheidet, ob und wie sie ihre Energien nutzt oder bewahrt. Nach Hall ist ,,Introversion die Hinwendung psychischer Energie zur eigenen Tiefe, das Versinken der Libido darin''. Wahrscheinlich lebt die Alte zölibatär, was aber nicht notwendig sexuelle Inaktivität bedeuten muß — sie ist nur gerade ohne Partner, wahrscheinlich aus eigener Entscheidung. Sie symbolisiert die ,,Zwischenzeit'' in Beziehungen. Sie wendet sich nach innen, um sich zu heilen und zu verjüngen.

Die Alte ist die Spinnerin, die schöpferische Spinne, die die Welt aus der eigenen Substanz webt. ,,Einen Kokon aus der eigenen Lebenssubstanz zu weben, ist die notwendige Voraussetzung zum Hervortreten der Psyche: Indem wir uns nach innen wenden, bereiten wir den Weg nach außen vor.'' Ein Teil des Prozesses der Zukunftsweberei besteht darin, herauszufinden, was die Zukunft birgt (aber auch was die Vergangenheit war). Die Alte ist die Wahrsagerin, die ,,Späherin'', die ,,Unterhaltungsfrau'', die mit Kapuzenmantel herumreiste und die Zukunft weissagte. Als die Götter ,,an Ansehen und Macht bei den Menschen verloren'', sagt Hall, ,,wurden die medialen Fähigkeiten der alten Weisen Frauen in ihren Kapuzenmänteln unterdrückt und zu verdrehten und verstellten Formen der Hexerei und Wahrsagerei verwandelt''.

So kommt Hekates böser Name zustande und die Verteufelung der Hexenkunst als ,,dunkel und schwarz''. Doch hineinzutauchen ins Dunkel des Unbewußten und wieder hochzukommen, ist ein wichtiger und wesentlicher Teil der Be-Deutungssuche der Seele — und dies wird durch die Alte und ihre ,,nächtlichen'' Fähigkeiten des Wahr- und Voraussagens repräsentiert. ,,Aus der Dunkelheit des Wachens und der Erwartung geschieht die Geburt... ein

Lied, eine Prophezeiung, ein Gedicht sind stets ein Durchbruch." Als Königin der Toten war Hekate die Herrscherin der Regeneration. Zu Hekate beteten die Alten um Schutz und für ein langes Leben, denn sie gebot über Leben und Tod. Hekates Feiertag ist Hallomas oder „All Halloows Eve" (Halloween) (der Abend vor Allerheiligen) am 31. Oktober. An diesem Tag sollen die Geister der Toten auf der Erde wandeln und die Grenzen zwischen Leben und Tod sich verwischen. Als Mutter der Hexen repräsentiert Hekate Magie und Fluch- oder Segenssprüche: In einigen Kreisen wird Halloween als Neujahr der Hexen gefeiert.

Monaghan schreibt: „Während Hekate nach draußen ging, versammelten sich ihre Verehrer/innen drinnen, um zu Hekates Ehren ein Nachtmahl zu essen. Bei diesen Treffen wurden magisches Wissen ausgetauscht und die Geheimnisse der Hexenkunst einander zugeflüstert." Zum anderen waren „Hekates Abendessen" rituell zubereitete Speisen, die man meist an Kreuzungen plazierte, besonders da, wo drei Straßen zusammentrafen. Murray sagt, daß Hekates Verehrer/innen ihre Statue so aufstellten, daß „sie alle drei Straßen gleichzeitig entlangschauen konnte". In vielen Traditionen wird Hekate daher mit drei Köpfen dargestellt oder ist von einem dreiköpfigen Hund begleitet.

Die Statue im „Motherpeace"-Bild ist einer präkolumbianischen Terrakotta aus Veracruz in Mexiko nachempfunden, die ihre Arme in der traditionellen Geste der Priesterin emporhebt. In ihren Armen trägt die Göttin des Nachthimmels den zunehmenden Mond (Versprechen der Wiedergeburt und des Endes der dunklen Periode) und eine Sternschnuppe (für Wünsche), während sie über den Himmel schwebt. Die Alte stützt sich auf einen Stab, den Spinnrocken der Spinnerin, der die weiblich-mütterliche Linie repräsentiert (im Gegensatz zum väterlichen Speer). Der Wind flüstert der Alten Geheimnisse zu, und sie lauscht diesen Botschaften aus dem Reich ungesehener, unsichtbarer Mächte genau. Der Wind ist *pneuma*, Geist, Atem, und steht für die bewegende Energie der Innenschau.

Der lilafarbene Mantel der Alten repräsentiert ihre authentische Macht, die Fähigkeit, sich selbst zu heilen und anderen Heilkräfte zu vermitteln. Weil sie beinahe „unmögliche Aufgaben zu erfüllen hatte", hat die Alte diese Heilkräfte erweckt. „Sich von der Welt abzuwenden, um herauszufinden, ob du wirklich lebst, ist zweifellos schmerzhaft", sagt Hall, „aber in der bewußten Annahme der Einsamkeit — wenn einem nichts anderes mehr übrigbleibt — beginnt der natürliche Prozeß des Heilens."

Mary Daly liefert eine sehr feinsinnige, energiegeladene Beschreibung von Alten, Hexen, Spinnerinnen und Spinnen. Nach ihrem reichen Wortschatz repräsentiert die Alte die „Separate", die „alles vom Selbst wegschneidet, was entfremdend und einengend ist". „Crone-logisch liegt vor allen Diskussionen über politischen Separatismus von oder innerhalb von Gruppen die grundlegende Aufgabe, die Schichten falschen Selbsts von Der Selbst abzuschälen", sagt Daly. „Die interne Trennung oder der interne Separatismus — das heißt die falschen Selbst, in die die Selbst eingeschlossen ist, wegzuschneiden, wegzubrennen — ‚ist‘ der Kern aller authentischen Trennungen und daher normativ für alle persönlichen/politischen Entscheidungen über Handlungen/Formen des Separatismus." (Die Alte ist im Englischen „crone" — daher crone-logisch, Anm. d. Übers.)

Daly definiert die Aktivität des Spinnens als Form „kreativer in Grenzbereichen lebender Energie", was Frauen im Patriarchat dringend brauchen, um der vorherrschenden Opferbereitschaft zu entfliehen und das neue Land der Integrität zu betreten. „Im Grund ihres Wesens ist die Spinster eine Hexe", sagt Daly. Wie die Alte in „Motherpeace" sucht sie Transformation. Wie eine Seidenraupe spinnt sie Fasern um sich herum, um daraus neu hervorzukommen.

Die Alte hört mit ihrem inneren Ohr. „Wir Häxen, die wir in das Labyrinth jenseits des Vordergrunds hineinhorchen, hören neue Stimmen — unsere eigenen Stimmen", sagt Daly. „Wir lernen, unsere eigene neue Lage und Bewegung zu spüren; wir lernen, ein empfindliches Gleichgewicht zu halten." Wie weit reisen wir? „Vom Eingang des Labyrinths immer tiefer zur Mitte des Heimatlandes, der Selbst." Durch dieses Nach-Innen-Horchen wird die Alte nicht nur initiiert, sondern auch zur Lehrerin, wegweisend für andere. „Wo immer sie sich hinbewegt/reist: Sie macht ihr Wissen sichtbar. Für andere Spinnerinnen ist ihr Netz das Vorbild der Schöpfung. Für ihre Feinde ist es eine tödliche Falle."

Was die Spinnerin, Häxe oder Alte hört, ist nicht „das Wort", sondern eher ein „Er-Hören" neuer Worte:

„Wir hören den Ruf unserer wilden Natur. Wir spielen Spiele, mit denen wir ihre Spiele beenden. Die unter uns, die man blöde Ziegen nannte, meckern, die alten Krähen krächzen; die flotten Katzen miauen, die dummen Gänse schnattern; die Kühe muhen, und die Küken piepsen. Fesche Hasen jagen gackernde Hühner im Kreis herum.

Das Spiel ist Teil unserer Arbeit des Entwebens und unserer Web-Arbeit. Es wirbelt uns in einen anderen Bezugsrahmen hinein. Wir nutzen die Visitation der Dämonen, um noch tiefer mit unseren eigenen Kräften/Tugenden in Berührung zu kommen. Wir entweben ihre Betrügereien/Täuschungen und geben so unserer Wahrheit ihre Namen."

Neun, die Zahl der Alten stand immer schon für Weisheit und heilige Magie. Neun mit jeder beliebigen Zahl multipliziert läßt sich immer wieder auf Neun zurückführen. (Beispielsweise ergibt drei mal neun 27, was zusammengezählt wieder (2 + 7) neun ergibt.) In der Klassik gab es neun Musen. Neun ist die heilige Zahl der Mondgöttin und bedeutet Höhepunkt und Ganzheit. Die Alte ist die Frau, die in sich heil ist, ein Beispiel für uns alle; die uns zeigt, was es heißen kann, mehr als weiblich, mehr als männlich zu sein. Ihr aktives Innenleben strahlt auf andere ab, sie werden von ihrer Weisheit, ihrem Wissen berührt, das sie auf ihren Reisen gesammelt hat. Irgendwann kehrt sie wieder in die Welt zurück, doch jetzt hat sie sich in sich selbst zurückgezogen, um mit Freude das Sammeln und Erneuern von Energien zu erfahren.

*

Taucht die Alte in deinem Blatt auf, weist das fast immer auf eine Zeit des Alleinseins hin. Meist kommt diese Zeit als Segen, wenn sie dir zunächst auch einsam vorkommen mag. Das hängt aber mehr mit unserer Kultur zusammen, die uns sagt, daß es schlecht sei, allein zu sein. Wenn du dich entspannen kannst und diese Situation genießt, wirst du viel in dieser Zeit der Selbst-Erfahrung lernen. Mit dem inneren Ohr zu lauschen kann erst einmal erschreckend sein, weil auch die zu hörenden Botschaften kaum mit dem übereinstimmen werden, was dir beigebracht wurde. Hekate ist eine große Wahrsagerin, und sobald du mit ihr in Kontakt trittst, werden deine eigenen Wahrheiten ans Tageslicht treten.

Du befindest dich an einem Kreuzweg — in einer Zeit der Entscheidung und der Erneuerung. Hekate führt dich tief ins Unbewußte und leitet dich, zeigt dir deine Schwierigkeiten, aber auch Möglichkeiten, von denen du nie geträumt hast. Manchmal kommt diese Erfahrung im Alter von achtundzwanzig oder neunundzwanzig Jahren, wenn eine Person die Wiederkehr des Saturns erlebt. Wie Hekate ist Saturn der große Prüfer, der gestrenge Zuchtmeister, der die Menschen dazu bringt, ihr Leben ernst zu nehmen.

Jetzt sollten die Künste der Magie, des Heilens, der Prophezeiung, der Unterscheidung erlernt werden. Vielleicht wirst du dich mit dem I Ging oder dem Tarot befassen oder ein Traumtagebuch führen. Deine heilenden Fähigkeiten können sich entfalten, wenn du dir deiner neuen Sensibilität bewußt wirst: Lausche den Botschaften deines Körpers über Nahrung und Naturheilkunde. Vielleicht beeinflußt dich der Mond in besonderer Weise, stimm dich also ein auf die Zyklen des Wachsens, Vollwerdens und Abnehmens. Vielleicht triffst du auch eine Lehrerin oder eine Freundin, sei es auf der spirituellen Ebene oder in der „wirklichen" Welt.

Sexuell gesehen, befindest du dich wahrscheinlich in einer partnerlosen Zeit. Auch daran kannst du Freude haben, wenn du dich deinem Körper und seinen Energien öffnest. Zölibat bedeutet nicht notwendig ohne Sexualität. Vielleicht nimmst du dich selbst als Liebende so wichtig wie sonst noch nie jemanden. Finde heraus, was du magst und wie du geliebt werden möchtest. So wirst du wissen, was du von einer Beziehung erwartest. Du wirst ganz hineingehen statt bedürftig, voller Energie statt ausgelaugt.

DAS GLÜCKSRAD
DIE REISE IM GROSSEN RUND

Geschichtsforschende glauben, daß das Wort „Tarot" der lateinischen Wurzel „rota" (wie in Rotation) entstammt und die alte Bedeutung vom Leben als sich drehendem Rad reflektiert. Die Nabe ist der ruhende Pol in der Mitte, während außen herum das Rad sich durch die Ereignisse dreht. Insbesondere das Glücksrad wird mit dem Tierkreis in Verbindung gebracht. Mehr als in den anderen Kapiteln beschreiben wir daher hier die Göttin in den Begriffen der Astrologie. Damit wir das reiche Rund der Symbole ausführlich beachten, verwenden wir hierfür mehr Platz als für irgendeine der anderen großen Arkanakarten.

Im alten Ägypten finden wir den berühmten Tierkreis von Denderah an der Decke des Tempels von Hathor. Dieser Tierkreis ist die späte Wiedergabe (300 vor Christus) eines Bildes aus einem viel älteren Tempel, der an der gleichen Stelle gestanden hatte, doch zerstört worden war. Damit sollten astrologische Daten aufbewahrt und strukturiert werden. Fix nennt sie „Produkte einer langen und sorgfältigen Beobachtung". Fix behauptet, daß dieser Tierkreis wie viele ähnliche Darstellungen sich an den um den Pol herumliegenden Sternen (Großer Bär, Drachen und Kleiner Bär) orientierte, und führt weiter aus: „Was auch immer innerhalb der Pyramiden geschah, hatte stets etwas mit den Zirkumpolarsternen zu tun." Und was geschah nun? Vielleicht feierte man eine Version der großen Mysterienspiele, wie sie schon von den paläolithischen Höhlenbewohnern zelebriert wurden, und wie wir sie auch von den afrikanischen Felsmalereien kennen. Noch heute ehren und feiern die Dogon in Afrika die geheime Weisheit, die sie in alten Sternenbildern kodiert haben.

In Denderah wurden die Mysterienspiele im Tempel unter dem Rad Hathors begangen. Die Bilder auf diesem Tierkreis waren Abbildungen der Sterne, Karten magischen Flugs und schamanistischer Reisen. Im Trancezustand reisten die alten Ägypter/innen zum Todesreich, um lebendig zurückzukehren und den Lebenden davon zu berichten. Bei ihrer Rückkehr gaben sie ihr Wissen mit

Siehe Abbildung auf Farbtafel 3.

Symbolen und Bildern weiter, so daß der oder die nächste Eingeweihte die Reise zu den Sternen wohlbehalten antreten und beenden konnte. Meines Erachtens leisteten diese Initiierten dabei Ähnliches wie die kopflosen Frauen, die wir auf den frühen Felsmalereien sahen, oder wie es Schamanen und Schamaninnen auf der ganzen Welt tun.

Das Rad steht auch für Kalendarien und Steinkreise, die sich vielerorts auf der Erde finden. Kalender waren ursprünglich Monduhren, die später auch Sonnenzyklen einschlossen. Stonehenge gilt als gutes Beispiel einer Verbindung von Sonnen- und Mondzyklen. Offensichtlich vereinten die Druiden die alte Religion der Mutter mit der neueren des Vaters in einer relativ freundlichen Weise (im Gegensatz zu anderen Orten, wo der Übergang unbarmherzig forciert wurde).

Im „Motherpeace"-Bild stellt das Glücksrad den Zodiak als Geburtshoroskop mit zwölf Häusern dar, die von den verschiedenen Zeichen regiert werden. Jedes Haus enthält die Illustration einer alten Göttinnen-Kultur. In diesem Kapitel untersuchen wir die zwölf Illustrationen im einzelnen, beginnen mit der Frau vor rotem Hintergrund auf der linken Seite und schreiten gegen den Uhrzeigersinn fort.

Das erste Haus ist der Widder, ein kardinales Feuerzeichen. Die Frau mit der Hand auf der Hüfte ist eine Kupferstatue aus Mohenjo-Daro in Indien (2400 bis 2000 vor Christus). In der Kunstgeschichte wird sie oft als „Tänzerin" (manchmal auch als „Sklavin") bezeichnet. Ich sehe aber darin vielmehr das Porträt einer „göttlichen Yogini", was sie zu einer Lehrerin der Mysterien der Sexualität und Vertreterin der alten Tantra-Religion Indiens macht. Noch heute gilt es in Indien als Besonderheit, diese Lehren von einer authentischen Priesterin der Göttin zu empfangen, einer Guru, die in den magischen Künsten des Tantra versiert ist und den Initiierten auf den Pfad der Hingabe und Transzendenz, den sie repräsentiert, zu führen vermag. Obwohl Kali in den Archetypus einer schrecklichen Mutter verdreht wurde, die alles verschlingt oder tötet, steht sie doch eigentlich für den Tod des Ego und die erneuernde Kraft sexueller Mysterien.

Das zweite Haus ist Taurus, festes Erdzeichen des Stiers. Als schlagendes Beispiel männlicher Potenz erinnerte der Stier in alten Zeiten an den fruchtbaren Aspekt der Göttin mit allen Eigenschaften der Sexualität. Im „Motherpeace"-Bild verkörpert die gebärende Frau die Fruchtbarkeit der Gemeinschaft. In der ganzen Alten Welt wurden Frauen während der Geburt dargestellt. Man verehrte und pries ihre Fruchtbarkeit. Das Bild hier stammt aus der vorkolumbianischen Zeit. Es ähnelt der berühmten aztekischen Erdmutter, Tlozoteutl, die in der Geburtshaltung mit zusammengebissenen Zähnen gezeigt wird.

Eine wunderschöne präkolumbianische Statue aus den frühesten Ausgrabungen in Mexiko zeigt eine hockende Frau, die auf ihren Bauch drückt, als ob sie sich selbst die Geburt erleichtern will. Eine ähnlich hockende Figur aus dem Kongo-Gebiet zeigt eine Afrikanerin mit einer ähnlichen Handbewegung. Auf einer Wand in Chaco Canyon (Neu Mexiko) sah ich selbst eine Serie von vier Felszeichnungen, die den Verlauf einer Geburt festhalten. Ganz deutlich zeigt sich in all diesen Bildern über die ganze Erde die „numinose" Kraft. Bei ihrem jüngsten Kunstprojekt beobachtete Judy Chicago, daß gebärende Frauen heutzutage in der westlichen Kunst nicht vorkommen. Sie meint, daß es sicherlich Tausende von Geburtsbildern, besonders von dem Moment, da der Kopf aus dem Körper der Mutter tritt, gäbe, wären Männer die Gebärenden.

Weiter unten am Rad befindet sich das dritte Haus, das den Zwillingen zugeordnet ist. Dieses Luftzeichen repräsentiert das Gehirn mit seiner rechten und linken Hälfte und steht auch für die Dualität, die der Menschengeist in allem erblickt. Die Figur hier ist ein „Augenidol", eine Variation der hockenden Mutter oder fruchtbaren Göttin. Während die alten Steinzeitfiguren der hockenden Göttin noch keine ausgeprägten Gesichtszüge aufwiesen, tauchten im Neolithikum (Beginn der Landwirtschaft) erstmals Augenmotive auf. Unser Beispiel zeigt eine der Hunderte von Figuren, die im „Augentempel" von Tel Brak in Ost-Syrien gefunden wurden (aus der Zeit um 3500 vor Christus).

Einige neolithische Augengöttinnen aus Spanien zeigen abstrakte Augen, die auf Knochen und Töpfe geritzt wurden. Ein berühmtes Tor auf Malta ist mit Spiralaugen verziert. Auch die Steintür zu einer neolithischen Grabkammer in New Grange in Irland zeigt solche Formen. In Ägypten repräsentierten die Augen des Horus Sonne und Mond. Ein einzelnes Auge — uzait — gilt auch heute noch als starkes Symbol. Ein sumerisches Siegel aus dem dritten Jahrtausend vor Christus verbindet die Augengöttin mit Ishtar, der sumerisch-babylonischen Großen Mutter.

Das vierte Haus im Tierkreis ist der Krebs, das kardinale Wasserzeichen der Großen Mutter als Ernährende, Lebensspenderin und Liebende. Diese Statue, die ihre Brüste hält, bietet quasi ihre Muttermilch dar. Unser „Motherpeace"-Bild wurde durch eine Tonfigur aus Susa (im heutigen Irak) aus dem 3. Jahrtausend vor Christus inspiriert. Ähnliche Figuren gab es auf Zypern und in Mesopotamien (2400 vor Christus), auch auf Kreta (2000 bis 1200 vor Christus). Aus der Stadt Ur (ungefähr 3000 vor Christus) kommt eine Terrakotta-Statue der Göttin, die ihre Brüste hält.

Oft wird die Mutter dargestellt, wie sie ihre Brust dem Kind darreicht, wie bei den Isis- und Horus-Statuen aus Ägypten oder präkolumbianischen Steinplastiken und Töpfen in Amerika. Esoterisch weist dieses Transformationsmysterium auf den Nektar der weiblichen Brüste während tantrischer Sexualpraktiken hin — ein Ausfluß, dem heilende Kräfte nachgesagt werden, die der Partner tatsächlich im Akt der Liebe schmecken kann.

Das fünfte Haus ist der Löwe, festes Zeichen der Sonne und schöpferischer Kraft. Vor einem orangefarbenen Hintergrund sitzt eine vorkolumbianische

Figur mit einer Sonne im Bauch, die Wärme ausstrahlt. Wahrscheinlich eine Ahnin des späteren Maya-Sonnenkults betont sie die weibliche sexual-generative Kraft. Meiner Ansicht nach ist es ein Shakti Bild, von denen so viele in Indien gefunden wurden. Sie repräsentieren die weibliche feurig-schöpferische Kraft, den Wechsel und Wandel, den ewigen Tanz des Lebens selbst. In der indischen Kosmologie ist Shakti die weibliche aktive Kraft (die aus dem Geist des männlichen Gottes entspringt).

Bei einigen Yoga-Arten soll die Shakti-Energie sich mit der entgegengesetzten Shiva-Energie paaren und dadurch Ekstase und Gleichgewicht hervorrufen — eine Hochzeit von Haupt und Herz. In anderen Yogaschulen wird Sexualität freiwillig „nutzbar" gemacht und verwandelt oder zu den höheren Zentren gezogen, um in schöpferischen oder spirituellen Handlungen genutzt zu werden.

Das sechste Haus ist die Jungfrau, veränderliches Erdzeichen. Mit Jungfrau wird hier nicht eine keusche Frau bezeichnet oder eine, deren Hymen noch intakt ist; vielmehr wird das Wort in seinem alten Sinn gebraucht: Es bezeichnet die autonome Frau, die sexuell wie emotionell frei ist, die für sich ganz und zufrieden ist. Die hier dargestellte Frau ist einem Fresko aus dem ägyptischen Palast in Theben aus der 18. Dynastie entlehnt. Ähnlich den kretischen Fresken im Palast von Knossos werden hier Frauen bei der gemeinsamen Feier ihrer religiösen Riten gezeigt, die sie mit Tanz und rituellen Körperstellungen begehen.

Obgleich diese Figur, ähnlich der im Widder dargestellten, häufig als „Tänzerin" beschrieben wird, ist sie doch zweifellos eine akrobatische Priesterin, die ein ekstatisches Ritual in der Tradition der alten Religion der Göttin begeht. Statt der Unterhaltung der Männer zu dienen, wie es der moderne Name ausdrücken mag, tanzt sie einzig in der Gemeinschaft der Frauen ihr Gebet.

Die frühesten Darstellungen tanzender Frauen stammen aus afrikanischen und europäischen Höhlengemälden der Altsteinzeit. In jeder Kultur, in der die Göttin verehrt wird, tanzen Frauen ekstatische Feiern heiliger Energie, die spürbar wird durch den freudvollen Ausdruck des Körpers. Außer den Tänzerinnen, die wir im Prolog vorgestellt haben, beweisen dies natürlich noch viele andere, beispielsweise die um einen Jungen tanzenden Frauenfiguren aus Spanien; aus Mexiko haben wir die um einen Musiker herumtanzenden Frauen oder aus Boetien die um die Göttin selbst wirbelnden Tänzerinnen. Spätere Darstellungen fanden sich in der griechischen Kunst der Mänaden — die wilden Tänzerinnen des Dionysoskults.

All diese Figuren zeigen be-geisterte Frauen, die eine Verbindung von Körper und dem sogenannten höheren Selbst gefunden haben. Das gleiche religiöse Muster, das den Geist (gut) vom Körper (schlecht) trennt, führt auch dazu, daß der Geist mit dem Mann assoziiert wird und der Körper mit der Frau. Das führt zu dieser unglücklichen Hierarchie, die das Patriarchat auf der ganzen

Welt kennzeichnet. Aus dem gleichen Grund wurde der weibliche Archetypus der Jungfrau, der ursprünglich sexuelle und geistige Freiheit umschloß, in die heutigen Archetypen der Jungfrau und der Hure getrennt.

Vor violettem Hintergrund haben wir das siebte Haus im Zeichen der Waage, kardinales Luftzeichen. Im „Motherpeace"-Bild ist Aphrodite mit ihrer weißen Gans in Anlehnung an eine griechische Vase (470 vor Christus) dargestellt. Das Bild ist eine Variante der Göttin als geflügeltes Wesen — halb Mensch halb Vogel und somit die Fähigkeit andeutend, in geistige Reiche zu fliegen. Artemis wird oft mit Flügeln porträtiert, manchmal auch mit Vögeln an ihrer Seite. Einige der schönsten Abbildungen der Göttin Isis zeigen sie als strenge Frau mit Flügeln, als sei sie irdischen Gedanken entrückt und gehe total in der kühlen Welt des Geistes auf. Dieses Konzept finden wir auch im Schamanismus mit den Fähigkeiten des Geistkörpers, in die „andere Welt" und zurück zu reisen, dort Wissen zu erwerben, das Geheiligte auf die Erde zurückzubringen und mit den Geistern zu verkehren. Mutter Gans in den englischen Kinderreimen ist eine späte Nachfahrin der Aphrodite.

Im achten Haus haben wir Skorpion, das feste Wasserzeichen der Kriegerin oder Heilerin, hier als Gorgo (in der geflügelten Version in Anspielung auf die vorausgegangene Figur) dargestellt. In Verbindung mit den Amazonen oder der Hexenkunst werden Gorgo wie Artemis oft mit wilden Tieren — Löwen, Leoparden oder Vögeln — abgebildet; so wie Isis, Hekate oder Medusa mit Schlangen in Verbindung gebracht werden. Gorgo mit den Schlangen ist die Schreckliche Mutter, die zerstörende Göttin. Ihre Hauptrolle, nach Graves, liegt darin, die Geheimnisse der Frauen zu hüten, die die alten Künste des Heilens und der Magie ausüben. Gorgo streckt die Zunge heraus, wie auch Kali, als ob sie sagen wollte: „Bleib weg." Sie warnt die Nicht-Initiierten vor dem Eindringen.

Schütze regiert das neunte Haus. Wir sehen hier eine andere Version der Augengöttin, diesmal als göttlicher Vogel, ein weitverbreiteter und alter Ausdruck der Macht der Göttin. Diese vogelköpfige Göttin, eine sumerische Figur aus dem dritten Jahrtausend vor Christus, zeigt ein Auge auf dem weiblichen Schoß, um auf die Fortpflanzungsfähigkeit hinzuweisen, und stellt die Einheit von Körper, Geist und Seele dar. In dieser Figur geht die religiöse Macht mit körperlichen und sexuellen Kräften einher. Die sumerische Figur ähnelt vielen hebräischen und kanaanitischen Idolen der Bibel; die Göttin als Ishtar, Astarte, Anath oder Ashtoreth. Häufig wird sie von vorn gezeigt, mit Blumen oder Pflanzen, ihre *yoni* (weibliches Geschlechtsteil) gut gezeichnet und durch ein vom Bauch nach unten weisendes Dreieck markiert. Manchmal ist sie auch von Tieren begleitet (besonders als Lilith, die später zur Dämonin wird). So wird eine Verbindung hergestellt zur Herrin der Raubtiere, Artemis und später Diana von den Hexen.

Im zehnten Haus haben wir Steinbock, kardinales Erdzeichen, charakterisiert durch den Lebensbaum, flankiert von den traditionellen Zwillingstieren der Artemis. In diesem Fall repräsentieren die beiden Ziegen den fruchtbaren, erdhaften Aspekt der Göttin und ihres Gefährten Pan, des gehuften Ziegengottes. Die Ziege ist wahrscheinlich das älteste Tier der Artemis und weist auf die frühen Domestizierungen der Tiere durch Frauen hin, die die Milch zur Ergänzung ihrer vegetarischen Kost nutzten. Mancherorts repräsentiert die Ziege (oder der Geweih tragende Hirsch) allein Artemis oder Diana von den Hexen. Als alte Ziegenmutter gilt Amalthea.

Der Lebensbaum und der Baum des Wissens in der Bibel sind späte Versionen einer früheren mehr graphischen Gestaltung der Göttin. Der Baumkult der Semiten war eine versteckte Verehrung der Göttin Asherah (sie „schützt, nährt und behütet die Tierwelt"). Man verehrte den großen Weltenbaum, wie er ähnlich auch im Buddhismus zu finden ist. Man sieht die Verehrung der Göttin in den Hainen der ihr geweihten Bäume, den biblischen Asherim oder Bäumen nachempfundenen Säulen (die symbolisch an die Priesterin erinnern). Als die Priesterinnen wegen ihrer alten Religion verfolgt wurden, begab sich die Religion selbst in den Untergrund und benutzte mehr symbolische abstrakte Formen wie den biblischen Baum des Lebens. Dieses Motiv tauchte dann wieder im Mittelalter während der Hexenverbrennungen als alchimistischer Baum auf, der heute als Teil der jüdischen Kabbala (der Lebensbaum mit seinen zehn *sephira* oder Emanationen) bekannt ist.

Das elfte Haus im Tierkreis ist der Wassermann, festes Luftzeichen. Der Wassermann bringt Licht und Liebe in das Neue Zeitalter, in das wir nun eintreten. Die hier vor gelbem Hintergrund dargestellte Göttin ist die „vielbrüstige Artemis von Ephesus" aus dem letzten Jahrtausend vor Christus. Zu den ursprünglichen Weltwundern gehörend, war dieser berühmte Schrein der Artemis oder Diana von einem Amazonenstamm gegründet worden, um die matriarchale Gesellschaft während der Übergangsperiode lebendig zu halten. Artemis der tausend Brüste war für ihre Heilkräfte berühmt, und die Menschen besuchten viele Jahrhunderte lang ihren religiösen Schrein.

Diese Artemis, verglichen mit der starken Kriegsgöttin, erscheint ungewöhnlich. Diese Statue hat einen mehr schützenden Charakter und erinnert an die chinesische Kuan Yin, die tibetische weiße Tara und die christliche Jungfrau Maria, deren früherer Beiname „Vielbrüstige Mutter Aller" lautete. Von Sibirien bis Griechenland trug Artemis den Schamanismus oder die Macht der Frauengruppe. Während der blutigen Übergangsperiode scheint es ein Auftrennen ihres Bildes als Antwort auf die verschiedenen Arten der weiblichen Versklavung gegeben zu haben. Obgleich die Aufsplitterung matriarchaler Kulturen bedeutete, daß die Gruppe die jahreszeitlichen Feste der Gemeinde nicht mehr ausführte, ging die Verehrung der Göttin doch über Jahrtausende weiter: in geheimen Höhlen, auf entfernten Inseln und häufig unter der Schirmherrschaft anderer Schreine, zu denen der Heilung wegen gepilgert wurde.

Das zwölfte Haus ist den Fischen zugeordnet, dem veränderlichen Wasserzeichen der alten Fischgöttinnen. Mondbilder steigen auf und auch die spätere „schaumgeborene Aphrodite", deren berühmteste Tempel in der Nähe des Meeres standen, gehört dazu. Auf dem „Motherpeace"-Bild sehen wir eine Seejungfrau, die „schlangenfüßige skythische Göttin", wahrscheinlich eine Medusaversion. Motive der Seejungfrau finden sich an vielen Orten und zu vielen Zeiten. Graves verbindet die „Seejungfrau" — mermaid im Englischen — mit „fröhlicher Jungfrau" — merry maid im Englischen — (wie die Hohepriesterin der Hexen auch manchmal genannt wird). Er stellt auch eine Verbindung zwischen der Göttin der eleusinischen Mysterienspiele in Griechenland und der Mondgöttin Euronome her, der ursprünglichen pelasgischen Göttin aller Dinge, und schlägt den Bogen zur sumerischen Nammu, die den ganzen Kosmos erschaffen hat („Sie, deren Wasser das ganze Universum sind").

Graves zitiert einen Mythenschreiber aus dem zweiten Jahrhundert, demzufolge „Artemis vergebens verfolgt wurde und schließlich als Fisch entflieht". Meiner Ansicht nach bezieht sich dieser Mythos auf die Flucht der Priesterinnen der Göttin, die mit ihren Stämmen per Schiff aus dem Mittelmeer flüchteten. Steininschriften lybischer, keltischer, phönizischer und iberischer Herkunft in Nord- und Südamerika singen das Lob der Göttin. Priesterinnen und Priester haben diese Preishymnen gezeichnet. Die Inschriften stammen aus prähistorischer Zeit, lange bevor Kolumbus Amerika „entdeckte".

Seegöttinnen des Altertums hinterließen ihre Spuren: von der elamitischen fischschwänzigen Göttin (drittes Jahrtausend vor Christus) bis zur britischen Seejungfrauskulptur in der Kathedrale von Exeter, von den Bildern segelnder Schiffe auf den Wänden im Chaco Canyon, Neu Mexiko. „Die ursprüngliche Mutter, sie, die das Universum schuf, war immer ein Körper voller Wasser... das ursprüngliche Fruchtwasser, in dem einst die ganze Erde badete."

Eines der frühesten Glücksräder trug diese Inschrift: „Das Tarot spricht Hathors Gesetz." Hathor, ägyptische Gottheit des Wandels, entwickelte sich aus der früheren Mutter Göttin Isis. Eines ihrer Symbole war das Rad. Der Kreis selbst ist schon ein altes Symbol für das Weib und drückt Ganzheit aus.

Robert Graves zieht eine Verbindung vom Rad zur keltischen Göttin Arionhod und ihrem Silberrad, Sinnbild des Labyrinths von Tod und Wiedergeburt und der alten Drehtür zwischen dieser Welt und jener. Keltische Inschriften dieser Doppelspirale, wie die in New Grange in Irland (2500 vor Christus), spiegeln die Vorstellung eines sich ständig bewegenden Lebensrads.

Im Buddhismus heißt das Lebensrad Samsara. Es ist das nie endende und nirgends hinführende Rad der Illusion, das die physischen und emotionalen Welten der Sinne repräsentiert. Nach den Buddhisten liegt die Lösung darin, die physische und emotionale Welt zu transzendieren.

Im Gegensatz dazu heißt es in der Religion der Göttin, in Einklang mit dem Rad zu kommen, in dem wir Ursache und Wirkung verstehen lernen und unser

Leben danach richten. Fortuna (Glücksgöttin), Hathor, Isis — sie sind positive Bilder der Großen Weltenmutter, die Leben spendet, uns zur Ganzheit führt und uns am Ende des Lebens wieder willkommen heißt. Die Zeit repräsentiert sie. Das Glücksrad ist die „Schicksalsuhr" und zeigt die Transformationen, die wir im Lauf des Lebens durchwandeln werden. Die Religion der Göttin sieht uns nicht als Gefangene des Rads — wie die buddhistische Version —, sondern eher als Teilnehmende am Schicksalsprozeß, die das individuelle wie auch das kollektive Geschick durchleben.

*

Taucht diese Karte in deinem Blatt auf, liegt dein Leben in den Händen des Schicksals — Fortuna lächelt dir zu, und so ist es gut, sich diesem Fluß hinzugeben, denn etwas Besonderes wird geschehen. So wie ein Riesenrad dich nach oben trägt, wirst du in irgendeiner Weise emporgehoben. Auch wenn das Schicksal natürlich nicht unser Leben kontrolliert, so entscheidet doch die Göttin Fortuna, wann wir das bekommen, wofür wir gearbeitet haben. Das Glücksrad bezeichnet einen Höhepunkt, weist auf die Erfüllung eines Wunsches hin, zeigt die Manifestation einer Sehnsucht an.

Das „Motherpeace"-Bild betont die zyklische Natur von Zeit und Wandel, während im traditionellen Tarot der Schwerpunkt mehr auf den Höhen und Tiefen liegt. Jeder Abschnitt im Tierkreis ist positiv und potentiell „glückbringend", jede Position hat eine besondere Bedeutung für dein Leben zu einer bestimmten Zeit. Vielleicht kannst du durch Meditation über die zwölf Häuser und Aspekte der Göttin, wie sie in diesem Kapitel vorgestellt wurden, deine gegenwärtige Position auf dem Rad herausfinden und den Übergang, in dem du dich gerade bewegst, tiefer verstehen lernen. Du könntest aber auch dein Horoskop mit dem „Motherpeace"-Rad vergleichen und Planetenstände korrelieren.

13

DIE STÄRKE
MAGISCHE HELFER FINDEN

In der Tarot-Tradition repräsentiert die Stärke matriarchales Bewußtsein. Sie steht im Gegensatz zur patriarchalen Dominanz des Herrschers (siehe Kapitel 6). Die auf dieser Karte abgebildete Stärke verkörpert Geisteskraft, die Stärke der Frau, die zähmt. Sie ist die Herrin der Tiere, die Muttergöttin als Freundin der Natur und zugleich die zivilisierende Kraft. Im traditionellen Tarot-Deck öffnet oder schließt sie das Maul eines Löwen; im Crowley-Deck ist es die ,,Lust'', die den Löwen reitet und volle weibliche Sexualkraft ausstrahlt. Alle Großen Göttinnen haben sowohl die Sexualität (Feuer) wie auch die Sprache (Buchstaben) den Menschen gebracht. Das trifft auf Saraswati in Indien ebenso zu wie auf Ishtar in Mesopotamien, es betrifft Isis in Ägypten genauso wie Brigit auf den Britischen Inseln, um nur einige zu nennen.

Im ,,Motherpeace''-Bild wird die Stärke durch die vorkeltische Braut (bride im Englischen, aber auch als Name Bride) Brigit dargestellt, Königin des Feenreichs. Sie sitzt auf den smaragdgrünen Hügeln Irlands mitten unter ihren befreundeten Tieren und unsichtbaren ,,kleinen Leuten'', die sie repräsentiert. Sie war die Muttergöttin, die belebende Dreifaltige Muse, deren Feiertag im Februar begangen wird — Lichtmeß, das Fest der Lichter. Als Bride wurde sie in Irland von Priesterinnen verehrt, die ihre heilige Flamme hüteten — so wie die römischen Vestalinnen das Herdfeuer für die ganze Stadt in Brand hielten. Mit der Errichtung des christlichen Reichs hielten katholische Nonnen im Mittelalter ihre Flamme am Brennen, während gleichzeitig in ganz Europa Hexen verbrannt wurden und die Flamme der Brigit als heidnisch ausgelöscht wurde. Heute brennt die Flamme der heiligen Bride wieder im irischen Kildare.

Im ,,Motherpeace''-Bild drücken die vielen Tiere um die rothaarige ,,Todesfee'' herum ihre vielen Rollen aus. Der Hase, den sie mit ihrer rechten Hand berührt, symbolisiert den Mond, die Erde und die Macht des Nachtbewußtseins. In China ist der Hase eine Mondgottheit, die Gesundheit und Fruchtbarkeit bringt. Das weiße Kaninchen bei Alice im Wunderland steht für Magie und

Siehe Abbildung auf Farbtafel 4.

Geheimnis, das Land unsichtbarer und fantastischer Geisterfreunde, die Astralebene der Vorstellung. Die ins Kaninchenloch hineinschlüpfende Alice praktiziert — ob sie es weiß oder nicht — Schamanismus. Sie fällt in die andere Welt, geht in Trance und erlebt die magische Reise der Psyche — genau wie in schamanistischen Reisen.

Die zusammengerollte indigoblaue Schlange neben der Priesterin steht für Wahrsagekräfte. Dieses geschmeidige Wirbeltier wird auch von südamerikanischen Schlangenbeschwörern benutzt. Es erinnert außerdem an die Python im antiken Delphi, aber auch an die „zusammengerollte Kundalini" der Yogatradition. Wenn die Göttin Kundalini von ihrem Geheimplatz an der Basis der Wirbelsäule erwacht, bewegt sie sich durch die *Chakras* oder Energiezentren zum Kopf hin und aktiviert das spirituelle Leben. Wenn sich das Herzzentrum öffnet, strahlt Feuer in die Welt hinaus, so wie es aus der linken Hand der Priesterin im „Motherpeace"-Bild ausstrahlt.

Schlangengöttinnen gibt es auf der ganzen Welt. In Ägypten beispielsweise ist das früheste Zeichen für Göttin das gleiche wie für Schlange — die erhobene Kobra. In Indien ist die Göttin die schlafende Kundalini, die mit dem Erwachen zu Shakti wird. Auf den vorkeltischen Britischen Inseln war Brigit oder Bride eng mit der Schlange verbunden. Als der heilige Patrick die „Schlangen" aus Irland vertrieb, hat er in Wahrheit die Verehrerinnen der Göttin verfolgt. Noch heute wird der St. Patricks-Tag begangen.

Trotz des katholischen Überbaus blieb die Feentradition in Irland relativ stark und existiert heute Seite an Seite mit der Kirche. So kommt es, daß Iren und Irinnen, besonders die Landbevölkerung, sich mit Magie und Heilkräften der „Grünen" auskennen. Diese magische Kraft kommt direkt aus der Erde und von ihren Kreaturen — sowohl den irdischen als auch den außerirdischen, Tieren, die in Wäldern leben, oder magische Geister und Elfen, die unter den Hügeln und Pfahlbauten hausen.

Der Wolf, der dem Hund ähnelt und ihn oft vertritt, steht für den Hundsstern Sirius und die Geheimnisse der Dreifaltigen Göttin. Auf dem „Motherpeace"-Bild deutet der stahlgraue Wolf die Dämmerungszone zwischen den Welten an, die Stunde des Wolfs, „in der die meisten Menschen sterben, da der Schlaf am tiefsten ist, wenn die Alpträume allerdeutlichst werden, wenn Geister und Dämonen die Gewalt übernehmen… da die meisten Kinder geboren werden". In Tibet gehört ein Wolf zur Priesterin der berühmten Grünen Tara. Bilder von Tara sind auf die Felsenwände Tibets eingeritzt, und nach Stephan Beyer gehören sie zu den „stärksten Schutzmitteln für eine Person, ein Haus oder den ganzen Bezirk".

Rituelle Tarabilder werden bei zunehmendem Mond begonnen und bei Vollmond vollendet, „wenn die Stärke des Mondes am wirksamsten ist". Ein tibetisches Ritual beschreibt Tara: „Die in königlicher Pose dasitzt… hinter ihr der Lichtkranz des ungedämpften vollen Mondlichts." Interessant ist das

Benutzen von Menstruationsblut in tibetischen Ritualen, wenn die Verbindung zwischen Tara und der Karte der Stärke in gemeinsamem Licht betrachtet werden. Nach Beyer glauben Tibeter, daß „die Frau einen Mann dann am leichtesten unterjochen und seine Liebe gewinnen kann, wenn sie ein mit Menstruationsblut beflecktes Tuch verbrennt und diese Asche dem Mann ins Essen oder Trinken mischt. Sie kann aber auch ganz einfach nur einen Tropfen ihres Menstruationsbluts beimischen." Im Tarot bezieht sich die Karte der Stärke traditionell auf die Macht, das zu erreichen, was wir durch Willenskraft und Stärke gewünscht haben.

Fast am oberen Rand des „Motherpeace"-Bildes sitzen ein Löwe und ein Stier unter einer Eiche auf einem Hügel. Wie Hase und Schlange im Vordergrund weisen sie auf die Verbindung von Feuer und Erde hin. Artemis wird oft flankiert von zwei Tieren gezeigt. Sowohl Löwe als auch Stier waren in alten Kulturen der Göttin geweiht. Die Wurzeln des Baumes erstrecken sich tief in die Erde und reichen sichtbar bis unter die Füße der beiden heiligen Tiere. Die Zweige voller Blätter reichen weit hinaus und schützen die Frau und ihre zwölf Tiere.

Was macht Artemis in der Wildnis? Nach Nor Hall gibt Artemis uns allen die Chance, „den Kontakt mit dem Unbewußten zu lernen und zu überleben". Bei dieser Aufgabe hat sie „keine Angst vor der Dunkelheit, vor wilden Tieren oder unbewohnten Plätzen". Als Schamanin lädt sie uns ein, sie zur Unterwelt — der anderen Welt — zu begleiten. Dort können wir die Gabe des Bewußtseins und der Heilung empfangen.

Auf dieser Reise gewinnt die Initiierte Tiere zu Freunden oder Helfern, die immer bei ihr bleiben und ihr Energie und Stärke in menschlicher Form zukommen lassen. Als Gegengabe für dieses Geschenk der Macht muß das Menschenwesen das Tier in irgendeiner Weise „tanzen", es verkörpern, in Szene setzen. Das erinnert mich sehr an die zeichnerischen Darstellungen der Tiere in den Höhlen des Paläolithikums in Europa oder in den Felshöhlen Afrikas. Sicherlich dienten sie dem gleichen Zweck des „In-sich-Aufnehmens", wie beispielsweise tibetische Mönche sich Tara durch spezifische Visualisierungstechniken „einverleiben".

Der Kreis der Tiere umfaßt wie der *coven* der modernen Hexen zwölf. Die „Motherpeace"-Figur der Stärke sitzt auf einem Erdhügel, der *omphalos* oder Nabel der Welt genannt wird. Im antiken Griechenland war Delphi ein *omphalos* — wie alle frühen Zentren der Wahrsagekunst. Von dieser Position aus kann sie prophezeien wie die Druiden oder die Python oder Sibylle, die Seherin aus vergangenen Zeiten. Laut Robert Temple ist „*omphalos* der Platz von Omphe", was heiliger Laut bedeutet oder heilige Stimme. Omph klingt wie das heilige OM im Sanskrit, verbindet sich mit heiliger Musik, traditionell heiligen Namen und dem „unaussprechlichen Wort Gottes".

Als Priesterin des Vollmonds erinnert die Stärke an die Göttin der Sexualität und tantrischer Lehren. Von der sumerischen Ishtar über die indische Kali bis zur irischen Bride wurde die Göttin wegen der Macht ihres Feuers verehrt – der Flamme der Sexualität. Sie wurde nicht nur wegen ihres Wissens um sexuelle Geheimnisse geachtet, sondern auch wegen ihrer unerschrocken offenen Sexualität und des sicheren Ausdrucks ihrer sexuellen Energien.

Der Vollmond verleiht der Priesterin ihre poetische Prophezeiungsgabe – orgiastisch und ekstatisch fließt ihre Rede wie ein Fluß oder sprudelnder Quell. „Das Toben der Sibylle ist unkontrollierbar", sagt Hall, „so wie ein murmelnder Quell, ein Brunnen oder ein Fluß unkontrollierbar sind." Zur Zeit der babylonischen Ishtar war der Vollmond der „sabbat". Sabbatu bedeutet „Ruhe des Herzens" und repräsentiert Ishtars Menstruation, die in Babylon mit dem Vollmond zusammenfiel. Ursprünglich einmal im Monat gefeiert, wie die „Periode" der Frauen, wurde der Sabbath später ein wöchentliches Ereignis entsprechend den vier Vierteln des Monds. Damit führt uns Hall zur Kraft des weiblichen Menstruationszyklus und des geheiligten Menstruationsbluts. „Der erste Blutstrom eines jungen Mädchens galt als besonders kraftvoll zur Heilung schwerster Krankheiten", schreibt Hall. „Auch kann eine nackte Frau, die während der Periode über die Felder rennt, die Schädlinge darauf töten und somit die Ernte sicherstellen."

Die Karte der Stärke repräsentiert die Heilkraft weiblicher Macht, das indische „tapas", die heilende Hitze. Der Skorpion im Vordergrund des „Motherpeace"-Bildes verbindet die Stärke mit dem Tierkreiszeichen Skorpion, einem festen Wasserzeichen, das Heilung und Regeneration bringen kann. Diese innere Stärke ist so mächtig, daß wilde Tiere gezähmt werden und die Welt unsichtbarer Mächte anerkannt wird. Wir kommen zu dieser Stärke, wenn wir träumen, in Trance gehen und heilend oder psychisch wirken.

Im „Motherpeace"-Bild singt ein kleiner Zaunkönig in der Eiche zum Vollmond und weist bildhaft auf die Fähigkeit der Priesterin hin, die Wahrheit zu singen, zu dichten und zu musizieren, Sprache und Verständigung „von der anderen Seite" zu dieser zu bringen. Der Waschbär ist ihr freundlicher Verbündeter, der seine Pfote auf ihren Unterschenkel legt und ein Maskengesicht trägt wie ein Schamane. Die drei Wasservögel im Vordergrund versinnbildlichen ihre schamanistischen Fähigkeiten, zu fliegen und zu schwimmen. Wie sie haben auch die Vögel ihre „Wurzeln" im Wasser (Gefühle), können aber auch über der Erde fliegen und die Luft (prana) in ihre Lungen atmen. Ihr Fliegen erinnert zudem an Wanderzüge und jahreszeitlichen Wechsel.

Wie die Spinne zwischen den Zweigen spinnt die Priesterin aus dem eigenen Wesen das Netz des Lebens und der Transformation. Was sie innerlich hört, kann sie für die äußere Welt so übersetzen, daß es an- und be-rührt. Was sie im Außen sieht, kann sie nach innen nehmen und dadurch weise und wissend werden. Sie versteht, wie etwas funktioniert, und weiß, was zu tun ist. Es ist die uralte Kunst der Magie, die in der Alten Religion verehrt wird – die Kraft der Priesterin „den Mond anzuzapfen", auch für das Wohl der Gruppe.

*

Taucht die Stärke in deinem Blatt auf, erfährst du dich als bereit und befähigt, das zu bekommen, was du dir vom Leben wünschst. Geerdet und zentriert in der Erfahrung deiner Energie, weißt du aus deinem Herzen, was du brauchst. Da deine Bedürfnisse nicht von denen der anderen abgeschnitten sind, kannst du jetzt wahrscheinlich anderen Energie übertragen, bewußt helfen. Vielleicht heilst oder berührst du jemand und tust es voller Mitgefühl und Sorge. Du strahlst moralische Stärke aus, bist mutig und überzeugend, wenn du deine Gefühle offen ausdrückst und andere damit bewegst.

So wie die Priesterin in diesem Bild vom Grün der Feenwelt umgeben ist, bist du jetzt in deinem Leben von Magie eingehüllt. Versuche, dir zu wünschen, was du schon immer wolltest — jetzt wird es sich manifestieren. Die Tierfreunde um die Priesterin bezeigen die Hilfe, die du nun von den verschiedensten Welten und Reichen erhalten kannst. Versuche, dich auf die Tierwelt einzustimmen. Vielleicht ist die Zeit reif für eine schamanistische Reise, bei der du in Trance gehen und dein verbündetes Tier, einen Geisthelfer finden kannst. Nun ist die Erde eine Quelle der Kraft für dich. Wenn du dir die Zeit nimmst, dich ruhig hinzusetzen, und die magnetische Kraft der Erde spürst — ihre Felsen, Pflanzen, Bäume, Flüsse, Hügel —, wirst du unendlich viel erfahren. Deine psychischen Fähigkeiten entfalten sich, deine Träume werden lebendiger, du vernimmst vielleicht deine eigene Prophetie.

Die Gefühle deines Herzens und deine Libido sind im Moment sehr stark. Werde dir klar, was für eine/n Liebhaber/in oder Sexualpartner/in du suchst, und du wirst sie/ihn finden, da die Energien für dich da sind. Der überhängende Lebensbaum hinter der Priesterin erinnert an die schützende und sorgende Göttin. Ihre offenen Arme empfangen dich. Der Vollmond läßt sein Licht über deine Ziele leuchten.

14

DIE GEHÄNGTE
DIE EINWEIHUNG ANNEHMEN

„Der Gehängte" ist eine der vielen Traditionen, die ursprünglich zur Göttin gehörten, später von einem Gott übernommen und entsprechend dieser neuen
Religion geändert wurden. „Artemis, die Gehängte" hatte ein Heiligtum in Ar-
kadien im alten Griechenland, wo ihr die Zypresse geweiht war, die die Wiederauferstehung versinnbildlicht. (Im „Motherpeace"-Bild sind Sumpfzypres-
sen abgebildet.) Artemis ist natürlich nicht die einzige Göttin, die von einem
Baum herabhing. Die nordischen Epen erzählen, daß Odin (der an die Stelle
der Göttin Freya getreten war) sich neun Tage und Nächte vom Baum Yggdrasil (dem in Kapitel 10 beschriebenen Lebensbaum) herabhängen ließ. In der
uns vertrauteren christlichen Tradition finden wir Jesus am Kreuz auf dem
Kalvarienberg, der dann drei Tage begraben war und auf wundersame Weise
wieder auferstand.

Psychologisch betrachtet, kennzeichnen diese drei Geschichten eine Initiation, bei der ein Begräbnis stattfindet, die Seele Abschied vom Körper nimmt
und dann wiederkehrt. „Unter verschiedenen Umständen", sagt William Fix,
„kann ein bewußt fühlender Teil, der üblicherweise sich im Körper befindet,
diesen vorübergehend verlassen, weit oder nicht weit weg reisen, zum Körper
zurückkehren, sich an die Reise erinnern und darüber berichten."

Die Gehängte repräsentiert im wesentlichen die freiwillige Hingabe an den
Tod und die Wiederauferstehung, die im Schamanismus feierlich begangen
wird. Die früheste Dokumentation eines solchen Ereignisses bezieht sich auf
Ishtar, die nach Fix „über den Tod trimphierte, indem sie in die Reiche nach
dem Tod eintrat und wieder ins Land der Lebenden zurückkehrte". Mit solchen
Vorstellungen krochen die Höhlenbewohner/innen des Paläolithikums in kleine, schwer zugängliche Höhlenabschnitte, wo sie ihre Visionen empfingen und
magische Symbole an die Wände malten. Ägyptische Priester wurden in Sarko-
phagen beigesetzt, die Ureinwohner Amerikas in *kivas*, indische Yogis für mehrere Tage lebendig begraben, die Iren aus dem Neolithikum in unterirdischen
Kammern wie New Grange, die frühgeschichtlichen Bewohner Ohios in unter
Tage liegenden „Schlangen"-Hügeln, und die alten Griechen zogen sich in ihre

Die Gehängte (XII)

Traumtempel und heiligen Höhlen zurück. In der Populärkultur finden wir die letzte Version des Hängens in dem Film „Das Imperium schlägt zurück" („The Empire Strikes Back"), wo der Held dadurch Kraft erhält, daß er lange genug verkehrt herum aufgehängt ist.

Die Gehängte ist eine Fische-Karte — veränderliches Wasser — und wird von den Fischgöttinnen sowie dem Planeten Neptun, Zeichen spiritueller Macht, regiert. Als zwölftes Zeichen im Zodiak repräsentieren die Fische den Tod oder das Loslassen, wenn ein Lebenszyklus gründlich genug erfahren wird. In diesem Zeichen und in der Gehängten unterwirft sich der Mensch einer Aufgabe seiner Persönlichkeit und einer freiwilligen Hinwendung zur Seele oder dem höheren Selbst. Die Fische regieren die Füße, an denen die Hängende ja aufgehängt ist, um die Veränderung herbeizuführen. Fisch-Menschen stimmen sich leicht auf Gefühle der Menschheit ein und können so nach den Worten des Heilers Richard Moss „erfahren, daß Wörter wie Vertrauen, Gleichgewicht, Hingabe, Loslassen und Liebe mehr als Worte sind — es sind wirklich realitätsbestimmende Energien". Das Kollektive Bewußtsein der Gehängten ist der Teil, der erfahren wird, wenn die „Egobegrenzung der Persönlichkeit oder des individuellen Selbstbewußtseins sich im größeren Selbst verliert und auflöst".

Wenn die Grenzen gelockert werden, strahlt ein inneres Licht vom Kopf der Gehängten, wie es bei allen Schamanen geschieht. Rasmussen schreibt über die Kultur der Eskimo folgendes:

„In einem geheimnisvollen Licht, welches der Schamane plötzlich in seinem Körper, im Innern seines Kopfes, im Herzen seines Hirns verspürt, ein unerklärlicher Leuchtturm, ein leuchtendes Feuer, das ihn in den Stand setzt, im Dunkeln zu sehen und zwar im wörtlichen wie im übertragenen Sinn, denn fortan ist es ihm möglich, sogar mit geschlossenen Augen durch die Finsternisse zu sehen und künftige Dinge und Ereignisse wahrzunehmen, die den anderen Menschen verborgen sind."

Ziel der Meditation ist es, Göttlichkeit zu erfahren — als Göttin oder Gott, die große Leere, das mystische All. Eine Kuan Yin ergebene chinesische Nonne erzählte John Blofeld, wie sie einen inneren Raum bereitet, in dem die Göttin erscheinen kann:

„Im Geist machst du alles leer. Nichts ist mehr da. Und so empfindest du es — Nichts, Leere... Das Meer, der Mond geht auf — voll, rund, weiß... Du starrst auf den Mond, lange, lange Zeit, und fühlst dich ruhig und glücklich. Der Mond wird kleiner, doch strahlender und strahlender, bis du ihn als Perle oder Samen siehst in einem Glanz, daß du gerade noch hinschauen kannst. Die Perle wächst, und bevor du weißt, was passiert, ist es Kuan Yin selbst, die am Himmel erscheint..."

Sobald dies geschieht, so erklärte die Nonne, sehe sie Kuan Yin nicht anders, als sie Blofeld in der gewöhnlichen Wirklichkeit erblicke. „Wenn du deinen Geist ruhig hältst, indem du ihren Namen flüsterst und es nicht zu sehr forcierst, wird sie lange, lange bleiben." Wenn dann Kuan Yin und der Mond und der Himmel langsam aus der glückseligen Innenschau verschwinden, so sagt die Nonne, „bleibt nur Raum übrig — lieblicher, lieblicher Raum allenthalben. Dieser Raum bleibt, solange du ohne dich sein kannst. Nicht du und der Raum, weißt du, sondern nur Raum, kein du." Um dieser Erfahrung des „kein du" willen meditieren Yogis diszipliniert, so daß das Ego im größeren Geist aufgehen kann. Hat jemand diese Erfahrung vom „Tod" des Selbst gemacht — eine Art Probe für den physischen Tod — dann schwindet die Todesfurcht.

Im Yoga, dieser ausgezeichneten Technik, die Kopfzentren zu öffnen und sie mit dem Herzen zu verbinden, gibt es den Kopfstand — eine Position, die der Gehängten gleicht. Im Kopfstand werden die Systeme von Hirnanhangdrüse und Zirbeldrüse angeregt. Wenn du aus dem Kopfstand herauskommst, fühlst du dich erfrischt und irgendwie „transformiert". Moss beschreibt die kraftvolle Energie, die im Körper erwacht, wenn er das Aufbrechen der Begrenzungen, das er in der Meditation und im Heilen erfährt, untersucht. „Manchmal ist es in der Brust lokalisiert oder im Kopf oder im Bauch, oft aber ist es eine diffuse Aktivierung", sagt er. „Dann trifft das Wort Körper nicht mehr genau auf diesen Zustand zu, denn ein Gefühl von Körpererweiterung entwickelt sich, nicht nur durch die Energie, die von innen und außen ausstrahlt, sondern auch durch die eigenen Gedanken."

Mircea Eliade sagt, daß das erste Initiationserlebnis gewöhnlich darin besteht, den Kopf des Neulings zu öffnen, „damit der Geist eintrete". Deshalb strahlt die Gehängte, aufgehängt im Zustand äußerster Verlassenheit, Licht von ihrem Kopf aus. Sie ist offen für das, was Hall „die fruchtbaren Kräfte der Vorstellung" nennt. Moss sieht eine Verbindung von dieser neuen Energie zum Öffnen des Herzens und der Erfahrung „bedingungsloser Liebe... einem Sein in sich... jenseits aller Worte". Er wiederholt die Worte der chinesischen Nonne: „Wenn es da ist, bist du nicht mehr."

Frauen haben sich bisweilen den harten asketischen Disziplinen der östlichen Religionsschulen widersetzt, die die Erde transzendieren, ja manchmal ganz verlassen wollen. Manche dieser Schulen setzen Frauen herab, indem sie sie mit der Erde vergleichen und deutlich machen, daß sie beiden entfliehen wollen. Im Gegensatz dazu ist die Gehängte eine Hingabe an das wesentlich Weibliche — Empfänglichkeit und Gefühle des Herzens, wie sie im „Motherpeace"-Bild durch den weiten Raum der Leere und den Vollmond symbolisiert werden. Frauen, die wegen ihrer „verträumten" Art kritisiert und des natürlichen Benutzens ihrer Intuition wegen abgewertet werden, finden es oft leicht, sich der Energie der Göttin hin- und sich selbst aufzugeben. Übungen und Techniken können helfen, doch brauchen manche Frauen weniger Training als Yogis, und so scheint es bei ihnen schneller zu gehen. Viele Frauen scheinen mühelos meditieren zu können. Sie geben sich völlig natürlich hin. Kontrolle loszulassen ist für Frauen weniger schwierig, weil sie sowieso weniger zu kontrollieren haben.

Im Tantra wie auch in westlicher Hexenkunst wird diese Kraft erkannt und anerkannt. Im „Motherpeace"-Bild ist die Gehängte an einer Schlange aufgehängt, Symbol der Göttin in uns oder nach der Hindutradition Kundalini. Notwendig ist eine Hingabe an die bedingungslose Liebe, die durch die Schlange erweckt wird. Moss nennt es das „Ja, das zur Unendlichkeit führt".

Eine solche Hingabe an den Ozean der Gefühle (wie es Fische-Menschen vermögen) geschieht nicht durch bewußte oder rationale Entscheidung allein — wir müssen eine „einpunktige Konzentration" entwickeln, bis das Ego sich vergißt und es geschehen läßt. Einige erreichen dies durch Meditation auf ein Bild oder über eine Idee; andere durch Mantras oder das beständige Singen heiliger Laute; andere erfahren es im Akt des Liebens oder durch intensives Erleben sinnlicher Freuden, was für das Zeichen Fische so charakteristisch ist. Gesucht wird ein Aufgehen in der Freude oder Ekstase, ein Sich-Auflösen und nicht der „schwere Versuch des Sich-Anstrengens".

In Hexenkonventen wird diese geheimnisvolle Hingabe gemeinsam durch Tanzen und Singen, Trance und Atmen sowie Feiern gesucht. Starhawk spricht von göttlicher Ekstase, die zum Ursprung der Schöpfung wird, „und die Schöpfung ist ein orgastischer Prozeß". „Wir teilen die ursprüngliche bebende Freude der Vereinigung." Patriarchale, asketische Religionen versuchten zu verschleiern, daß die Hexenkunst ihre Macht nicht vom „Teufel" bezog, sondern aus schamanistischen Erlebnissen und Ekstase. Nach Starhawk ist Ekstase eine „Quelle der Einheit, der Heilung, der schöpferischen Inspiration und der Kommunion mit dem Göttlichen — ob sie im Konvent, im Bett mit dem Geliebten oder mitten im Wald in Ehrfurcht und Staunen angesichts der Schönheit der natürlichen Welt erfolgt".

Eine solche Freude zu erfahren, besonders in Gemeinschaft anderer Menschen, erfordert „Transparenz", die Moss beschreibt als „Befreiung in Dimensionen, die weiter sind als jene, die uns durch Reflexion über den Inhalt unserer Erfahrungen eröffnet werden". Diese Freude zu erkennen, in Meditation oder Yoga oder stiller Kommunion mit der Natur bedeutet, transparent, durchscheinend für die Göttin zu werden. Tränen oder Lachen können auftauchen, wenn das Erkennen der Ekstase ins Alltagsbewußtsein des gesunden Menschenverstands hineinsinkt. Der Tod des Selbst wird willkommen geheißen wegen seiner heilenden und erneuernden Kraft. Denn die Zeiten, in denen

„ich nicht bin", werden sich als die herausstellen, die „ich" am meisten mag.

*

Taucht die Hängende in deinem Blatt auf, heißt es nicht, daß du sterben wirst, sondern daß du dich selbst verlierst. Anders als in der christlichen Tradition enthält die Gehängte weder Kreuzigung noch Schmerz, sondern die Hingabe an Liebe und Ekstase. Denk an die Spinne, die sich an ihrem Seidenfaden im Vertrauen auf die Schwerkraft der Erde aufhängt. Du bist jetzt gewissermaßen in einem Schwebezustand. Vielleicht solltest du meditieren oder deinen ruhigen Mittelpunkt finden, von dem Licht ausstrahlt. Mit Sicherheit heißt es „Hör auf zu handeln" und „laß" die Dinge geschehen. Wenn du dich dieser Notwendigkeit widersetzt, wirst du im Kreis gehen, denn deine Psyche versucht gerade, etwas zu assimilieren. So wende dich nach innen, schau es dir an, warte und sieh, was geschieht.

Dein Ego mag befürchten, die Kontrolle zu verlieren, und dein Geist mag sagen: „Vorsicht... paß auf... gib acht... tu was." Doch du mußt den Geist so tief wie möglich beruhigen und einem anderen Teil deiner Selbst zuhören, dem Herzen, diesem tiefen, ruhigen Zentrum, aus dem Visionen entsteigen. Finde deine weiblichen Anteile, erlaube Irrationalem, an die Oberfläche zu gelangen, und laß dich vom Vollmond mitreißen, atme tief. Die Göttin in dir möchte mit dir reden. Du mußt still sein, damit du sie hören kannst.

Vielleicht möchtest du dich tatsächlich einmal auf den Kopf stellen, damit sich die Perspektive verändert. Erinnere dich, wie die kleinen Kinder es lieben, von starken Erwachsenen verkehrt herum gehalten zu werden. Sie lachen und quietschen dabei vor Vergnügen. Du könntest einen Kopfstand machen (nur wenn es für dich nicht zu anstrengend ist, sonst lerne es lieber langsam). Vielleicht möchtest du dich auch von einem Trapez oder einer Stange herabhängen lassen, um zu spüren, wie das Blut in den Kopf strömt, und dieses fremde Gefühl zu erfahren und die sofort bemerkbare Veränderung. Vielleicht reicht dir aber auch etwas weniger „Drastisches" als diese Maßnahmen, und du legst dich einfach hin, schließt die Augen und erlaubst deinem Bewußtsein, ruhig zu werden und sich auf innere Visionen einzustellen.

Auf jeden Fall kannst du dir vorstellen, wie du vom Arm eines starken Erwachsenen kopfüber herunter hängst oder eine mythische Figur dich so hält. Laß dich im Vertrauen auf diese Person fallen und nimm wahr, wie dein Atem entspannter und tiefer wird. Laß deine Lungen sich weiten und dein Herz sich öffnen. Nimm dieses Vertrauen mit in deinen Alltag und laß die Dinge ohne deine Kontrolle geschehen, ohne vorher zu wissen, was nachher kommt. Fühl, wie dein Herz diese liebende, heilende Energie überall um dich herum annimmt. Laß jedes Einatmen wirklich zur Inspiration werden. Mit jedem Ausatmen laß mehr und mehr gehen, sag dem Universum, was du losläßt — Spannung, Kontrolle, Herrschaft, Furcht, Zweifel oder Haß. Du wirst spüren, wie die Spannung nachläßt und du voller Licht wirst. Kehre behutsam zurück in dein normales Bewußtsein.

15

DER TOD
LOS LASSEN

Tod ist Veränderung. Schamanistisch betrachtet, ist der Tod die Zeit, in der der Körper ruhig und kalt ist, die Tür öffnet sich, und die Seele übertritt die Schwelle zwischen dieser Welt und der dahinterliegenden. Der Schamane könnte auch in Trance sein, so wie ein Verkehrsopfer im Koma liegen mag: Wenn die Seele nicht zum Körper zurückkehrt, ist der Tod vollendet.

Wie die Nacht ist der Tod dunkel, ruhig, ohne Sonnenstrahlen und ohne die wärmende Lebenskraft. Doch gehört die Nacht zum Tag wie Yin zu Yang. Die Sonne wird wieder aufgehen. Der Tanz von Tod und Leben durchströmt das gesamte All, beschreibt es. Körperlich gesehen ist der Tod ein Ende — die Zeit auf der Erde ist vorüber. Doch von der Seele aus ist der physische Tod der Beginn einer neuen Reise, ein erweiterter Seinszustand in formlosen Welten.

Der Tod wird gewöhnlich Pluto zugeordnet, jenem Planeten, der nach dem griechischen Gott der Unterwelt benannt ist. Pluto hatte Demeters Tochter Persephone verführt und sie jeden Herbst mit in die Dunkelheit genommen. Als Planet der Erneuerung verwandelt uns Pluto von tief innen heraus. Pluto gehört zum Tierkreiszeichen Skorpion. Skorpion steht für Transformation, Tod und Mystik — die drei zentralen Erfahrungen schamanistischer Mysterien. Dem Tod ins Auge zu blicken — durch Meditation oder Sterben — heißt, sich und die Seele tiefer kennenzulernen. Skorpion regiert die Geschlechtsorgane, das tiefe Unbewußte und die Fähigkeit, heilende Energien zu kanalisieren. Tod, Sexualität und Meditation sind in östlichen Religionen häufiger verbunden.

Die Zahl der Todes-Karte im Tarot ist dreizehn, die magische Mondzahl der Hexenkunst und der alten Religion der Göttin. Ein Jahr besteht aus dreizehn Mondmonaten. Die patriarchale Kultur hat den dreizehnten Monat entfernt und den Sonnenkalender entwickelt, den wir noch heute benutzen. Die Zahl dreizehn wurde mit der Aura des Unglücks umgeben. Einst die heiligste Zahl, die Anfang und Ende symbolisierte, macht dreizehn die Leute heute so ner-

Siehe Abbildung auf Farbtafel 4.

vös, daß ein Hotel nicht einmal ein dreizehntes Stockwerk haben kann, weil wahrscheinlich niemand da schlafen würde. Die dreizehnte Fee bringt einen Fluch, und Freitag der Dreizehnte ist das größte Unglück, das man sich vorstellen kann. Das alles zeigt nur die Verwirrung, die in unserer Kultur durch das Thema Tod entsteht.

Kommt der Tod natürlich, als Ende eines langen und fruchtbaren Lebens auf der Erde, begegnet man ihm ohne Furcht und mit nur minimaler Trauer — die Arbeit ist getan. Kommt der Tod hingegen zu früh, wie es heutzutage sehr häufig geschieht, und läßt die Seele unvollendet, die Aufgabe ungelöst, dann fürchten wir uns, trauern und sind enttäuscht.

Unsere Ahninnen sahen den Körper als Tempel der Seele oder ihre Behausung für die Zeit einer Lebensspanne auf Erden. Jede neue Seele wurde mit einer feierlichen Ehrerbietung begrüßt, der Körper wurde hochgeachtet und geliebt. Schließlich war er das Haus und sollte ein Leben lang halten. Die Göttin der Fruchtbarkeit war zugleich die Göttin des Todes. Am Ende eines Lebens wurde der Körper sorgsam für die Beerdigung vorbereitet, die als Rückkehr zur Mutter Erde betrachtet wurde. Downing sagt: „Sterben ist heimkehren zur empfangenden, gebenden Mutter. Die Erde ist der Schoß..." Der Körper wurde in die Embryonalhaltung gelegt und mit Freunden und vorangegangenen Verwandten in gemeinsamen Gräbern bestattet. Runde, bienenkorbförmige Gräber kennzeichnen matriarchale Zivilisation.

Der Einfluß patriarchaler Kulturen läßt sich sehr leicht am Schwinden von Gemeinschaftsgräbern ablesen. Da Status und Individualismus wichtig wurden, hat das Patriarchat soziale Klassen geschaffen und die Unterscheidungen auch bei den Grabsitten beibehalten. Könige wurden verschwenderisch beigesetzt, ihre Körper sollten erhalten bleiben — was früheren Kulturen undenkbar schien. Im „Motherpeace"-Bild des Tods wurde das Skelett für eine einfache Rückkehr zur Mutter zusammengelegt. Es war mit rotem Ocker bemalt, die Farbe symbolisierte die erneuernde Kraft, dann wurde es ihrer liebenden Umarmung überlassen.

Knochen sind magisch und wurden von „Primitiven" und Magiern in der ganzen Welt verehrt. Eine Schamanin unserer Zeit, Brooke Medicine Eagle, empfing einen schamanischen Gesang, der auf die magische, seherische Kraft der Knochen hinweist: „Heut fand ich ein paar dürre, bleiche Knochen und las sie auf, tat sie in einen Sack, sie auszuwerfen und die Zukunft zu befragen, wenn mich modernes Zeug im Stich gelassen hat." Unsere Ahninnen aus dem Paläolithikum notierten ihre Menstruationszyklen auf Knochen und schufen somit die ersten Mondkalender nach dem Menstruationszyklus. Weil Knochen extrem haltbar sind, haben wir heute noch Beispiele dieser frühen Kalender aus der Altsteinzeit.

Wie die Bäume in jedem Herbst die Blätter fallen lassen, so kommt auch der Tod zyklisch. Alles wird geboren, lebt und zerfällt. Selbst Ideen steigen auf, existieren für eine Weile in einer bestimmten Form und sterben dann. Der Schlüssel zum Verständnis der Tarot-Karte Tod liegt im universellen Transformationsprozeß. Nichts stirbt jemals wirklich, es verändert sich lediglich. Jegliche Materie kann ihre Form verändern, etwas anderes werden. In jedem Tod finden wir zugleich eine Wiedergeburt. Dies ist die zentrale Botschaft der Religion der Göttin — Tod und Leben sind die wechselnden Pole desselben Phänomens, eine Drehtür zwischen den Welten.

Knochen werden durch Tod und Zerfall sichtbar, so symbolisiert die sich häutende Schlange den Prozeß jeder Erneuerung im Leben. Im Bild der Karte der Stärke (Kapitel 13) gehörte die Schlange zu den verbündeten Tieren. Im „Motherpeace"-Bild des Tods steht die Schlange im Mittelpunkt. Wenn die Schlange sich häutet, tut sie dies mit instinktivem Bewußtsein einer Wiedergeburt, sie akzeptiert den Prozeß. Sie findet ein Birkenpaar zum Hindurchkriechen, was die Häutung erleichtert. Wie das Zeugenbewußtsein der Menschenseele beobachtet sich die Schlange selbst bei Tod und Wiedergeburt.

Im Gegensatz zur Schlange haben die Menschen Angst, die alte Haut abzustreifen, selbst wenn sie bereits das Wachstum behindert. Das Alte ist uns bekannt und vertraut, das Unbekannte, die Zukunft fürchten wir. Deshalb schauen wir weg, wenn der Tod sein „häßliches" Haupt erhebt. Unsere Kultur unternimmt große Anstrengungen in der Medizin, um das Überleben des Körpers zu verlängern — was völlig im Widerspruch steht zu unserer ansonsten ungesunden Lebensweise. Die Seele braucht Harmonie und Verbundenheit. Sie möchte geliebt und wirklich von anderen „erkannt" werden. Streß, Zerstörung und Haß verletzen sie.

Wenn wir wären wie die Schlange, würden wir die alten Muster fallenlassen, um die innere schöne Haut hervorkommen zu lassen. Der Tod, der jetzt in der Welt ansteht, ist der des Patriarchats, der Kriege und der Gewalt, ein Tod der Gier und des Machthungers einiger. Im „Motherpeace"-Bild ist die neue Haut der Schlange rot und gelb, voller Lebenskraft, wie die Willensstärke und Leidenschaft der Menschen angesichts der Vernichtung. Religiöse und spirituelle Sehende sagen, daß wir in ein Neues Zeitalter der Weisheit und des Verstehens eintreten und daß die Macht des wiedergeborenen Selbst sich in der Welt entfalte.

Die Begegnung mit dem Tod und seine „Bewältigung" sind überall zentrale Themen schamanistischer Initiation. Immer liegt das Ziel des Abstiegs in die Unterwelt oder des Aufstiegs in die andere Welt darin, dieser Kraft, die Tod genannt wird, gegenüberzutreten — ihr zu begegnen, sie durch Erfahrung zu verstehen und die Furcht aufzugeben. Zwischen Tod und Leben hin und her zu gehen, sich zwischen den beiden entgegengesetzten Polen der Erfahrung zu bewegen, ist das Erlebnis der Einweihung; nach Joan Halifax zielt die Initiation genau darauf ab: „Das Geheimnis zu offenbaren, indem man zu ihm wird, den Tod zu überwinden, indem man bei lebendigem Leib stirbt, die

Zweiheit zu durchstoßen, indem man die Gegensätze in sich aufnimmt, die zerbrochenen Formen wieder zu einen." Schamanen nennen dies die „Große Aufgabe". Sobald diese erfüllt ist, erhalten sie für immer ihre Kraft. Mit dieser Kraft kann eine Person heilen, segnen, Vergangenheit, Gegenwart und Zukunft sehen, alle Dinge erkennen.

In der Schöpfungsgeschichte von Adam und Eva war es natürlich eine Schlange, die die Erkenntnis von Gut und Böse anbot, von Tod und Leben. Eva akzeptierte dieses Wissen und gab es Adam weiter. Für das Brechen dieses Gebots wurden die beiden von dem eifersüchtigen und rachsüchtigen Jehovah aus dem Paradies vertrieben. Unsere Rückkehr zum Paradies der Mutter und zum Baum der Weisheit erfordert das Wiedererlernen der Geheimnisse von Leben und Tod — ein grundlegendes Verständnis der Beziehung zwischen den beiden.

Im Patriarchat jedoch verbinden wir die Verleugnung des Tods mit einer erschreckenden Bereitschaft, den Tod als Drohmittel zu benutzen. Wie unsere Gegenspieler in der Sowjetunion leben auch wir von der Zerstörung unserer Zivilisation durch Atomraketen nur eine halbe Stunde entfernt. Umfragen zeigen, daß die Mehrheit der Bevölkerung fälschlicherweise glaubt, wir hätten Verteidigungsmöglichkeiten. Auch auf der persönlichen Ebene verdrängen wir den Tod, wenn er uns bedroht, indem wir vorgeben, wir könnten ihn uns vom Leib halten, wenn wir ihn ignorieren. Wir weigern uns, ihn bewußt zu verstehen. So erhält der Tod Macht über uns, als wäre er eine fürchterliche Göttin mit einer Gier nach Blut.

Östliche Religionen lehren, daß der Tod verstanden und akzeptiert werden muß, so daß wir sein Herannahen mit wachem Geist erleben. Bewußt erlebt, wird der Tod nicht erschrecken, sondern eine Erlösung und eine freudige Vereinigung mit den Ahnen und Ahninnen im Licht des Universums sein. Die Lehren enthalten Techniken zur Reinigung und Läuterung von schlechtem Karma oder den Nachwirkungen früherer Handlungen, die uns unwissend in der Dunkelheit halten. Das „Tibetische Totenbuch" wie auch das „Ägyptische Totenbuch" zeigen der Menschheit Wege zur Hilfe bei der Reise auf die andere Seite. Statt zu schreien und zu wehklagen, statt festzuhalten und aufzuhalten, singt die Gruppe oder Familie, betet und schickt die Seele voll Dankbarkeit und Freude in die geistigen Reiche.

Dieser so gesunde Umgang mit Tod und Sterben wird in unserer Kultur von solchen Heilenden des Neuen Zeitalters wie Elisabeth Kübler-Ross, einer modernen Schamanin, weitergeführt. Sie hilft den Menschen, den Tod und die spirituellen Aspekte dieses Vorgangs zu verstehen. Sie möchte die Psyche von „unerledigten Geschäften" wie Ängsten und Blockaden befreien — was Hindus schlechtes Karma nennen würden. Mit diesem Loslassen kommt eine Freiheit zu sehen, zu verstehen und den Tod im Leben zu „erproben" und ihn daher ohne Furcht akzeptieren zu können. Befassen wir uns früh genug damit, wird der Geist frei, und wir können noch in diesem Leben auf Veränderung und Transformation hinarbeiten — sei es gesellschaftlich oder individuell. Dieses Verständnis könnte uns beispielsweise helfen, über die Verzweiflung hinauszugehen, die wir angesichts des Wettrüstens empfinden. Es würde uns befähigen, aus unseren Herzen heraus dagegen zu arbeiten.

*

Taucht der Tod in deinem Blatt auf, bedeutet dies eigentlich nie den physischen Tod, sondern steht eher für die Metapher einer Erfahrung von Tod und Wiedergeburt in deinem Leben. Vielleicht geht eine Beziehung zu Ende, oder es ist sonstwie an der Zeit weiterzugehen. Tod kann Schmerz und Verlust bringen, kann dich traurig machen, du magst dich verlassen fühlen, dein Herz ist verletzt. Doch ist die Veränderung wichtig und notwendig, und die Wiedergeburt bereitet sich bereits vor. Zentrale Botschaft dieser Karte ist die Einstimmung auf diesen Prozeß der Wiedergeburt. Laß deine alte Haut fahren und die neue hervorkommen. Wie änderst du dich? Wie wirst du wiedergeboren?

Wenn du Glück hast, kannst du dich selbst in der Veränderung beobachten, so wie die Schlange ihre eigene Häutung erlebt und vorantreibt. Vielleicht willst du den Tod irgendwie ritualisieren, um ihn deutlicher zu machen, ihm eine Form zu geben, die dich unterstützt. Vielleicht kannst du eine Zeremonie des Loslassens, des Abschieds veranstalten. Wenn ein Teil deiner Selbst stirbt, versuch, mit ihm zu reden, um ihn dann mit Liebe loszulassen.

Werden alte Muster durch neue ersetzt, und entwickelst du bessere Methoden der Meisterung, respektiere dies und konzentriere dich auf das Positive. Tritt der Tod einer Beziehung auf, gibt es hilfreiche Möglichkeiten psychischer Reinigung, die den Prozeß der Loslösung erleichtern und beschleunigen. Du kannst mit oder ohne Partner/in arbeiten. Nimm dir Zeit, einen ruhigen Ort, rufe dir die Beziehung in Erinnerung, laß deine Tränen fließen und Schmerz sich äußern. Vielleicht magst du alte Bilder betrachten, alter Musik lauschen, die ihr beide mochtet, oder die Geschenke noch einmal anschauen, die dein/e frühere/r Geliebte/r dir gegeben hat. Laß den Gefühlen freien Lauf. Du wirst selbst den Punkt der Erschöpfung, der Vollendung bemerken und aufhören.

Dann atme tief und finde einen stillen Ort für deinen Geist, um zu meditieren. Stell dir die Verbindungen als Schnüre vor, die du mit der anderen Person hattest. Sie sind wie elektrische Kabel oder Schnüre einer Schaltung, von deinem Körper zu dem des anderen Menschen. Du kannst sie dir einzeln anschauen und entscheiden, was sie bedeuten, und sie dann herausziehen oder abschneiden. Oder du schaust dir das Ganze an und schneidest alle Schnüre auf einmal ab. Während du die Schnüre herausziehst oder abschneidest, sag dir eine starke Affirmation, zum Beispiel: „Ich lasse dies oder das, jene Person voll Liebe los. Ich akzeptiere den Tod dieser Beziehung. Es ist vollbracht.‟

Dann setz dich hin und meditiere über die „Motherpeace‟-Karte. Laß das Bild der sich häutenden Schlange in deinen Geist dringen. Spüre, wie deine Todesfurcht mit der alten Haut von dir abgleitet, und laß dein neues Selbst hervortreten — sanft wie die Jahreszeiten wechseln. Nutze diesen Prozeß, wann immer der Tod in dein Leben tritt, und du wirst die Kraft der Scha-ma/inn/en erlangen, die den Tod nicht länger fürchten, da sie ihn gemeistert haben.

16

DIE AUSGEWOGENHEIT
KOSMISCHE ENERGIE ERDEN

In der Tarot-Tradition stellt die Karte der Ausgewogenheit die Fähigkeit in der Alchimie dar, in der die Teile des Selbst in der Einheit verschmelzen und der Stein der Weisen gefunden ist. Für mich bedeutet die Ausgewogenheit den Höhepunkt schamanischer Initiation, die Integration der emotionalen Kräfte und der physischen — eine gesegnete Einheit der Gegensätze, eine Vereinigung von außen und innen. Die Schamanin der Ausgewogenheit ist kein Neuling mehr, sondern erwachsen. Das Lernen ist zu technischer Tüchtigkeit geworden. Die Schamanin hat das Feuer besiegt, fürchtet den Tod nicht länger (und auch anderes nicht). Die Schamanin ist zur Meisterin der Geister geworden. Früher unfreiwillig von den Geistern besessen, versteht die Schamanin nun den Prozeß des „Erhebens des Feuers" und nutzt ihn zum Herbeirufen der Geister. Sie ist ein offener Kanal, gereinigt und geklärt durch vergangene Prozesse, bereit, mit unermeßlichen Kräften und Energien umzugehen. Sie schwankt nicht von einem Extrem ins andere, sondern reitet auf der Welle in vollkommener Harmonie mit ihr. Sie bleibt auf dem Mittelweg — wie die Buddhisten sagen — geradewegs zum Herzen.

Ein alter !Kung-Buschmensch, ein Heiler, erzählt, wie der/die schamanistische Heiler/in „n/um" oder die „Heilmedizin" in einer erfolgreichen Initiation erhält. Der/die Heilende erhält die Kraft während eines Trancetanzes, ähnlich wie der auf dem „Motherpeace"-Bild dargestellte. Nach Joan Halifax wird „N/um, das seinen Sitz im Bauch hat, durch langandauernde Trancetänze und die Hitze des Feuers wachgerufen. Es steigt die Wirbelsäule hinauf — ‚kocht auf' — und strömt in den Kopf; dort kann es dann dazu verwandt werden, die Krankheiten, von denen andere geplagt werden, herauszuziehen."

Zunächst scheinen diese Energien so wild und außergewöhnlich, daß der Mensch aus der Balance geraten kann, während sich die Kanäle öffnen und das Bewußtsein sich radikal verändert. Hier eine Erfahrung des zeitgenössischen Heilers Richard Moss:

„Jede Zelle kann lebendig werden und vibrieren, als ob sie elektrisch geladen wäre, voll un-

110

beschreiblicher Glückseligkeit, und es scheint ein Fließen im eigenen Rhythmus stattzufinden, bis es sich allmählich stabilisiert. Dem liegt eine innere Balance zugrunde, die nicht beschrieben werden kann und die von Augenblick zu Augenblick gelernt werden muß. Körperliche Symptome wie Zittern, Schwäche, extreme Empfindlichkeit gegenüber Hitze und Kälte, Muskelkrämpfe können auftreten. Kommt man jedoch mit diesem Strom in Einklang, kann das Gefühl der Stärke und Vitalität beinahe übermenschlich sein. Aber selbst bei innerem Frieden kann diese Initiativenergie für den Körper zuviel werden — als ob man zu viel Strom durch ein Kabel jage."

Ausgewogenheit (XIV)

In den meisten Eingeborenen-Kulten gibt es Möglichkeiten, um diesen erstaunlichen Ausbruch kosmischer Energie im Körper zu erden. In der modernen amerikanischen Kultur fehlt aber eine solche Struktur, und Menschen, die sich psychischen Kräften öffnen, werden manchmal „verrückt". Weil niemand weiß, wie ihnen zu helfen ist, landen sie in Nervenheilanstalten. Die Lösung ist aber in Wahrheit sehr einfach — die Energie muß wie ein Blitz geerdet werden. Der erste Schritt besteht darin, die Psyche in Verbindung mit der Physis zu halten. Tanzen, rennen, schwimmen oder irgendeine andere körperliche Betätigung tut gut. Ausdrucksvolle sexuelle Aktivitäten sind wunderbar, denn sie „erden" die Energie und erheben zugleich die Emotionen.

Aleister Crowley nennt die Karte der Ausgewogenheit „Kunst", was auf die natürliche Fähigkeit des Kanalisierens dieser wilden Energien hinweist. Etwas mit dem Geist und den Händen zu schaffen, ist eine vollkommene Verbindung der spirituellen und physischen Energien. In Kulturen, wo das Göttliche zum Alltag gehört, gilt die Kunst als Gebet und ist in das Leben integriert. In Ritualen, in der Musik oder bildenden Kunst finden sich oft Teile des Heilens, das sich im Tanz ausdrückt. Nachdem der Tanz die Energien erhoben und die Sensitivität erhöht hat, stellt der/die Empfangende der Energie ein Kunstwerk her oder heilt (oder manchmal beides).

Im Tarot steht die Karte der Ausgewogenheit für den Schützen, diese ausgeglichene Fähigkeit kosmische Energien zu kanalisieren und zu erden. Die Ausgewogenheit ist die archetypische Heilerin, die die heilenden Geister herbeirufen kann. Zentriert im Fluß der Energien — Sonne und Mond, heiß und kalt, Tag und Nacht —, werden Schaman/inn/en zu „Meistern der Schwellenerfahrung und Mittlern zwischen den Gegensatzpaaren". Wenn die Heilerin die Gegensätze vereint, verändert sich, wie Moss sagt, „gleichzeitig auf allen Ebenen etwas an der Struktur… Transformation ist radikal. Tritt sie auf, integriert und verändert sie die eigene Natur sofort in allen Bereichen".

Die Priesterin der Ausgewogenheit personifiziert die angeborenen weiblichen Künste des Heilens und der Magie — Sexualkraft zum Höhepunkt getanzt, zum Orgasmus, und die Verwandlung in heilende Energie. Sie ist die Hexenfrau, deren alte Macht noch intakt ist und voll ausgedrückt wird. Auch aufgrund dieses Wissens wurden im Mittelalter neun Millionen Hexen verbrannt.

In den alten Kulturen, die die Göttin verehrten, nahm die ganze Gruppe an Heilritualen, Tänzen, Gesängen teil. Ein/e individuelle/r Schaman/in/e wurde noch nicht gebraucht. Alle liebten einander. Später, als diese alten Kulturen zersplittert und getrennt waren, die Göttin ihre einende Macht verlor, traten mehr Krankheiten auf, und individuell Heilende wurden benötigt. In jener Zeit wurde die religiöse Handlung von der „säkularen" getrennt. Bestimmte Leute verkörperten mehr von dieser alten magischen Kraft als andere, insbesondere einige alte Frauen, die als Hexen bekannt wurden, und einige alte Männer, die als Schamanen auftraten. Obgleich es auch Schamaninnen und Hexer gab wurden die Namen doch meist nach Geschlecht unterschieden benutzt mit der üblichen patriarchalen Wertung von gut (der Schamane) und schlecht (die Hexe). Diese beiden Typen von Heilenden verkörperten die gleichen Kräfte, doch ist ihr Status in den meisten Kulturen sehr unterschiedlich.

Die Millionen im Mittelalter in Europa massakrierten Frauen wurden oft „ausdrücklich ihrer medizinischen und geburtshilflichen Fähigkeiten wegen angeklagt". Obgleich es die christliche Kirche war, die sie unterdrückte und vernichtete, fiel die Hexenverfolgung mit der zunehmenden Macht der Medizinerklasse zusammen. Heilwissen, früher einzig Frauendomäne, wurde in jener Zeit zu Männerwissen. Mit der Entwicklung der Geburtszange entwickelte sich die neue Klasse der Gynäkologen. Frauen, die bislang den weisen Hebammen ihre Geburt anvertrauten (wobei sich diese auch mit Geburtenkontrolle, Abtreibung, Schwangerschaft und Entbindung im allgemeinen auskannten), mußten sich plötzlich männlicher Pflege überantworten. Und diese Männer betrachteten sie als unrein, verseucht, schmutzig; sie hielten sie einer angemessenen Behandlung für unwürdig und glaubten, daß ihnen Schmerzen nur recht geschähen. Die neuen Ärzte zitierten Bibelstellen über die Erbsünde, um die Frauen davon zu überzeugen, daß eine Geburt schmerzhaft zu sein habe.

Selbst heute noch ist in Amerika die Hebammenkunst, dieses älteste weibliche Wissen, illegal oder stark eingeschränkt, wie sich in der Verhaftung der Hebammen von Santa Cruz in Kalifornien zeigt. Dies, obwohl sie sehr sanfte Geburtsmethoden verwendeten und eine sehr geringe Komplikationsrate in ihrer Statistik führen. Was geschieht mit Frauen und ihrem Nachwuchs unter diesem Monopol der Gynäkologen? Die Säuglingssterblichkeit und -krankheitsrate ist für ein „entwickeltes" Land sehr hoch. Die Kaiserschnittgeburten nehmen drastisch zu. Chirurgen zeigen sich schnell bereit, Frauen von ihren Organen wie Brüsten und Gebärmüttern zu „befreien" — genau die Symbole unserer ursprünglichen Macht.

Was können wir Frauen tun? In vielen sogenannten primitiven Kulturen mit patriarchaler Religion haben Frauengruppen sich zu „Kultgemeinschaften" zusammengeschlossen. Hier praktizieren die Frauen ihre Religion, ihre Magie unter der Führung einer älteren Heilerin, die den Jüngeren ihre Fertigkeiten vermittelt. Die Frauen treten in den „Kult" ein, wenn sie krank werden oder von einem Geist „besessen" sind und Hilfe von der Heilerin brauchen, die zuvor eine Meisterin der Geister wurde. Nach einer Weile ist die Besessene nicht nur geheilt, sondern lernt von ihrer Mentorin die Anrufung der Geister in ihren Körper (oder in einen Topf oder Fetisch). Sie lernt, mit ihnen umzugehen, das heißt, sie lernt die Meisterung der Geister des Un-Wohl-Seins.

Hauptcharakteristikum dieser weitverbreiteten weiblichen Religion ist die Ekstase. Die Frauen werden besessen, weil die Geister in ihre Körper eindringen, und geraten durch das Heraustanzen in Ekstase, um sich und andere zu heilen. In einem solchen Rahmen kommt die gesamte Frauengruppe zusammen und zelebriert ihre ekstatische Kraft in regelmäßigen Abständen, was die Männer des Stammes völlig in Ordnung finden. Dadurch erlangen die Frauen eine gewisse Macht in den Beziehungen zu ihren Männern. Sie treten mit ihnen in einen Dialog durch die Stimme des Geistes und die Vermittlung schamanistischer Heilerinnen. So haben sie ein wirksames Mittel, die ansonsten herrschende Unterdrückung und Ungerechtigkeit zu bekämpfen. Die Männer fürchten und respektieren die mächtige Magie der Frauen und machen daher auch einige Zugeständnisse. Die Frauen, die zwar von einigen Wissenschaftlern als „Randfiguren" abgetan werden, erfahren auf einer regelmäßigen Grundlage die tiefsten religiösen Gefühle und müssen deshalb einigen heiligen Wahrheiten viel näher sein als jene von uns, die vorgeblich frei sind.

Männer entmutigen und fürchten abwechselnd die „orgiastischen" Fähigkeiten der Frauen. Im alten Griechenland beispielsweise trafen sich die Mänaden (später die Bacchantinnen) bei Vollmond, um ihre wilden Tänze aufzuführen, die in Zerstückelungsorgien von Tieren, einige behaupten auch von Kindern, endeten. Wenn es nicht nur eine Metapher ist, kann dies an narkotischen Substanzen gelegen haben, die damals dem Kommunionwein beigemischt wurden. Kamen solche Praktiken aus der strengen Unterdrückung der weiblichen Sexualkraft? Als die Frauen die Göttin in „erotischen Zeremonien" feierten, wie sie durch die feurigen Wellen im „Motherpeace"-Bild versinnbildlicht werden, gab es keinen Krieg und keine Vergewaltigung. Wenn wir nicht für die Göttin tanzen, blockieren wir unsere Energien und versinken entweder in Depression oder explodieren wie ein Vulkan. Die Ausgewogenheit, wie die ruhende Vulkangöttin Pele, erinnert uns an unsere natürlichen Fähigkeiten, die Energien von Himmel und Erde, Körper und Geist, Frau und Mann auszugleichen und zu harmonisieren. In den Rhythmen des Tanzes hat die Priesterin der Ausgewogenheit sich selbst verloren und ihre Göttlichkeit in einer der ältesten Formen der Verehrung gefunden: im heiligen Tanz der Energie.

*

Taucht die Ausgewogenheit in deinem Blatt auf, heißt es, daß du dich im Gleichgewicht befindest. Die natürlichen Bewegungen der Energie um dich her und in dir sind in Harmonie integriert. Du bist nicht von deinem Selbst abgetrennt oder entfremdet. Eine tantrische Verbindung hat stattgefunden, die die gegensätzlichen Teile deines Selbst vereint. Möglicherweise fühlst du dich in einem erweiterten Bewußtseinszustand und bist fähig, weit mehr als üblich aufzunehmen und ganz natürlich in deinem Wesen zu assimilieren.

Vielleicht erlebst du eine Verbindung mit einer anderen Person, oder du bist im Einklang mit der Natur oder der Welt ringsum. Wenn du diese Karte in Beziehung zu jemand anderem ziehst, hast du jene Einheit erreicht, die bei der Karte der Liebenden (Kapitel 8) noch gesucht wurde. Molekular in ihrer Natur transformiert dich diese Verschmelzung auf der Ebene der Zellen, verändert dich von innen nach außen. Vielleicht fühlst du, wie Heilung vonstatten geht. Deine Zellen prickeln, deine Ohren klingen, dein Herz hämmert. Stark fließt Energie durch dich hindurch, heilend und erneuernd. Wahrscheinlich erlebst du dich selbst mit neuem Mut und Wohlbefinden.

Diese Karte trägt enorme Kraft — ein elektrischer Strom von Energien pulsiert durch deinen Körper und deine Seele. Wichtig ist es nun, geerdet zu bleiben und bewußt wahrzunehmen, daß die Energien zwar durch dich fließen, aber nicht du sind. Sie stellen ein Geschenk dar, das mit Klarheit und Liebe zu handhaben ist und nicht egoistisch für das Ich benutzt oder gegen andere gerichtet werden darf.

Vielleicht braucht dich jetzt jemand zum Heilen oder jemand möchte, daß du dich ihr/ihm widmest. Du hast die Gabe — das Geschenk — zu heilen, und du hast die Freiheit, diese Energien für jemand anderen zu kanalisieren — solange du dabei neutral bleibst und nicht dein Ego der Macht verhaftest. Wenn du dich in eine „mythische Identität" verstrickst — wenn du anfängst zu glauben, daß du die Macht bist, die Göttin bist —, wird es Probleme geben. Solange du aber die Energien, die von der universellen Quelle durch dich hindurchfließen, respektierst, werden deine Heilkräfte wachsen, und du wirst Schönes im Universum erschaffen. Diese Karte bietet eine Möglichkeit höchster Konzentration im Gleichgewicht, klare Kraft und gebündelte Energie. Fühl dich frei, diese Macht weise zu nutzen.

17

DER TEUFEL
DER GEIST, DER STETS VERNEINT

Im Tarot ist der Teufel eine komplexe Karte voller paradoxer Bedeutungen. „Teufel" ist ein Konzept, das von religiösen Patriarchen entwickelt und später im Mittelalter benutzt wurde, um die Tötung von neun Millionen Hexen und Heilerinnen zu rechtfertigen. Der Name „Teufel" wurde Pan zugeordnet, dem behuften Gott des Waldes, der die Kräfte der Natur verkörperte und insbesondere die männliche Sexualität. Pans empfindsame Natur und seine erdhaften Eigenschaften stammen aus seinen früheren Gestalten als Dionysos und Bacchus — die Mysteriengötter wilder Frauen und ekstatischen Loslassens. In magischen Kreisen wurde Pan als männliches Prinzip angerufen, um Fruchtbarkeit und Überfluß über die Erde zu bringen, ähnlich wie die Göttin darum gebeten wurde.

Nachdem die Hexenjäger des Mittelalters die Hexen des nächtlichen Beischlafs mit dem Teufel während ihrer heiligen Vollmondrituale bezichtigten, mußten die heidnischen Verehrerinnen der Göttin in den Untergrund gehen. Viele starben, wurden gezwungen, Verbrechen zuzugeben, die der perfiden Vorstellungswelt der zölibatären katholischen Priester entsprangen, die den Glauben mit Folterungen verteidigten. In vielen Fällen nahmen sie wörtlich, was als bildhafte Beschreibung schamanistischer Kraft weiser Frauen und Heilerinnen gemeint war, wie beispielsweise die Fähigkeit zu „fliegen".

Nach der Jungschen Terminologie würden wir den Teufel als kollektiven „Schatten" begreifen, den das Patriarchat auf Frauen projizierte, die nach Auffassung der meisten Männer „an ihrem Platz gehalten werden sollten". Moderne Feministinnen weisen dieses Image zurück und schauen nach den wahren Wurzeln des „Bösen". Im „Motherpeace"-Bild symbolisiert der Teufel das „Bindungsmodell" der sozialen Organisation, die Philosophie der „Macht über" als Lebensform. Statt der universalen Naturgesetze etabliert dieses Modell Dominanz und Hierarchie.

An der Spitze der von Patriarchen so geschätzten Pyramide finden wir den

Siehe Abbildung auf Farbtafel 5.

Großen Mann, der dem Herrscher aus Kapitel 6 ähnelt. Darunter kommen seine direkten Untergebenen, die ihren Status erhalten, indem sie seine Befehle ausführen. Vorherrschend in diesem Bild ist der Austausch von Gold zwischen den Höhergestellten. Links auf der untersten Stufe opfert eine Mutter ihr Kind dieser Befehlskette. Rechts bewachen Soldaten den Großen Mann und bekämpfen eine Amazone, die die Ketten durchbrochen hat. Jeder Mensch in dieser Hierarchie ist angekettet; der Unterschied liegt nur darin, wo sie sitzen, stehen oder knien.

Im Innern der Pyramide sehen wir Wandgemälde aus der sumerischen Stadt Ur. Von des Königs „herrschaftlichem Standard" zeigen diese Bilder die Grundlagen der Hierarchie in einer patriarchalen Struktur, mit Schreibern und Priestern an der Spitze. Danach folgen die Soldaten und die Edelleute, die in einem Fries des „Kriegs" und darunter des „Friedens" dargestellt sind. Man beachte, daß auch die Friedensszene Rassismus und Sklaverei enthält: Schwarze erfüllen die „Bedürfnisse" der wenigen Weißen auf den oberen Rängen. In der untersten Schicht finden wir die Frauen. Statt der alten Tochter/Mutter/Weisen der Göttin finden wir nun von links nach rechts: Papas gutes Mädchen, Papas schlechtes Mädchen und Papas fallengelassene Hexe.

Die Uhr an der Spitze des Aufbaus bildet den Hintergrund für die auf dem Thron sitzende Autorität (den Besitzer, den Chef, den Eigentümer) als Zeichen der Bindung an die Arbeit. Alles wird für den persönlichen Gewinn einiger weniger auf Kosten vieler getan. Kurz, dieses Bild des Teufels spielt auf die Gier und den selbstsüchtigen Egoismus an; ein Muster, das unhaltbar ist, wenn die menschliche Zivilisation fortbestehen soll. Es stellt die „Sünde der Abtrennung" dar, die Alice Bailey und andere esoterische Lehrende erörtert haben, die wissen, daß die Verbindung der Menschen untereinander und zur Erde die einzige Hoffnung für unser Überleben bedeutet. Der Teufel schneidet sich selbst von den anderen ab und sagt „ich zuerst" und „alles, um an die Spitze zu gelangen".

Steinbock, das kardinale dem Teufel zugeordnete Erdzeichen, repräsentiert Materialisation und den Versuch, die Spitze zu erklimmen. So ist es auch ein sehr spirituelles Zeichen der Erdmutter. Doch mit dem patriarchalen Wettbewerbsideal und der Schaffung von Statussymbolen verwandelt sich der Ehrgeiz des Steinbocks in physische Belohnungen, Macht und Reichtum. Dieses Winter-Erdzeichen steht für die längste Nacht des Jahres, Wintersonnenwende, und ist für seine Negativität bekannt. Ohne Verbindung zum Spirituellen löst sich das menschliche Ich im Unwirklichen auf; und da es auf nichts anderes achtet, tut das Ego alle anderen Denkweisen als „unrealistisch" ab. So wie das Ich das Herz regiert, wird der rationale Geist von irrationalen, intuitiven Kräften beherrscht und lebt nach dem Motto: „Was du nicht siehst, brauchst du auch nicht zu glauben."

Doch lebt in uns allen ein unsichtbarer, ungezähmter Geist. Selbst wenn wir ihn nicht fühlen oder keinen Bezug aufnehmen können, ist er doch da — ursprünglich und wesentlich — und möchte sich ausdrücken und verlangt nach Freiheit. Die Hexen und Heiden von früher, sowie andere Verehrerinnen der Göttin, verstanden diese einfache Wirklichkeit und schufen einen Zusammenhang, in dem der ungezähmte Geist sich regelmäßig durch Körper und Seele eines jeden Individuums ausdrücken konnte. Der Teufel repräsentiert diese Unterdrückung des freien Geistes durch die Kirche und den Staat, denen ein freier Geist ja Ordnung und Autorität bedroht. Jeglicher Ausdruck dieses Geistes — beabsichtigt oder unbeabsichtigt — wird als sündig oder kriminell gewertet, von Gott oder weltlichen Autoritäten bestraft. Die Macht des Herrschers wird genutzt, um die Gesetze des Hierophanten auszuführen; das dadurch geschaffene System wird durch den Teufel repräsentiert.

Ergebnis dieser Unterdrückung unserer inneren Wildheit ist Robotertum — langweilige, mechanistische, monotone Lebensweisen. Und die extreme Reaktion auf solche Knechtschaft und Bedeutungsleere liegt in Gewalt und Aggression, die oft „unerwartet" auftreten und immer mißverstanden werden. Wenn der freie Geist sich selbst in einem normalen, anständigen Individuum ausdrückt, scheint es, „als ob mich der Teufel geritten hätte".

Die düster grau-braune Farbe, die die Bilder der „Motherpeace"-Karte umgibt, drückt die Ängste und Zweifel aus, die in der Hierarchie entstehen. Eine Mentalität, die stets in jeder Situation nach Gewinnern und Verlierern sucht, ruft Pessimismus und ständiges Mißtrauen hervor. In einer auf solchen Voraussetzungen gründenden Kultur nehmen die Beziehungen zwischen den Leuten oft die Form von Herrschaft und Unterordnung an. Es fehlt an Liebe, Zuneigung und Mitgefühl. In der sado-masochistischen Pornographie empfinden wir die Krankheit unserer Kultur, die eine der heilendsten und befriedigendsten Erfahrungen des Menschenlebens — Liebe — derart verdreht und entstellt. Sobald die Sexualität ihrer Verbindung zum heiligen Reich der „Religion" oder der Anbetung des Göttlichen beraubt ist, wird sie im günstigsten Fall harmlos, eine weltliche Handlung. Sobald sexueller Ausdruck nicht mehr das Leben und die universale Liebe der Mutter respektiert, wird er negativ und übernimmt die Machtkämpfe des weltlichen Lebens. Der Kampf der Geschlechter, der sich in Vergewaltigung und Gewalt gegen Frauen äußert, vollzieht sich oft ebenso schmerzhaft in den Schlafzimmern ganz gewöhnlicher Paare. Ob wir in einer die Göttin achtenden Gesellschaft genauso viele orgasmusunfähige Frauen und impotente Männer hätten?

In einem größeren sozialen Umfeld fühlen sich die Menschen zunehmend unfähiger, die Auswirkungen „militärisch-technischer Komplexe" zu bekämpfen, die die Erde in einer extremen Geschwindigkeit zu vernichten trachten. Das atomare Wettrüsten ist außer Kontrolle geraten und droht, unsere biologische Evolution auf den Stand von Insekten und Gräsern zurückzuwerfen, wie Jonathan Schell meint. Und wozu? Ziele und Wünsche der Männer an der Spitze der verschiedenen Nationen, die sich über Macht und Kontrolle unterhalten, sind oft jenseits des gesunden Menschenverstands.

Die Mächte abzuschütteln, die durch die Karte des Teufels symbolisiert werden, erfordert eine enorme Kraftanstrengung; eine beinahe unvorstellbare Mobilisierung persönlicher und kollektiver Kraft. Um die Ketten zu brechen, die uns an alte Verhaltensmuster binden, das Denken blockieren, braucht es ein Amazonen-Bewußtsein, eine Medusa ähnliche Konzentration auf den Sieg, die Disziplin einer Athene.

Der erste Schritt aus dieser Umklammerung liegt im Protest — Nein sagen. Wenn ein Individuum, das normalerweise still die Unterdrückung duldet, „Nein" sagt, werden Energien freigesetzt. Mut und Überzeugtheit sind vonnöten, ein starkes Selbstvertrauen und der Wunsch, den inneren Geist zu befreien. Dieser einfache oder begrenzte Boykott oder Protest entwickelt eine Kettenreaktion, die das ganze Wesen erfüllt. Wird eine solche Aktivität oder ein „Nein" zu dem, was geschieht, auf Gruppenebene ausgeführt, wie bei einem Anti-Atom-Protest, fühlen die Menschen das Potential an Kraft, das für Veränderungen genutzt werden kann. Die Mächte der Teufelskarte — die Kräfte der Macht — können uns wegen zivilen Ungehorsams ins Gefängnis bringen oder mit physischer Brutalität reagieren. Doch das gemeinsame Ziel der Gruppe, das kollektive Wissen, daß wir das Richtige tun, entfaltet eine starke Energieschwingung, die in die Welt hinausstrahlt und weit über die unmittelbare Situation hinauswirkt und andere Veränderungen auslöst.

Nein zu sagen zu den eigenen einengenden Gedankenmustern, die unsere Gefühle behindern, ist genauso wertvoll und stärkend. Wer schon einmal eine Sucht aufgegeben hat — den Fernseher weggeworfen, das Rauchen oder Trinken aufgehört oder mit harten Drogen Schluß gemacht — weiß, was Anstrengung und Sieg bedeuten. Der Teufel mag in irgendeiner Form in jeder/m von uns existieren, aber er kann immer ausgetrieben werden. Es braucht eine klare Entscheidung, freien Willen und Bestimmtheit.

*

Taucht der Teufel in deinem Blatt auf, lautet die Botschaft, daß du an irgendeine Macht gebunden bist. In irgendeiner Weise unterwirfst du dich Herrschafts-Unterordnungsverhältnissen, das Thema Macht steht an. Vielleicht mißbrauchst du Macht in irgendeiner Form, läßt andere nach deinem Willen springen, gibst deinem Ego die Zügel in die Hand und läßt deinen Ehrgeiz den Weg bestimmen. Es könnte auch sein, daß anscheinend andere dein Leben beherrschen und keine Möglichkeit besteht, irgend etwas zu tun; du siehst keine erreichbaren Ziele, keinen positiven Ausgang. Wenn dem so ist, fühlst du dich vielleicht in einem negativen Gedankenmuster gefangen, wirst defätistisch und schaust betrübt aufs Leben.

Ob du die Person bist, die Macht ausübt oder dich selbst einer Autorität unterwirfst — deine Seele sucht Befreiung. Schau, an welcher Stelle der Pyramide im „Motherpeace"-Bild du dich befindest — wer bist du derzeit? Wo spielst du Herrscher oder Opfer? Dann stelle dir einige grundsätzliche Fragen über deine gegenwärtige Situation. Was für eine Befriedigung ziehst du aus dieser Machtstruktur? Dann wirst du wahrscheinlich „Gewinne" daraus nicht aufgeben wollen. Um dich aus dieser Bindung, die der Karte des Teufels innewohnt, zu lösen, mußt du dich deiner Wirklichkeit ernsthaft stellen. Du mußt dir sehr genau die Gewinne anschauen, die du bei diesem Spiel machen wirst, die du aus dieser Bindung schöpfst. Du mußt hinter diese „Unwirklichkeit" schauen und die „Sucht"-Momente in aller Deutlichkeit erkennen.

Sobald du herausgefunden hast, an welcher Stelle der Pyramide du gerade bist, worin dein Spiel besteht und wie du damit dich und andere verletzt, wirst du dieses Muster ablegen wollen, das dein Denken und Verhalten versklavt. Dazu mußt du dich selbst in positiverem Licht und lebensbejahenden Verhaltensweisen sehen und fühlen. Du mußt deinen Willen, schlechte Gewohnheiten aufzugeben, bestärken und positivere Methoden für dein Tun und Lassen entwickeln. Sei genau und konzentriere deine Vorstellung auf eine solche Veränderung. Du mußt anfangen, daran zu glauben, daß Dinge anders gehandhabt werden können — in gesunder und gerechter Weise, nach den Naturgesetzen und mit umfassender Liebe.

Eine okkulte Wahrheit sagt, daß positive Energie stärker ist als negative, das Gute kann das Schlechte besiegen, aber dazu müssen natürlich Energien aufgeboten werden. Sobald du dich wahrhaftig verändern willst, wird die Transformation beginnen. Die persönliche Entscheidungskraft ist nicht gleichbedeutend mit der Macht über andere. Selbstbestimmung hat nichts mit Herrschaft zu tun. Kraftvoll zu sein heißt, die Lebenskraft auszudrücken und an positiven Veränderungen zu arbeiten — den Teufel zu vertreiben. Die Macht der Negativität zerfällt unter dem alles sehenden Auge der Wahrheit.

18

DER TURM
STRUKTUREN ZERBRECHEN

Der Turm im traditionellen Tarot steht für Zerstörung und umwälzende Veränderung — eine erdbebengleiche Erleuchtung und das Ende falschen Bewußtseins. Wir sind heutzutage versucht, diese Karte wörtlich zu interpretieren — als karmisches Ende des patriarchalen Zyklus, den wir seit über fünftausend Jahren erdulden. Diese Zeitspanne wird von den Hindus Kali Yuga genannt und kennzeichnet eine heruntergekommene schlechte Zeit, die sich gegenwärtig ihrem Ende zuneigt. Ob das Ende in einer brutalen und totalen Vernichtung allen Lebens besteht oder in einem radikalen Bewußtseinswandel der menschlichen Rasse, bleibt abzuwarten.

Kali ist die Hindu-Göttin des Todes, dargestellt durch Feuer und Schwert. Obgleich sie gräßlich und grotesk anzusehen ist in ihrer Blutgier (und insbesondere einem üblen Drang, Shivas Kopf abzuschlagen), repräsentiert Kali vielmehr die schneidende Schärfe der Wahrheit und das Falschheit hinwegbrennende Feuer, das die Untaten der Vergangenheit auslöscht. Kali war einst die Große Mutter, die Macht hatte, sowohl zu erschaffen als auch zu zerstören. Als Göttin des Feuers repräsentiert sie das Feuer der Sexualität wie auch die Erleuchtung, und selbst in ihrer reduzierten Form als Göttin des Todes wird ihre Macht geachtet und manchmal auch gefürchtet.

Der Turm im Tarot ist ein Symbol für Kalis Abschlagen des Kopfs — Tod des Ego, Ende jeder geistigen Kontrolle —, ein Motiv, das wir bereits aus der frühen Höhlenkunst kennen. Kali symbolisiert Wahrheit und das lodernde Feuer der Intuition, die Lebenskraft, die sich in weiser Voraussage der Zukunft ausdrückt, der göttliche Schock der Erkenntnis. Auf der Turmspitze sitzend, fängt eine Priesterin die Blitze mit bloßen Händen und versinnbildlicht so die Kraft der Schaman/inn/en, mit intensiven Energien umzugehen, die für Normalsterbliche zu stark wären. Offenen Auges strahlt sie Feuer von ihrem Kopf ab — elektrisches Feuer, die Kraft *manas* oder schöpferische Fähigkeiten.

Siehe Abbildung auf Farbtafel 5.

Hinter der Priesterin befinden sich der dunkle Himmel und der Ozean, weibliche Kräfte der Intelligenz und Weisheit. Unter ihr sind die Mitglieder ihrer Gemeinschaft, die darauf warten, daß sie das Orakel erklärt, das sie führen wird. Auf dem Boden finden wir ein Hopi-Wanderungs-Symbol — die Doppelspirale mit zwei Spinnen. Treibholz brennt. Die Botschaft lautet, daß eine Veränderung stattfinden wird, eine bedeutende Wanderung von einem Ort zum andern und ein Verbrennen des alten, was an Land getrieben wurde. Wenn der Blitz ins Holz fährt, brennt es; wenn die Erleuchtung den Menschengeist trifft, werden alte Konzepte in Flammen gesetzt. Boote warten darauf, die Menschen auf die See zu bringen und sie von der Alten Welt zur Neuen zu befördern.

Am Himmel verdeckt der Vollmond die Sonne — es ist nicht Nacht, nur hat sich die Mondscheibe vor den Sonnenkörper gedreht, der vorübergehende Triumph der Nachtkräfte am hellichten Mittag. In allen „primitiven" Gesellschaften werden Sonnenfinsternisse mit Ehrfurcht und mit einem Gefühl der Gefahr eines wunderbaren Besuchs aus spirituellen Reichen betrachtet. Der Turm wird von Uranus regiert, dem Planeten, der Veränderung und Erleuchtung mit sich bringt und zum astrologischen Zeichen Wassermann gehört. Das Neue Zeitalter ist das Wassermann-Zeitalter, und der Turm verdeutlicht die blitzschnellen Veränderungen, die im Bewußtsein wie auch in der Gestalt stattfinden. Wie von Weisen und erdverbundenen Menschen — wie den Eingeborenen Amerikas — seit langem vorhergesagt, zerbrechen alte Strukturen und Denkweisen in unserer heutigen Welt. Die Kristallisationen, die der Teufel repräsentierte, brechen allmählich auf, während die Illusionen der letzten fünftausend Jahre in Frage gestellt werden.

Die Menschen in dem „Motherpeace"-Bild sind Libyer auf ihrem Weg nach Amerika und anderen Orten weit weg von den patriarchalen Eindringlingen des zweiten Jahrtausends vor Christus. Sie repräsentieren alle Menschen, die die Göttin verehren — die weibliche Lebenskraft und Natur. Diese unfreiwilligen Flüchtlinge fliehen vor den eindringenden, zerstörenden, aggressiven Menschen, die sie und ihren Glauben auslöschen wollen. Harvard-Professor Barry Fell stellte die These auf, daß lange bevor Kolumbus Amerika „entdeckte", Mittelmeervölker im zweiten und ersten Jahrtausend vor Christus nach Amerika kamen. Sie hinterließen Steininschriften und Felsmalereien auf ägyptisch, phönizisch, libysch und iberisch, in denen sie von den Göttinnen Tanith, Astarte, Beltis und wer weiß wie vielen anderen erzählten.

Vielleicht haben viele dieser frühen Besucher mit den Ureinwohnern Amerikas gehandelt, die nach Jeffrey Goodman hier seit mindestens zweihunderttausend Jahren lebten. Andere waren möglicherweise Flüchtlinge, die aus ihrer Mittelmeerheimat durch patriarchale Eroberer vertrieben wurden, die zwischen 3500 vor Christus bis um Christi Geburt hereinbrachen. Während dieser Übergangsperiode zwischen Anbetung der Göttin und Patriarchat waren Wanderungen unvermeidlich. Die meisten Völker der Welt verfügen über eine gemeinsame Mythologie der Umwälzungen. Obgleich diese Zerstörungen meist als Naturereignisse wie Vulkanausbrüche, Erdbeben oder Fluten auftreten, werden sie fast immer als „karmisch" bedingt angenommen. Das bedeutet, daß die Menschen glauben, derartige Katastrophen seien von den „Göttern" als Vergeltungsmaßnahme für Missetaten der Menschheit geschickt.

Die Hopi-Auffassung über natürliches Gleichgewicht, die ägyptische Idee sozialer Gerechtigkeit und das indische Konzept des Karma stimmen darin überein, daß Naturgesetze das Universum regieren und der Mensch darauf reagieren kann. Wenn die Menschen ihre Verantwortung ablehnen und eigene Dinge durchsetzen, fangen die Probleme an. Wenn die Menschheit sich immer weiter von der göttlichen Quelle der Führung und Weisheit entfernt, gewinnen die in der Karte des Teufels dargestellten Kräfte die Oberhand. Dann muß es zu einem Bruch kommen — zur unvermeidlichen „Vergeltung".

Viele Menschen glauben heute, daß wir an einem solchen Zeitpunkt „ausgleichender Gerechtigkeit" angelangt sind, gekennzeichnet durch umwälzenden Umbruch und Veränderungen. Weltweite Umweltverschmutzung — wie das Vergraben atomarer und chemischer Abfallprodukte in den Leib von Mutter Erde — und menschliche Eingriffe in Wetter und Wachstumszyklen führen zu einer karmischen Reinigung oder „Großen Erneuerung", von der in alten Prophezeiungen gesprochen wird. Die durch Menschenhand geschaffene Zerstörung der Ozonschicht hat bereits die Sonneneinstrahlung verstärkt und auch zu klimatischen Veränderungen auf der Erde geführt. „Vergeltung" könnte sich auch in einem großen atomaren „Schlagabtausch" erfüllen. Ein früherer Sonderbeauftragter des Präsidenten für Nationale Sicherheit, der nach Fakten suchte, die bis dato einen Atomkrieg verhindert hätten, begann seine Liste mit „Glück". Die Gefahr ist so groß, daß die meisten von uns davon wie benommen sind und auf der unbewußten Ebene so handeln, als ob sie nicht bestünde oder als ob niemand auch nur irgend etwas daran tun könnte. Im Gegensatz dazu betonen die Lehrenden des Neuen Zeitalters wie die alten Orakel die freie Entscheidung. Mit der Einfachheit von Kindern fragen sie, welcher Sinn darin liegen kann, daß sich die Menschheit mit ihren „Verteidigungs-Mechanismen" selbst zerstört. Durch solche Fragen und weniger durch genaue Berechnungen von „Experten der Waffenkontrolle" begreifen die Leute viel eher die Dummheit eines solchen Kriegssystems.

In der Möglichkeit der Veränderung liegt die Botschaft der Göttin, der weiblichen Quelle des Heil/en/s. Mit ihrem erhobenen Schwert und der heraushängenden roten Zunge fordert uns Kali auf, unsere Energien zu aktivieren und gerecht zu handeln. Laß die alten Formen zerbrechen, gebietet sie, laß die Wahrheit hindurchscheinen und zerstören, was falsch ist. Sie schneidet das Vergangene ab und lädt uns ein, mit ihr gemeinsam eine neue Zukunft zu gestalten, die der Menschenseele dient und in der Lebensqualität wichtiger ist als lediglich die Existenz. Kali ist eine Vision der Ent-Rüstung — sie repräsentiert den Teil in uns, der weiß, daß wir mehr Würde und Wahrheit zeigen müssen oder sonst sterben werden.

Sich von der Wahrheit, die im Turm dargestellt ist, abzuwenden bedeutet, sich in der Zerstörung zu verlieren, mit den alten Formen und Ideen weiterzumachen. Der Wahrheit ins Auge zu blicken heißt, sich wieder die Macht der Verantwortung anzueignen als Antwort auf die beinahe unsägliche Situation, in der wir stecken und die so dringend geändert werden muß. Das Erwachen, das Kali uns präsentiert, ist schmerzhaft, bringt Alpträume und abscheuliche Visionen des Kommenden — doch das Feuer, das sie auch anbietet, ist das der erwachten und aktivierten *kundalini*-Energie; ein elektrischer Schock hoher Spannung, der in sich die Fähigkeit birgt, gleichzeitig dieser Kraft standzuhalten.

Die Botschaft des Turms lautet: „Wir können es tun." Die tiefere Bedeutung heißt: „Wir haben keine andere Wahl, wir müssen es versuchen." Die Erde bewegt sich, das Orakel spricht, und die Rückkehr der Göttin in Körper und Seele steht nahe bevor. Die Zerstörung des Alten geht stets der Schaffung des Neuen voraus, doch können wir uns entscheiden, auf welcher Seite wir sein wollen. Die spirituelle Wahrheit der Kali enthält Unsterblichkeit und ein lebendiges Bewußtsein der ewigen Natur der Seele. Mit diesem Bewußtsein gehen ein Sieg über den Tod einher sowie die Kräfte von Tod und Zerstörung. Furchtloser Mut wird geboren. „Das Leben wird triumphieren!" Das ist der Todesschrei der Kali (und der irischen Calleagh, deren Name genauso ausgesprochen wird). Wer Ohren hat zu hören, wird niemals mehr gleich sein.

*

Taucht der Turm in deinem Blatt auf, mach dich gefaßt — du stehst vor einer Veränderung. Eine radikale Umwandlung steht bevor, der Blitz der Erleuchtung. Ob du magst, was du siehst, oder nicht, du siehst es. Selbst wenn du dich nicht bewegen magst, wird die Struktur unter deinen Füßen zusammenbrechen. Bereite dich auf die Zukunft vor, die Vergangenheit entschwindet dir vor Augen, und die Dinge erscheinen sehr klar.

Die Veränderung kann in etwas bestehen, das dir zustößt — ein Ereignis oder eine Situation, die dich transformiert. Vielleicht entdeckst du plötzlich, daß deine Ehe vorüber ist oder ein/e neue/r Liebhaber/in in deinem Leben auftaucht und alles durcheinanderbringt. Auf einmal verstehst du ganz klar die eigenen zerstörerischen Verhaltensmuster oder Süchte und die Notwendigkeit einer sofortigen und radikalen Umkehr. Dieses Verstehen kann auf den Moment bezogen sein, wie ein Blitz — doch sind die Auswirkungen weitreichend und von Dauer. Ein Augenblick erhellenden Ärgers oder Verstehens verändert dich von innen heraus.

Wenn deine *kundalini* erwacht und deine spirituellen Zentren sich öffnen, wirst du deine schamanistischen Kräfte spüren und die Fähigkeit, zu erkennen, was wirklich passiert und was zu tun ist. Du wirst dich nicht im Detail verlieren, du wirst den Augenblick transzendieren, und wie die Priesterin im „Motherpeace"-Bild des Turms wirst du dich über die alltäglichen Ebenen des Lebens erhoben (erhaben) fühlen. Du kannst hohe Formen schöpferischer Energie erfahren. Es ist deine Aufgabe, zu interpretieren, was du in diesen Höhen, wo sich Profanes und Heiliges überschneiden, gesehen und gehört hast. Deine Klarheit kommt aus der Verbindung deines inneren Feuers mit dem äußeren. Die Meisterung dieses Feuers macht dich so mächtig.

Zur gleichen Zeit, da dein „höheres Selbst" das, was geschieht, in deinem Leben verstehen kann und handlungsfähig ist, kann dein persönliches Selbst zusammenbrechen. Wie die Gruppe der Leute am Fuß des Turms auf den Rat der wahrsagenden Priesterin wartet, so braucht deine Persönlichkeit in dieser schwierigen Zeit des Übergangs Hilfe und Führung. Nimm dir Zeit, um die Schwierigkeiten in deiner Umgebung anzuerkennen, und achte jetzt besonders gut auf deine Gesundheit und dein Wohlbefinden. Iß gut, gönn dir genügend Ruhe und verwickle dich nicht in Unfälle oder Krankheiten.

Wenn möglich, öffne dich der Kraft, die durch den Turm kommt. Große Freude liegt in dem, was Kali uns bereithält — höchste Glückseligkeit im Verstehen der Unsterblichkeit der Seele und der göttlichen Natur des Körpers. Wenn diese Energien durch dich hindurchströmen, kannst du sie sowohl physisch als auch geistig erleben. Sie eröffnen dir die höchsten Erfahrungen des Geistes zugleich mit den größten Vergnügen des Körpers. Es ist kein Zufall, daß Kali sowohl sexuelle Guru als auch Zerstörerin ist, denn sie erschlägt alles, was der wahren Erkenntnis der Wirklichkeit im Weg steht. Sie will nicht dem „Rad des Lebens" entfliehen, sondern bewegt es sehr bewußt aus der Mitte. Läßt du sie in dein Leben ein, wirst du allem, was geschieht, mit erhöhter Empfänglichkeit begegnen und zugleich fähig sein, damit umzugehen.

19

DER STERN
SICH DER GÖTTIN ÖFFNEN

Der Stern repräsentiert die Ruhe nach dem Sturm. Die rasenden Feuer des Turms klingen ab, leichter Regen fällt, und wie ein Nebel steigt die Gnade empor. Aufgelöst in den magischen Mineralwassern von Mutter Erde, gebadet im Sternenlicht öffnet sich die Priesterin den heilenden Mächten der Göttin: Ihre Sorgen lösen sich auf. Während sie im Gebet die Einheit des Lebens zu erfahren sucht, scheint aus ihr das gleiche Licht wie von den Sternen im Himmel.

Rosa Blüten schweben auf dem Wasser des Teichs, Blüten, die sich in Liebe der Liebe öffnen. Frauen von der Yukatan-Halbinsel in Zentralamerika haben ein Ritual, bei dem sie ein Loch in den Boden graben, bis eine Frau in dem aufsteigenden Wasser bis zu den Brüsten nackt baden kann. Die anderen Frauen streuen Blumen auf die Wasseroberfläche und tanzen singend und betend um sie herum. Es ist ein Heilritual und demonstriert, wie Kay Turner sagt, „die sorgende Wirkung der Stammesschwesternschaft". Die moderne dianische Hexe Z. Budapest schlägt ein ähnliches Reinigungsritual für vergewaltigte Frauen vor. Die Frauen versammeln sich um das Opfer in ihrem Bad und bringen ihr Blumen, baden sie, singen für sie und versichern sie wieder ihrer Schönheit.

Ein langsam zu singendes Navaho-Ritual-Lied lautet:

Die Welt vor mir ist wiederhergestellt in Schönheit.
Die Welt hinter mir ist wiederhergestellt in Schönheit.
Die Welt unter mir ist wiederhergestellt in Schönheit.
Die Welt über mir ist wiederhergestellt in Schönheit.
Alle Dinge um mich her sind wiederhergestellt in Schönheit.
Meine Stimme ist wiederhergestellt in Schönheit.
Es ist wiederhergestellt in Schönheit.
Es ist wiederhergestellt in Schönheit.
Es ist wiederhergestellt in Schönheit.
Es ist wiederhergestellt in Schönheit.

Siehe Abbildung auf Farbtafel 6.

In diesem wunderbaren Gebet an „Changing Woman", einer Hauptgottheit unter den Navaho, erfahren wir — ebenso wie im „Motherpeace"-Bild des Sterns — die Anrufung der verwandelnden Kraft der Göttin, die uns wirklich in Schönheit wiederherstellen kann. Der Stern verdeutlicht die Möglichkeit der Wiedergutmachung. Er erinnert an die tibetische Weiße Tara, die Erlöserin, die durch ihre heilige, heilende Berührung rettet. Sie ist die „Schwester" der Grünen Tara (Kapitel 13). Ein tibetisches Gebet zu Tara soll alle Fertigkeiten verleihen und jegliches Unrecht bannen. Wie bei dem bereits zitierten Befreiungsgebet der Navaho sollte auch dieses Gebet laut gesprochen werden und nicht nur still gelesen. Sprich also:

Ehre Tara unserer Mutter
großes Mitgefühl!
Ehre Tara unserer Mutter
tausend Hände, tausend Augen!
Ehre Tara unserer Mutter:
Königin der Medizin!
Ehre Tara unserer Mutter:
Krankheit besiegend wie Medizin!
Ehre Tara unserer Mutter:
Mittel des Mitleids kennend!
Ehre Tara unserer Mutter:
fundamental wie die Erde!
Ehre Tara unserer Mutter:
kühlend wie Wasser!
Ehre Tara unserer Mutter:
reifend wie Feuer!
Ehre Tara unserer Mutter:
wehend wie Wind!
Ehre Tara unserer Mutter:
umfassend wie Raum!

Wie die Weiße Tara ist die chinesische Kuan Yin eine Göttin des Mitleids und des Mitgefühls, mitempfindendes Licht, heilendes Herz, Kraft der Reinheit. Wie die in Kapitel 14 zitierte chinesische Nonne habe auch ich die Berührung Kuan Yins gespürt. Es war, als ob sie ihre Hände über meinen Körper legte und göttliche Energie hindurchströmte — ins Zentrum hinein. Sie reinigt und befreit von allen Schmerzen, bringt Hoffnung und Freude ins Herz zurück, wenn die Not am größten ist.

Der Gedanke an kosmische Kraft, die unser Erdenleben berührt und segnet, ist so alt wie der Regen. Wie bei dem präkolumbianischen Wasserkrug in der Wasserschale ist der/die Empfänger/in des Geistes wie ein offenes Gefäß, Archetypus des Weiblichen. In Ekstase ist sie voller Glauben und der Universalkraft heilender Liebe gegenüber geöffnet. Das Eintauchen ins Wasser ist ein uraltes Heilungszeremoniell, die Macht von Mineralbrunnen und heißen Quellen reinigt und erneuert Körper und Seele. Der Schmerz läßt nach, und die Ängste verschwinden, die Poren öffnen sich der Liebe. Das den Körper umgebende Wasser ähnelt der liebenden Umarmung der Mutter, mit ihren Händen berührt die Frau ihren Körper, streichelnd und beruhigend überträgt sie die heilende Energie.

Über ihrem Kopf fliegt ein Adler, Symbol des Geistes. Der Adler fliegt höher als alle anderen Vögel, hoch genug, „die Sonne zu berühren". Der goldene Adler ist ein Symbol des Friedens. Sein Flug durch den lavendelfarbigen Nebel der Sternenkarte spiegelt den spirituellen Flug der badenden Frau in den Heilquellen. Ein Adler, der über den Kopf fliegt, deutet auf schamanistische Kräfte und wird oft als Be-rufung gedeutet. Schaman/inn/en ist der Adler ein Botschafter, der die Anweisungen des Nachtgeists bringt. Wie Halifax sagt: „Wenn Schamanen Macht empfangen, so kommt die immer von der Nacht."

Jegliches Heilen erfordert eine Offenheit gegenüber den Energien des Universums sowie die Fähigkeit, diese Energien auf die physische Ebene zu holen, damit der physische Körper sie nutzen kann. Die Heilkraft gelangt durch das Kronen-Chakra an der Spitze des Kopfes in den Körper. Dort lebt nach dem Schamanismus der Huichol die Seele. Die Energie erleuchtet den Kopf und die spirituellen Zentren, von dort bringen Heilende die Kraft in Herz und Hände. Das ist die alte Kunst des Handauflegens, die Naturheilende seit Tausenden von Jahren benutzen. Langsam besinnt sich die Medizin ihrer wieder.

Der Stern ähnelt der Gerechtigkeit auf einer höheren Ebene. Jetzt finden wir die bewußte Hingabe an das Schicksal, ein Liebesgeschenk des Selbst an den Geist des Lebens. Keine unerwarteten karmischen Anpassungen mehr, keinerlei Verwirrung mehr über richtig und falsch. Jetzt erfährt das Wesen durch Körper und Gefühle den Fluß der Dinge und erkennt den Sinn des Lebens.

Wassermann, als astrologisches Zeichen dem Stern zugeordnet, ist das feste Luftzeichen des Wasserträgers und repräsentiert die Heilkraft des Universums wie auch universelle Freundschaft, psychische Sensibilität und Gruppenverständnis. Wie die Heilerin im „Motherpeace"-Bild neigen Wassermänner zu Visionen. Auch Widder wird bisweilen dem Stern zugeordnet. Widder ist das kardinale Feuerzeichen der Magierin; repräsentiert inneres Feuer und spirituellen Willen des Menschen, der mit den göttlichen Kräften Verbindung aufnehmen möchte. Das Feuer des Widders kocht innerlich auf und trifft die Göttin auf halbem Weg, so wie der Adler zur Sonne fliegt. In dem Moment, da die Heilkraft die Priesterin berührt, erwacht ihr Feuer und reagiert mit gleicher Intensität auf die Kraft, die sie empfängt.

Die Steine um den Teich im „Motherpeace"-Bild schließen einen schützenden Kreis um die Heilerin. In diesem magischen Zirkel kann konzentriert und sicher gearbeitet werden. Eine Grundregel in der Magie lautet, daß man sich einen schützenden Kreis zur eigenen Erdung ziehen muß. Dann kann die Seele wie der Adler fliegen, während der Körper im magischen Kreis ernährt und geschützt wird.

Rohrkolben und Maiglöckchen, die rings um den Teich wachsen, spiegeln die irdische und spirituelle Natur der Heilerin. Der Frosch auf dem Fels ist Symbol der Umwandlung und Wiedergeburt und wird von den Eingeborenen Amerikas sehr verehrt. Vom Laich zur Kaulquappe zum Frosch und wieder zum Laich zeigt dieses Amphibium den Kreislauf von Tod und Wiedergeburt sowie die Wanderung zwischen den Welten. Die blauen Winden wiederholen die Botschaft. Da sie im Übermaß genossen giftig sind, wurden Teile der Winden von den Ureinwohnern Amerikas ihrer halluzinogenen Eigenschaften wegen benutzt, um die Schwelle zwischen Form und Geist zu übertreten.

Oben rechts auf dem „Motherpeace"-Bild finden wir Sirius, den hellsten Stern unseres Himmels und mit 8,7 Lichtjahren der Erde noch relativ nahe. Die Plejaden oder Sieben Schwestern liegen dicht dabei. Der von den Griechen Sirius genannte Stern hieß früher bei den Ägyptern „Sothis" und war die Göttin Isis. Isis war der sumerischen Ishtar verwandt, Name des Planeten Venus — Morgen- und Abendstern. Ishtar (oder Venus) gehört zu einer Gruppe von Göttinnen, darunter Aphrodite, Artemis, Maria der Tausend Brüste und die Mutter von Eleusis, die auch „Weise der See" genannt wird. Das bringt uns zurück zum Wasser und erinnert an die hebräische Vorstellung des weiblichen Geists, der sich über „die Wasser erhob". Dieser Geist wurde später von den Christen zum Heiligen Geist umgewandelt, der durch den Stern symbolisiert wird.

Der Stern bereitet auf die Initiation vor. Ein modernes Äquivalent dieses Reinigungsrituals kann in der gegenwärtig geleisteten Arbeit gesehen werden, die Hoffnungslosigkeit angesichts der Weltprobleme zu verwandeln. Johanna Macy weist darauf hin, daß Individuen, die sich hoffnungslos und ängstlich fühlen, dies aber nicht zugeben, sich isoliert und verzweifelt vorkommen. Teilen sie jedoch mit anderen die Tiefen ihrer Ängste und Gefühle über eine mögliche Katastrophe und weinen vielleicht sogar zusammen, weicht die Benommenheit einem kribbligen Gefühl, wie wenn die Wirkung von Novocain nachläßt, und wir können wieder wirklich fühlen und empfinden.

*

Taucht der Stern in deinem Blatt auf, weißt du, daß du eine neue Ebene erreicht hast. Etwas in dir hat sich der Göttin geöffnet. Du bist bereit, um Hilfe zu bitten, und wirst sie erhalten. Du vertraust in die Fähigkeit des Universums, dich zu heilen, und du bist bereit, mit der Veränderung zu beginnen. Eine Gna-

Magierin (I)

Hohepriesterin (II)

Herrscherin (III)

Wagen (VII)

Die Alte (IX)

Glücksrad (X)

Stärke (XI)

Tod (XIII)

Teufel (XV)

Turm (XVI)

Stern (XVII)

Mond (XVIII)

Sonne (XIX)

Gericht (XX)

Sechs Stäbe

Sechs Schwerter

Sechs Kelche

Sechs Scheiben

Zehn Stäbe

Zehn Schwerter

Zehn Kelche

Zehn Scheiben

Priesterin der Schwerter

Schamanin der Schwerter

Priesterin der Scheiben

Schamanin der Scheiben

Drei Stäbe

Sohn der Stäbe

Priesterin der Stäbe

Schamanin der Stäbe

Stab-As

Scheiben-As

de überkommt dich, die dir ein Vorwärtsschauen in die Zukunft ermöglicht. Schönheit strömt aus deinem ganzen Wesen, von innen heraus. Voraussichtlich erlebst du eine friedvolle, erholsame Zeit, die dir hilft, deine Verbindung zu anderen zu spüren und wahrscheinlich auch zum göttlichen Geist in der Welt.

Nimm dir nun Zeit, dich zu segnen, tu etwas Liebevolles für dich selbst. Vielleicht magst du ein heißes Bad nehmen oder in die Sauna gehen, damit deine Sorgen hinwegschwimmen, wie es die Priesterin im „Motherpeace"-Bild tut. Stell dir vor, wie tanzende Priesterinnen dich begleiten, oder — noch besser — lade deine engsten Freundinnen zu einem feierlichen Ritual für dein neues Selbstgefühl ein. Sollte dies nicht möglich sein, stell dir die Gegenwart deiner alten Ahninnen vor und spüre die Sorge, die dem weiblichen Gast innewohnt. Hast du frische Blumen, nimm sie mit dir ins Bad und laß deine Schönheit strahlen. Spüre, wie die Blumen und du eins sind — offene lebendige Manifestationen der Lebenskraft.

Es könnte die Zeit beginnen, in der dir „Changing Woman" (die sich wandelnde Frau) der Navaho bewußt wird und dich verwandelt. Vielleicht gibst du dir einen neuen Namen, um die Neuheit deines Selbst deutlich zu machen. Alle Hexen haben einen besonderen, spirituellen oder rituellen Namen. Lausche dem deinen. Es kann irgendein Name sein, der dir zu-fällt (ein-fällt) — der Name einer Göttin, einer Blume oder von etwas anderem. Er wird einzigartig für dich sein und von symbolischer Bedeutung. Du kannst darüber meditieren wie über einen heilsamen Traum. Befasse dich mit deinem Namen und spüre, wie du dich auf verschiedenen Ebenen veränderst. Sieh dich selbst als neugeboren, erneuert, erfrischt.

Buddhisten und andere Tantriker visualisieren die Göttin ganz genau und nehmen sie in ihr Herz. Auch du kannst dies tun. Finde eine Statue oder ein Bild einer Göttin, die du magst, oder stell dir einfach die göttlich-weibliche Gegenwart in deinem Geist vor und erlaube ihr, Gestalt anzunehmen. Du kannst das Bild des Sterns als Visualisierungshilfe benutzen, wenn du magst, und bewußt an der Identifizierung arbeiten, bis das Bild mit deinem Atem in dein Herz strömt. Stell dir vor, wie dein Ego zu dem der Göttin wird, ihr Geist zu deinem. Spüre ihre Schönheit in dir und deine Schönheit in ihr, laß das Trennende dahinschwinden, bis du fühlst, daß du sie bist: Du bist die Göttin, du bist Liebe.

DER MOND
DAS MYSTERIUM ERFAHREN

Mit dem Mond kommen wir zum Herzen uralter weiblicher Mysterien — die Reise zum Labyrinth oder wie Nor Hall sagt, „die unterirdische Wohnung der Göttin". Das Labyrinth ist der heilige Weg zum Zentrum und wieder zurück, das „Mond-Rad", das nach Monica Sjöö in beide Richtungen spinnt und Wissen und Energie sowohl für die Schöpfung als auch für die Zerstörung bringt. Ähnliche Labyrinthe finden sich in Indien, Kreta und Arizona. Eine vereinfachte Version des Labyrinths ist die Doppelspirale, die wir überall auf der Welt entdecken können. Die Spirale wie die Schlange sind immer ein Symbol der Göttin, besonders der weiblichen Kraft der Regeneration — des Hineingehens und Herauskommens. Ariadne zeigte den Weg. Diese kretische Göttin hatte spinnenähnliche Vor-sicht an den Tag gelegt, als sie das Labyrinth mit dem Faden durchging.

Wie bei den in den Kapiteln 13 und 16 beschriebenen „Motherpeace"-Bildern repräsentiert der Mond die schamanistische Berufung, in diesem Fall ist es der Ruf in die Finsternis. Das Labyrinth lädt ein, und ein Boot wartet darauf, den Geist der Initiierten zu anderen Reichen zu bringen. Das „geflügelte Tor", von dem Neumann spricht, steht wie ein Leuchtturm am Ende des „Tunnels" der Vision und möchte betreten werden — der Geburtskanal erwartet die Seele am Ende ihrer Entwicklungsreise.

In der Tarot-Tradition repräsentiert der Mond unbewußte Sehnsüchte und Ängste, die mit dem Verlust der Kontrolle einhergehen oder die unbewußten Schlaf- und Traumphasen begleiten können. Wer jedoch Angst hat, das eigene Astralgebiet zu betreten, wird sich nie wahrhaftig kennenlernen — und das Mysterium der Initiation reicht weit darüber hinaus. Die im „Motherpeace"-Bild herumschwirrenden Phantome sind Visionen und Illusionen, die die Astralebene bevölkern und die „dunkle Nacht der Seele" gestalten. Die Astralebene ist von unglücklichen Geistern und negativen Gedankenformen besiedelt, die dem Menschengeist entstammen und in den Raum um uns projiziert werden.

Dieses Reich des Unbewußten ist oft angefüllt mit häßlichen Visionen und gräßlichen Schöpfungen verirrten Bewußtseins sowie mit den verlorenen Seelen der Menschen, die ihr Leben gegen die Naturgesetze führten. Nur wer stark ist, kann dieses Reich betreten und während dieser Reise klar und beschützt bleiben — auf andere lauert die Gefahr, und Verrücktheit droht. Des Menschen Geist hängt sich leicht an Negatives, wenn er sich daran gewöhnt hat. Die wirkliche Begegnung, die der Mond bietet, ist die mit dem „Hüter der Schwelle", von dem die geheimen und esoterischen Lehren sprechen. Dies ist die gigantische Kraft angesammelten Übels oder von Missetaten, der scheußlichen Teile des Selbst, die wir uns lieber nicht anschauen oder vorgeben, daß sie nicht existieren, die sich aber genau am Punkt des psychischen Wachsens erheben. Dieser „Dämon" muß nicht nur angeschaut, sondern ins gesamte Sein integriert werden, damit Ganzheit entstehen kann. In den dunklen Reichen des Imaginären ist es von besonderer Bedeutung, sich die mächtige Mondgöttin vorzustellen und ihr die Führung zu übergeben. Wie die Frau im „Motherpeace"-Bild müssen wir diese Reiche mit geschlossenen Augen und offenen Sinnen bereisen — wie eine Fledermaus mit ihrem Radarsystem. Während wir uns langsam vortasten, zeigen Gefühle die Richtung. Als Schutz und Hilfe auf diesem Weg können wir Artemis-Diana, die Jungfrau, oder Hekate, die Weise Alte, anrufen.

500 vor Christus entstand der erste Diana-Hexen-Kult in Griechenland zur Anbetung der Mondgöttin. Die griechische Artemis oder die römische Diana mit Pfeil und Bogen repräsentieren den zunehmenden Mond, vom silbrigen Halbmond zur Fülle. Die ägyptische Mondgöttin Neith wurde ähnlich dargestellt wie auch die irische Re. Die Vollmondgöttin stand für Überfluß und das Feuer der Sexualität und Vereinigung und wurde durch die phönizische Astarte personifiziert. Deren Ikonen ähneln ihrer dunklen Schwester Lilith oder der griechischen Selene, der kretischen Pasiphae oder der ägyptischen Isis. In der Hexenkunst war der abnehmende Mond der griechischen Hekate zugeordnet (Kapitel 11) und der sumerischen Levanah (hebräisch Lebanah), was Mond bedeutet. Levanah wird mit dem Menstruationszyklus und besonders der Blutung bei Neumond in Verbindung gebracht.

Obgleich all diese Göttinnen heute noch in Hexenzirkeln von der Hohepriesterin angerufen werden, ist der Name Diana am stärksten mit der Hexenkunst verknüpft. Im allgemeinen feiern Hexen ihre Rituale allmonatlich um die Zeit des Vollmonds. Diana repräsentiert die Mondgöttin in all ihren Aspekten.

Solange wir uns dem Mondbewußtsein hingeben, wird die Reise schöpferisch und voller Offenbarungen sein. Wie bei den orgiastischen Priesterinnen des Altertums ist zu erwarten, daß die Reise mächtige und tiefe Erfahrungen der Weisheit und des Verstehens bietet. Um voll im Lebenslicht, der Sonne des folgenden Bildes aufgehen zu können, müssen wir uns zunächst der Dunkelheit überantwortet haben. Sjöö erklärt: „Wo die Doppelspirale zusammenkommt, entsteht ein Strudel, ein Wirbelwind der Auflösung; jenseits aber liegt der schöpferische Ruhepunkt des Universums und die Glückseligkeit der Harmonie." Wie erreichen wir dies? „Wer durch die Gegensätze hindurchgegangen ist, kann die Veränderung von Pol zu Pol miterleben und mit dem Bewußtsein diesen Prozeß voll erfassen und aktiv in sich aufnehmen." Auf dieser Reise gibt es wirklich nichts anderes zu fürchten als die Furcht selbst. Die Furcht erschafft die Dämonen und all das Unangenehme, das im traditionellen Tarot dem Mond zugeordnet wird.

Diese Nachtkraft mit ihren Phantomen, ihrer Verblendung sowie versteckten vergiftenden Elementen wird meist durch Lilith repräsentiert. Diese frühe semitische Göttin wurde zum klassischen „Dämon" und steht nun für die „Frau als Übel". In früheren Darstellungen verkörperte Lilith die wohlwollenden Kräfte der Nacht, half den Geistern, die gemeinhin als *lilim* bekannt waren, die den „Sterblichen größte Zuvorkommenheit erwiesen".

Liliths Kraft ist die Verzauberung, und in der europäischen Kultur wurde sie vor allem dadurch bekannt. Da Männer diese Kräfte fürchteten, wurden Frauen mit Begriffen wie „Dämon", „Verführung" und „Hexerei" stigmatisiert. Wie der Mond ist auch Lilith der Sexualität zugeordnet sowie dem Reich der Instinkte, der Sehnsüchte, der erotischen Träume und Phantasien.

Um im Schamanismus erfolgreich zu sein, bedarf es „helfender Geister". Schaman/inn/en verkehren mit „Geistliebhaber/inne/n", die die Vereinigung repräsentieren, die sie mit göttlichen Gestalten, Führern oder Geistern erfahren. Früher mögen diese Kräfte allgemein „liliths" genannt worden sein. Sie kamen des Nachts und liebten die Schaman/inn/en. Im Mittelalter wurden sie zu Dämonen, die Männer angriffen und ihnen unbemerkt im Schlaf etwas wegnahmen — ihre Lebenssäfte.

Nicht weniger verwirrend mag für die mittelalterlichen Patriarchen die Verbindung zwischen Mond und Menstruation gewesen sein, Quelle einer anderen Lebenskraft. Sjöö schreibt: „Schamanismus — ein ekstatischer Mondkult — beruht auf dem natürlichen erdverbundenen Körperbewußtsein, das durch die Menstruation monatlich neu bekräftigt wird." Immer wenn Männer Begierde und „eros" selbst unterdrücken wollen, verfluchen sie Gestalten wie Lilith. Projektionen dieser Art waren letztlich die Ursache für die Hexenverbrennungen, bei denen neun Millionen Frauen ums Leben kamen.

Heute besteht unsere Problematik weniger in der Hexenverbrennung, sondern vielmehr in den Ergebnissen und Folgen jener Verfolgungen jeglicher Anbetung der Göttin. Obgleich die uralten Riten beinahe verschwunden sind, erlauben uns unsere Träume, wie Hall sagt, diesen „Boden" wieder zu betreten als „Initiierte". Feierliche Anerkennung der Initiation mag zerstört sein, doch bleibt die Erfahrung bestehen. Jung hat mit dieser Idee in seinen Studien und Therapien gearbeitet; die heutige Jungsche Psychologie spiegelt diese Vorstellung, daß uns heutzutage Initiationsriten und symbolische Abenteuer aus uralten Mysterien im Unbewußten begegnen — hauptsächlich im Traum und im schöpferischen Ausdruck der Kunst. So können wir die Erfahrungen und Teile der Persönlichkeit integrieren, bis wir die Ganzheit erreichen.

Im „Motherpeace"-Bild erinnert uns die meergrüne Farbe an die Sehnsucht und die magnetische Anziehungskraft des Wassers. Der Mond regiert alle Flüssigkeiten, auch die des Körpers und Gehirns, und hat so einen mächtigen Einfluß auf uns, wie er sichtbar an den Gezeitenströmungen der Ozeane wird. Der Mond zieht uns in die Tiefe, und wenn wir Angst bekommen, werden wir kämpfen, hysterisch werden, uns verfolgt fühlen, „mondsüchtig" werden und wahrscheinlich die Offenbarungserfahrung verpassen. Lassen wir die Angst los, entdecken wir den ekstatischen und freudigen Eintritt ins Labyrinth.

*

Taucht der Mond in deinem Blatt auf, bleibt nichts anderes zu tun, als sich den Gefühlen zu ergeben. Versuchst du dich in intellektuellem Verstehen, wirst du versagen. Der Mond ist Zeichen des Unbewußten — laß dich dahintreiben. Wenn du dich dem Augenblick hingeben kannst und nicht an die Zukunft denkst, wenn du die Dunkelheit mutig und ernsthaft betrittst, wenn du den höheren Kräften vertrauen kannst — die dich intuitiv bei der Reise durch die Dunkelheit und zum Unbekannten führen —, so wirst du aus dieser Reise etwas lernen und Bewußtsein als Initiationsgeschenk mitbringen.

Um sich die freundliche Dunkelheit auf dieser Reise in die Bewußtheit vorzustellen, kannst du dir ausmalen, wie du die tiefste Kammer einer Pyramide betrittst oder ein Bild des Innersten Heiligtums einer heiligen Höhle unserer paläolithischen europäischen Ahninnen und Ahnen imaginieren. Oder versetze dich in das Gefühl der Ureinwohner Amerikas aus den Pueblos: Wie mag es sein, in die Große Kiva zu gehen, um die Wiedergeburt in die Sonne zu erwarten? Laß schließlich dein Gefühl dich in die Fruchtwasser tragen und entdecke noch einmal, wie du zur richtigen Zeit aus dem dunklen Schoß ins Licht geboren wurdest.

Der Mond deutet auf eine gute Zeit zum Träumen. Um dein Verständnis für die Veränderung, die du gerade erlebst, zu vertiefen, könntest du dich in Traumarbeit versuchen: Führe ein Traumtagebuch, in das du, wann immer möglich, deine Träume notierst, und dann arbeite damit auf verschiedene Weise. Vielleicht magst du sie nach den bekannten Symbolsystemen deuten, wie sie von Ann Faraday, Patricia Garfield oder Strephon Williams entwickelt wurden. Vielleicht kennst du sie schon und möchtest daher noch tiefer in deine Psyche hineintauchen, indem du dich mit Traumyoga versuchst oder mit „luziden Träumen". Das Wort luzid (klar und hell) bezieht sich nicht auf die Ratio, den Verstand, sondern meint eine fast jenseits der Vernunft liegende

Fähigkeit, bewußt in den Traum zu gehen und darin zu handeln. Vielleicht willst du deine Träume mit einer Freundin, einem Freund oder der/dem Geliebten teilen — dann laß dich einfach fühlen und spüren, was sie dazu zu sagen haben, ohne zu interpretieren.

Eine andere Möglichkeit, sich auf den Mond einzustimmen, besteht im Anlegen eines Menstruationskalenders und dem Vergleich mit den Mondzyklen. Auch die Biorhythmen, die Zyklen seelischer und körperlicher Energien lassen sich mit den Phasen des Mondes korrelieren.

DIE SONNE
BEWUSSTSEIN ERWEITERN

Die Sonne steht für die Wiedergeburt — der Schmetterling entfaltet sich aus seinem Kokon. Sie symbolisiert Bewußtsein und das aktive erwachte Verstehen des Lebens sowie dessen Wertschätzung. Aus dem dunklen Schoß der Nacht, aus dem Geburtskanal, der Kiva oder unterirdischen Kammern heraustretend, repräsentiert die Sonne die glänzende Erscheinung der Seele. Das volle geistige Verstehen strahlt am Horizont des Bewußtseins, und wir sehen, was ist, voll Freude und Ehrfurcht.

Welche Illusion wird durch die Morgendämmerung aufgehoben? Auf dem „Motherpeace"-Bild stellen die Menschenwesen fest, daß sie weder voneinander noch vom Rest des Planeten getrennt sind. Die Sonne repräsentiert das Wissen, daß wir durch die ewigen Strahlen der Lebenskraft alle an dem großen Organismus Menschheit und der noch größeren Einheit, der Erde, teilhaben.

In der Wiedergeburt erleben wir große Freude, das Glück, am Leben zu sein, ein erweitertes Gespür für Spiel. Losgelöst von Erwartungen und Wünschen erfreuen wir uns wachsender Gefühle der Anerkennung. Nicht mehr verhaftet zu sein heißt nicht, daß wir nichts mehr fühlen oder uns abtrennen. Im Gegenteil: Es bedeutet eine stärkere Verbindung zur Einheit des Lebens und gleichzeitig ein größeres Gespür für die kleinen Verletzungen und Besorgnisse des persönlichen Alltags. Die innere Sonne strahlt in die äußere Sphäre und heilt die gebrochenen Teile des Selbst, eint und harmonisiert die verschiedenen Teilpersönlichkeiten unter der Führung der Seele.

Für das Ich bedeutet dies die Verwandlung. Es wird nicht ausgelöscht, sondern eher emporgehoben. Vom Kraftwerk Sonnengeflecht ausgehend, wird das Bewußtsein zum Herzen hochgehoben, wo es noch stärker erstrahlt und durch die Strömung der Lebensenergie ausgewogen wird. Dieses „erweiterte Bewußtsein" ist die höhere Oktave des Tierkreiszeichens Löwe und der Schlüssel zu Heilung und Klärung im Neuen Zeitalter von „Motherpeace". Wird die wache Bewußtheit im Herzen zentriert (viertes Chakra, der Brust zugeordnet),

Siehe Abbildung auf Farbtafel 7.

sieht man die Person als „Gefährt" des Bewußtseins (oder der Seele). Persönliche Bedürfnisse und private Begierden beherrschen den Menschen dann nicht mehr, sondern werden so gesehen, wie sie wirklich sind: Theater und Zurschaustellung individuellen Egobewußtseins. Diese Zurschaustellung mag ihre Reize haben, wird aber nicht länger als Sinn des Lebens angesehen.

Die Sonne urteilt oder verurteilt nicht — weder die Person noch die Bedürfnisse des Ichs. So sehen wir uns zum Beispiel als Teil des Ganzen oder der Gruppe, und dies führt zu einer freudigen Explosion würdigen spirituellen Verstehens. Der Mensch läßt sich gern durch Paradoxien und Vielschichtiges verwirren. Das zentrale Selbst sieht die Dinge im Licht der Ganzheit, weiß, wie sich jemand anderes fühlt, versteht alle Teile eines Problems, vertraut auf das Zusammenspiel mehr als auf persönliche Wünsche und Bedürfnisse.

Was ist dieses Selbst, auf das ich mich schon mehrmals bezogen habe? Die meisten wissen, daß wir irgendein inneres Wesen haben, weil es doch hin und wieder zu uns spricht und uns anleitet. Dominiert allerdings das Ich, so wird die Führung abgelehnt. Wie beim Teufel (Kapitel 17) beschrieben, wird die innere Stimme geleugnet. Gleichwohl wissen wir, daß diese Stimme da ist. Lassen wir das Selbst sprechen, wird es uns in Welten einführen, von denen wir kaum zu träumen wagten.

Viele Leute glauben, daß das Neue Zeitalter durch die Wiederkehr eines Christus oder eine Art Avatar wie Buddha oder gar einen weiblichen Messias eingeläutet wird. Meiner Ansicht nach werden jene, die zu sehr nach einem Menschenwesen Ausschau halten, welches diese Weisheit verkörpert, das wirkliche Geschehen verpassen und daher enttäuscht sein. Die Geheimlehrerin Alice Bailey, die zu Beginn dieses Jahrhunderts lebte, sagte voraus, daß die Rückkehr des Messias im Neuen Zeitalter in Gruppen geschähe — entwickelte oder fortgeschrittene Seelen würden gemeinsam für Frieden und Heil/ung zusammenarbeiten.

„Die Neue Gruppe der Weltdiener" nannte Bailey diese Versammlung und sagte weiter voraus, daß Kämpfe in Beziehungen und Gruppen schließlich zu einer Reinigung führen würden, die der Menschheit bei der Entwicklung zum Neuen Zeitalter helfen könnte. Jede arbeitende Gruppe (die „Diener") würde sich um eine „Gruppenseele" scharen, die ähnlich der Sonne Licht und Heilung ausstrahlt. Das individuelle Ich würde durch den Glanz überwunden — den Glanz nicht einer charismatischen Führungsperson, sondern einer spirituellen Idee, die frei und offen geteilt würde. Heutzutage fühlen viele Menschen die Gegenwart dieser Lichtseelen und schließen sich daher in Gruppen zusammen, die einem zentralen Führungsprinzip folgen, wobei Ichbezogenheit überwunden und das Leben unterstützt wird.

Mit der Wiedergeburt ins Sonnenlicht der Bewußtheit kommt auch der Humor. „Die ganze Welt ist eine Bühne...", stellt sich als Wahrheit heraus, und ganz sicher haben wir alle unsere Rollen, ein „Vehikel", in dem sich das tiefe wahre Selbst enthüllt. Im „Motherpeace"-Bild der Sonne ist das Leben ein Zirkus, und alle befinden sich in der Arena. Schwarze und Weiße berühren sich, Gemeinschaft entsteht, ein Gleichgewicht der offenen, freien Form wird in freudiger Gemeinschaft erlebt.

Im kabbalistischen Lebensbaum verkörpert die Zahl Sechs die Sonne. Auch in der Sonnenkarte finden sich Sechsen: angefangen bei den drei Leuten im Vordergrund, dann zwei in der zweiten Reihe und eine andere dahinter, was sechs ergibt und ein vollkommenes Dreieck der Harmonie. Es gibt drei Tiere und drei Ballons. Die Sonne selbst strahlt wie die Scheibe im Mittelpunkt des Tipareth auf dem Lebensbaum.

Die Tiere spielen aus freiem Instinkt — spontan und unbewußt. Das Spiel freier Menschenwesen — jene, die nicht durch niedere Bedürfnisse des Individuums eingeengt sind, sondern sich vielmehr der größeren Bedeutung des Lebens geöffnet haben — nimmt die Spontaneität und Ausgelassenheit der Tiere wieder auf. Während schamanistischer Reisen gewonnene Tier-Verbündete helfen dem Menschen, freier und natürlicher zu werden. Den Tier-Geist zu tanzen löst Spannungen und öffnet das Herz. Zu verstehen, daß das Göttliche genau hier und jetzt in uns liegt — in allem und allen — ist ungeheuer befreiend. Das ist die Philosophie der „Immanenz" oder spirituellen Verkörperung der Göttin.

Unter den vielen hunderttausend nationalen Gottheiten Japans nimmt die Sonnengöttin Amaterasu eine bedeutende Stelle ein: Die kaiserliche Familie führt ihre Abstammung auf sie zurück. Die bekannteste Episode über Amaterasu handelt von dem Tag, da sie mit ihrem Bruder, dem Gott des Sturms, kämpfte. Voller Zorn zog sie sich in eine Höhle zurück, woraufhin die Erde sich verdunkelte und unbewohnbar wurde. Nur die Göttin der Heiterkeit konnte sie durch Tanzen und obszöne Lieder verführen. Auch habe sie, so geht die Sage, ihre Röcke dabei gehoben und ihre weiblichen Geschlechtsteile enthüllt. Amaterasu fand das spaßig und kam lachend heraus. Inzwischen hatten aber die anderen Gottheiten einen Spiegel in einen Baum gehängt, und Amaterasu sah sich selbst zum erstenmal darin. Geblendet von der eigenen Schönheit kam sie aus der Höhle und schien wieder. Diese Wiedergeburt der Hauptgöttin spiegelt sich in der glücksstrahlenden Sonnenkarte im Tarot.

Auch die australischen Ureinwohner halten die Sonne für eine Frau und die erste Erschafferin des Lebens auf Erden. Die meisten Kulturen, die die Sonne weiblich sehen, halten den Mond für männlich — im Gegensatz zu vielen westlichen Traditionen. (Das folgende betrifft die englische und die romanischen Sprachen, nicht aber die deutsche, da es bei uns ja auch *die* Sonne und *der* Mond heißt. Anm. d. Übers.) In der westlichen Kultur sind wir an die männliche Sonne und den weiblichen Mond gewöhnt. Es ist eine ziemlich alte Tradition, die sich in Kulten der Göttin im Mittelmeerraum, auf den Britischen Inseln und in anderen nordeuropäischen Zivilisationen zeigt. Im Westen kam die männliche Sonne als Sohn der Großen Mutter — war ihr Kind und wurde dann als Erwachsener ihr Gefährte oder Liebhaber. Die Große Mutter gebar die Sonne als ihr männliches Gegenstück, das sie zuvor in sich trug. Seine jährliche Geburt und sein Tod wurden in den Agrarischen Mysterien der Frühzeit begangen, oft durch die Geburt des Samens symbolisiert und später durch die Maisernte oder das Einbringen des Getreides. Die Zeiten der Geburt und des Todes der Sonne sind die Sonnenwenden – ungefähr am 21. Juni und am 21. Dezember. Es ist der jeweils längste und kürzeste Tag des Sonnenjahres.

Spätere patriarchale Sonnengötter usurpierten die Rolle der Mutter als Schöpferin und Erzeugerin der Lebenskraft. Damit einher gingen die Vorurteile, daß hell über dunkel siege, weiß über schwarz und natürlich männlich über weiblich. Sonnenkalender ersetzten die des Monds. Sonnensymbole kamen auf wie Axt, Schwert und der „Sonnenwagen". Das Kriegerbewußtsein entstand. Eines der frühesten Opfer war das matriarchale Bewußtsein von männlich und weiblich, die alle im Einen enthalten sind. Eine Rückkehr dieses Bewußtseins ist ein Ziel im Yoga wie auch in anderen spirituellen Disziplinen des Heilens und spirituellen Wachstums.

Im „Motherpeace"-Bild fliegt ein Schmetterling vor der Sonne. Als archetypisches Symbol der Wiedergeburt ist der Schmetterling eines der entzückendsten und wunderbarsten Geschöpfe der Natur: Aus der Verpuppung entfaltet er sich zum Licht. Durch bewußte Transformation und Wiedergeburt können wir das Wunder des Schmetterlings an uns selbst erfahren. Wir können aus unserer Puppe herauskrabbeln, die Flügel entfalten und in den Himmel entgleiten – total verändert. Im Neuen Zeitalter hat die Menschenrasse als kollektiver Organismus die Chance, in ähnlicher Weise sich zu wandeln.

*

Taucht die Sonne in deinem Blatt auf, kannst du dich entspannen und freuen – es wird ein guter Tag, eine gute Woche, ein gutes Jahr werden. Wahrscheinlich bist du aufgeschlossen und voller Freude: Deine Sonne strahlt. Feiere! In gewisser Weise bist du aus dem Dunkel hervorgetreten, aus der Einsamkeit oder Trauer, und fühlst jetzt die Erneuerung von Energie und Freundschaft. Das Leben scheint sich zu öffnen und dir neue Möglichkeiten zu bieten. Du fühlst dich als Teil eines größeren Ganzen als dein individuelles Leben, und auch deine Individualität ist befreit.

Dies bringt Vertrauen mit sich und die Fähigkeit, sich in die Welt zu stellen. Die Sonne – eine erhöhte Version von Löwe, festes Feuerzeichen –, läßt die persönliche Kraft erstrahlen, weil du deinen Platz im Universum kennst. Sag, was du siehst, und drücke dich und dein Selbst aus. Die andern werden zuhören, und du wirst ein klares Licht der Führung vorgeben. Das müßte eine sehr kreative Zeit für dich wie auch für die Leute in deiner Umgebung sein.

Laß deine Gedanken wachsen und gedeihen, dramatisiere sie in irgendeiner Form, laß deine wahren Farben scheinen. Es kann an der Zeit sein, zu singen oder zu tanzen. Das strahlend gelbe Licht aus dem Sonnenbild segnet dich mit positiver geistiger Energie, die andere befeuert und Handlungen vorantreibt, Möglichkeiten aktiviert.

Wegen der ausgleichenden Polaritäten im Selbst, das die Sonne repräsentiert, können verschiedene Bedeutungen für verschiedene Menschen darin gesehen werden. Wenn du beispielsweise als Mann diese Karte ziehst, erfährst du vielleicht, wie sich die spielerische Seite deines Selbst öffnet und die warme Energie der Liebe sich in neuen Formen ausdrückt. Dein Herz öffnet sich, und du spürst die heilende Hitze der Göttin. Zweifellos bedeutet dies Entspannung von den üblichen Kontrollmechanismen sowie „Leistungsängsten". Ein ruhiges Selbstverständnis, das ohne Selbstbeweis oder Vordrängen auskommt, verwirklicht sich.

Wenn du aber eine Frau bisr, die diese Karte bekommt, kannst du vielleicht dein inneres männliches Selbst in einer neuen Form erfahren — dein starker positiver „animus" kann heraustreten. Es kann eine Zeit werden, in der du den wahrhaftigen Ausdruck der Macht deines Ichs zum erstenmal wirklich erfährst. Du zeigst deine Führungsqualitäten und wirkst in der Welt.

Sonnenbewußtsein ist nicht die Herrschaft des Sonnenkönigs oder die Macht der Schlachtaxt. Das sind Fehlinterpretationen der Vergangenheit. Für uns verkörpert die Sonne das Bewußtsein des Neuen Zeitalters, „Herrschaft" des Herzens, das Hervortreten der zentralen, spirituellen Sonne. Wie auch immer sich das zentrale liebende Selbst aus dir entfaltet — freu dich. Ein offenes Herz ebnet den Weg zum Frieden und in eine Welt, die durch Freude und Harmonie verbunden ist. Sonnenbewußtsein kann der erste Schritt zum Niederlegen der Waffen sein, um sich die Hände in einem großen globalen Heilkreis zu reichen. Atomkriege und weltweite Umweltverschmutzung betreffen uns alle. Wenn eine Person hungert, schmerzt es mich und dich. Frag nicht, für wen die Sonne scheint: Sie scheint auf uns alle.

22

DAS GERICHT
DIE ERDE HEILEN

Das Gericht repräsentiert Gaias, der Mutter des Lebens Wiederkehr zur Erde. Das Äon, wie Crowley diese Karte im Tarot nennt, ist ein Symbol für den Zyklus der Wiederkehr, die Zeit des Heilens und planetarischer Erneuerung. Esoterische Geheimlehren sprechen von dieser Rückkehr als „dem weiblichen Strahl, der sich wieder manifestiert". Feministinnen und Heiden sehen darin die Rückkehr der Göttin. Andere glauben an die Ankunft des Messias oder eine Erneuerung des Christus-Bewußtseins. In der Gnostik ist das weibliche Äon der „Große Manifestierte Gedanke". Darin liegt die Macht des Gruppengeistes, Böses durch Gutes zu überwinden. All diese Beschreibungen tragen eine ähnliche Botschaft: Die Lebenskraft, im „Motherpeace"-Bild durch das ägyptische ankh-Symbol dargestellt, wird wieder auf die Erde und ihre Kinder scheinen. Eine große Heilkraft, stärker als jede einzelne von uns, wird zur Verfügung stehen.

Werden wir etwas damit anfangen können? Friede ist unser wichtigstes Ziel, denn ohne diesen können wir im Zeitalter der Holocaust-Waffen nicht länger auf den Fortbestand unserer Spezies Mensch zählen. Zugleich mit den technischen Verhandlungen über Waffenkontrolle und Konfliktlösungsmöglichkeiten brauchen die Menschen der Erde Zugang zur heilenden Energie. Im „Motherpeace"-Bild des Gerichts stellt das alte ankh-Symbol auch das Symbol der Venus, Göttin der Liebe, dar. Der Kreis des Geistes balanciert auf dem Kreuz der vier Elemente der Erde, und ein Regenbogen des Friedens strömt aus dem Diamantenzentrum des Herzens.

Wird das Menschenbewußtsein zum Herzen gezogen, betreten wir einen anderen Bewußtseinszustand, der heilt und außergewöhnliche Kraft entfaltet. Dieses heilende Licht wird uns nun allen zugänglich, wie sich beispielsweise in der Arbeit von Elisabeth Kübler-Ross zeigt, die sterbenden Menschen den Kontakt mit ihrem Geist ermöglicht. Es wird deutlich an Helen Caldicott, der Kinderärztin, die sich öffentlich gegen den Atomwaffenwettbewerb wendet;

Siehe Abbildung auf Farbtafel 7.

an Joan Baez, die aus vollem Herzen singt und die Tradition des gewaltlosen Widerstands stärkt; an Mutter Teresa, die den Welthunger zu beenden trachtet und sich um hungernde und kranke Kinder kümmert.

Überall und jedesmal wenn Menschen aus vollem Herzen sprechen und handeln, um gegen die Zerstörung der Welt und für Frieden einzutreten, wird das Gericht empfunden. Diese Karte repräsentiert Boddhisattva-Energien, Mitgefühl und Verzeihung der Isis (Kapitel 14), Kuan Yin (Kapitel 14) und Tara (Kapitel 13 und 19). Ein buddhistischer Boddhisattva ist jede Person, die, obgleich sie die Erleuchtung oder einen Zustand wahren Verständnisses erreicht hat, sich der Arbeit an den Menschen widmet, damit diese die gleiche Freiheit erlangen. Wie können wir frei sein, solange ein Teil der Menschheit noch immer in Ketten ist oder durch negative Kräfte gebunden? Das ist die Weltanschauung der Kulturen der Göttin aus alter Zeit — ein tiefer Glaube, daß die ganze Weltgemeinschaft verbunden ist, daß das Schicksal einer Person untrennbar mit den Schicksalen aller anderen verbunden ist.

In der Tarot-Tradition repräsentiert die Karte des Gerichts den „Tag des Jüngsten Gerichts", da die Seelen der Toten ihrem Schöpfer gegenübertreten und beurteilt werden. In der christlichen Tradition gehört zu dieser Szene die Bestrafung für die Bösen und himmlische Belohnung für die Guten. Im „Motherpeace"-Bild jedoch zeigt das Gericht einen viel liebevolleren allumfassenden „Augenblick der Wahrheit", da das Herz vergebend die Person betrachtet, so wie die Göttin verzeihend zur Erde und Menschheit blickt, trotz unserer „Bösartigkeit". Sobald wir uns wirklich gesehen haben und uns selbst vergeben, liebevoll die eigene Person akzeptieren samt dem Ego und all den individuellen menschlichen Charakterschwächen, wird uns die Integration sofort in die Sphäre göttlicher Gegenwart heben.

Können wir uns selbst klar und akzeptierend sehen, werden wir auch die anderen so sehen können: ohne Kritik und mit vollem Verständnis für wahrhaftes Menschsein. Dieses Akzeptieren versteht menschliche Schönheit und ist kein Anklagen der Unvollkommenheit, personifiziert wird es durch Sophia oder göttliche Weisheit, auch Helena bei den Griechen genannt. Wie Sally Gearhart in ihrer Pionierleistung der Neuinterpretation eines populären, traditionellen Tarot-Decks schreibt, weist die Karte des Gerichts auf göttliches Verstehen jenseits des „Rechtens" hin. Kleinliche Kritik an Vergangenheit entfällt, „Sünden" werden gesehen und losgelassen und der Engel der Barmherzigkeit steigt wie eine Taube ins Herz und bringt den Frieden, „der jedes Verstehen übersteigt".

Ziel der Initiierten in der tibetischen Meditation ist die Errichtung eines Lichtkörpers, Vajra oder auch Diamantkörper genannt. Dieser Diamantkörper repräsentiert das Herz und den neuen, gereinigten Energiekörper, der durch Meditation, Yoga und das Kanalisieren kosmischer Heilenergie entsteht. Alte negative Verhaltens- und Gedankenmuster, die die Seele in der Vergangenheit

„angeschwärzt" haben, werden durch kraftvolles weißes Licht erhellt; Illusionen (oder nach Bailey „Verblendung") werden weggewaschen, und das menschliche Bewußtsein wird „emporgehoben" und „verfeinert", bis die Liebe zur stärksten Kraft wird und das „Böse" besiegt. Im „Motherpeace"-Bild geschieht eine ähnliche Transformation zwischen der Sonne (Kapitel 21) und dem Gericht. In der Sonne haben die göttlichen Strahlen des spirituellen Zentrums die Person erleuchtet, doch bleibt die Person führend. In der Karte des Gerichts zieht sich das Individuum ins Regenbogenlicht des zentralen Selbst zurück.

Im gegenwärtigen buddhistischen Gedankengut kann damit auch ein Verlassen des Körpers oder des Planeten gemeint sein; im „Motherpeace"-Bild ist die Realisierung der göttlichen Gegenwart eingeschlossen: eine bewußte Rückkehr zur Gegenwart der Mutter und eine Erneuerung der friedlichen Kulturen, die einst der Menschheit so vertraut waren. Eine Rückkehr zu dieser integralen ganzheitlichen Welt der Göttin bedeutet keine Trennung mehr zwischen spirituell und materiell. Statt uns anzustrengen, um von Begierde und Sexualität frei zu werden, sollten wir lieber diese unheilige Verbindung von Gewalt und Sexualität auflösen und die natürliche Heiligkeit dieses Vergnügens als Verkörperung der Göttin wiederherstellen.

Die Vermutung, daß das Böse irgendwie in Mutter Erde verwurzelt sei, ist eine gefährliche Illusion. Das Böse existiert im Universum und manifestiert sich in der Abtrennung der Menschenseele von der Welt des natürlichen Lebens und des universellen Gesetzes. Die westlichen Utopisten, die auf die Landung außerirdischer Raumschiffe warten, die die „Guten" vom Planeten weg zu einem „besseren" Ort bringen, scheinen den uralten Fehler der östlichen Gurus zu wiederholen, die den Körper (Planeten) auf spirituelle Weise verlassen wollen. Woher rührt dieser ständige Drang wegzurennen? Worin liegt der Nutzen, dem Atomwaffenwettbewerb auf Erden in irgendwelchen gebrechlichen Raumkolonien zu entfliehen? In jeder Umgebung wird die Verneinung des Geists ins Verderben führen, auch wenn die Technik unterschiedlich sein mag.

Unsere alten höhlenmalenden Ahninnen und Ahnen verstanden das heilige Ziel, den Pfad menschlicher Bewußtheit als Verbindung zwischen biologischer Entwicklung und Geist. Tarot im allgemeinen und die Karte des Gerichts im besonderen betonen die Rückkehr dieses Bewußtseins — des Verständnisses von Ursache und Wirkung sowie das Mitgefühl und die göttliche Ordnung, die mit einem solchen Verstehen einhergehen.

Als fortgeschrittene Karte der Waage und regiert von Venus verspricht das Gericht einen kosmischen Ausgleich der Erdkräfte.

Trotz der Idee eines „weiblichen Strahls" vernachlässigen viele esoterische Schriften und Lehren, sich mit dem kosmischen Ausgleich durch wirkliche Frauen zu befassen oder zu sagen, welche Rollen wir in der Wiederkehr des weiblichen Prinzips zu spielen haben. Wenn besonders weibliche Energien sich auf einer derart hohen und schwingenden Ebene manifestieren, was bedeutet es dann in dieser Zeit, in einem Frauenkörper inkarniert zu sein? Meiner Ansicht nach weist es auf weibliche Führung in be-greifbaren Formen hin, eine Herausforderung an alte Strukturen und Philosophien, die fast vollständig männerbeherrscht und -bestimmt sind. Die Karte des Gerichts verspricht die Wiederkehr der Hohenpriesterin (Kapitel 4).

Die Wiederkehr der Göttin beinhaltet zugleich eine Rückkehr ihrer vielen Priesterinnen — mächtige Überträgerinnen der Energie des „weiblichen Strahls". Auf der ganzen Welt können Frauen diese Kraft „anzapfen" und manifestieren die Göttin in ihrer Arbeit und in ihrem Alltag. Männer, die diese Energie respektieren und darauf reagieren, spüren ebenso diese weibliche Kraft, die sie an ihre Sanftheit und Sensibilität heranführt — etwas, das viele Männer heutzutage noch nicht erkennen.

„Motherpeace" bedeutet wörtlich Friede der Mutter. Jene, die sich ihrem Einfluß öffnen, werden geheilt, Begrenzungen aus der Vergangenheit werden durch ihre regenerierende Kraft aufgelöst. Wer aber diese Energie bekämpft, wird ihre beinahe überwältigende Kraft in der Zerstörung alter Formen spüren. Dann wird die Göttin in ihrem zerstörenden Aspekt erfahren. Die dem Negativen verhafteten Teile werden bedroht und schließlich zerstört. Wie beim Tod (Kapitel 15) muß das Bewußtsein sich auf die „neue Haut" konzentrieren, wie die Heilerin Patricia Sun meint, und nicht auf das, was in der Veränderung abgeschüttelt wird. Sich auf die sterbende Vergangenheit auf Kosten der Befreiung zu konzentrieren, behindert das durch das Gericht eröffnete Wachstum.

Um uns zu verändern, müssen wir uns der Intuition und der heilenden Botschaft aus der Biosphäre öffnen — Wissen aus dem Gruppengeist, Gaia — und der Führung von Mutter Erde überlassen. Sich an alte Verhaltensmuster zu klammern, kann die Auslöschung bedeuten; Geld oder Besitz höher zu schätzen als menschliche Beziehungen wäre genau das Falsche. Nach und nach nähert sich das Zeitalter des Individualismus seinem Ende.

*

Taucht das Gericht in deinem Blatt auf, kannst du sicher sein, daß eine wichtige Entscheidung bereits von deinem „höheren Selbst" oder deiner „Überseele" getroffen wurde. Bewußt bist du dir wahrscheinlich noch nicht im klaren darüber, was genau passiert ist — aber es ist etwas geschehen, das deine Wirklichkeit zum Guten hin verändert. In irgendeiner Weise bist du emporgehoben worden — aus der Vergangenheit in eine wundervolle Zukunft geschleudert. Ärgerlich bist du nicht, schimpfst auch nicht auf andere, sondern übernimmst die Verantwortung für eigene Entscheidungen sowie für eine neue

Weise, die Wirklichkeit zu betrachten. Du fällst weise Urteile.

Du befindest dich in einem neuen Raum globaler Visionen und göttlichen Verstehens. In gewisser Weise zapfst du allerhöchste Energien an, die du in Ausgeglichenheit und Vorsicht benutzt. Ein deinem Herzen entstammendes einfühlsames Verstehen entkleidet dich alter negativer Muster, die dich zurückhielten. Diese Sympathie erfahren ebenso alle anderen in deiner Umgebung. Du beurteilst die Menschen nicht mehr von einem engen kritischen Standpunkt aus, der Vor- und Nachteile abwägt. Du siehst sie nun mit tiefem Verständnis und einer klaren Vision — du erkennst ihre Schwächen und Launen wie auch ihre Göttlichkeit, und du akzeptierst das ganze Paket — wie dich selbst.

Das Gericht verdeutlicht das Ende des Leids und den Beginn der spirituellen Auferstehung. Jetzt sollten vergangene Fehler vergeben werden. Wenn du mit jemandem ehrlich sein solltest — sei es jetzt. Gibt es unverheilte Wunden zwischen dir und anderen — heile sie jetzt. Laß Negativmuster sich im Regenbogen heiliger Magie aus dem Herzen der Göttin auflösen. Wisse, daß die positiven Kräfte des Universums jetzt durch dich wirken und es keine Niederlage geben kann — so wie Susan B. Anthony einmal sagte ,,Versagen ist unmöglich.''

Das Gericht ist die Karte des göttlichen Heilens — des absolut transzendenten und unverhafteten Kanals, durch den die höchste Kraft des Universums fließt. Du hast die Möglichkeit, diese Energien jetzt zu manifestieren. Wenn du dies tust, werden sie langfristige Wirkungen auf dein Leben zeigen. Du magst vielleicht auf deine Weise an der Vision des Neuen Zeitalters mitarbeiten. Laß die Visionen durch dich hindurchfließen und sich so manifestieren, daß auch die anderen sie erkennen können. Teile deine Vision.

23

DIE WELT
DEN KREIS BILDEN

Im Bild der Welt sehen wir „Motherpeace" selbst — die Große Mutter mit ihrer Fackel und dem Tamburin. Sie tanzt den ältesten Tanz. Die Menschen der Welt schließen einen Energiekreis um sie, so wie die Blumen als Willkommensgruß in einer Girlande zusammengebunden sind. Ekstatisch im Kreis tanzend repräsentiert die Große Mutter das, was Arthur Avalon „die Verbindung der ruhigen und aktiven Prinzipien des Bewußtseins" nennt. Bei von Franz ist es die „magische Vereinigung der individuellen Psyche mit dem gesamten Kosmos". Im Sexuellen ist sie die Göttliche Androgyne, die weibliche und männliche Energien integriert. Im Yoga und anderen Formen der Meditation symbolisiert sie die Befreiung des Bewußtseins, das nicht aus Glückseligkeit *besteht*, sondern Glückseligkeit *ist*.

Im Kreis der Ewigkeit geht der Tanz des Bewußtseins ununterbrochen weiter. Wenn Taoisten von Intuition und Ekstase sprechen, beschreiben sie die „weite Kraft des Tao im mittleren Raum als unvergänglich". Für sie kommt diese Macht aus der „mysteriösen Mutter aller Wesen". In ihrem Kommen und Gehen läßt sie Himmel und Erde entstehen. „So handelnd wird sie niemals müde." Die Göttin Verehrende wie indische Tantriker finden „immateriellen Geist genauso undenkbar wie geistlose Materie". Kosmisches Bewußtsein wird erreicht, wenn man den Geist des Himmels und die Materie der Erde als Eins erkennt.

Das indische Verständnis des universellen Gesetzes gründet sich auf die Große Mutter, so wie bei den alten Kulturen Ägyptens und Sumers. Ihre Schöpfung ist Ursache und Folge aller Existenz. Sie ist sowohl Sein (unveränderliches Bewußtsein oder „Cit") wie auch Aktivität (unendliche Erschaffung der wechselnden Formen oder „Maya"). Indem jede Handlung bewußt als heiliger Akt gestaltet wird, können wir uns der Welt erfreuen und gleichzeitig von allen Welten befreit sein. „Sieht man die Mutter in allen Dingen, wird sie als diejenige erkannt, die jenseits von allem steht."

Lassen wir uns auf das in dem Bild der Welt enthaltene Bewußtsein ein, verstehen wir, daß „alles, was existiert, hier ist". Wie Avalon sagt: „Man muß die

Die Welt (XXI)

Augen danach nicht auf den Himmel richten." Eine Zeile im Visvasara-Tantra besagt: „Was hier ist, ist dort; was nicht hier ist, ist nirgendwo."

„Maya" bedeutet „Illusion" und wird häufig als Verächtlichmachung der gesamten Existenz ausgelegt (was von den meisten für Wirklichkeit angesehen wird). Tantra und westliche Hexenkunst sehen die weltliche Existenz als eine Form des „Göttlichen und Wirklichen", die andere göttliche Wirklichkeit ist „formlos und unmanifestiert". Die Mutter repräsentiert sowohl den Geist als auch die Natur. „In sich selbst ist sie keine Person", sagt Avalon, „doch personalisiert sie sich immer und beständig, nimmt die verschiedenen Masken (Persona) an, die unterschiedliche Gestalten der Geist-Materie sind".

Im „Motherpeace"-Bild ist sie als das Selbst im Zentrum der „Selbste" abgebildet, die den äußeren Ring des Kreises darstellen, Bewußtsein innerhalb des vielfältigen Selbst.

Die Welt ist das „sich verhüllende Bewußtsein" oder Maya-Shakti, der Formen wie Kleider annehmende Geist. So ist sie ein Symbol des Yoga-Ziels insofern, als sie alle „Vehikel" beherrscht — vom physischen Körper zum höchsten Geistkörper —, indem ihr Bewußtsein die physische Ebene verlassen kann und überall nach eigenem Willen existiert.

Zeitlich gesehen, ist die „kosmische Tänzerin" das Selbstwesen, das durch Reinkarnation beständig wieder Gestalt annimmt, indem die Seele sich in verschiedenen Körpern während unterschiedlicher Leben verkörpert. Da die Gehirnhälften die entgegengesetzten Hälften des Gehirns regieren, symbolisiert das Feuer in ihrer rechten Hand das aktive Bewußtsein der linken Gehirnhälfte, die den Weg weist; das Musikinstrument in ihrer linken Hand weist auf den eher schöpferischen, unbewußten Aspekt der rechten Gehirnhälfte hin. Beide gleicht sie aus und benutzt sie entsprechend. Nach Hall sind diese Wesen, die zwischen den zwei Welten des Traum- und des Wachbewußtseins hin und her wandeln, als ob es keine Grenzen gäbe, „Dichtende, Künstler/innen, Musen, Gerüchte, Bienen, Elfen, Feen und Kinder".

Der Ring des Lebens um die tanzende Figur in der Mitte repräsentiert auch den *coven* oder magischen Kreis der Gemeinde der Mutter. Im Mittelpunkt befindet sich die Hohepriesterin, die für die Gruppe die Energie kanalisiert. Starhawk spricht von einem „feinen Strom der Kräfte, der die Wirklichkeit formt". Im „Hexenkult" erklärt Starhawk den „ökologischen Kreis" (die Interdependenz aller lebenden Organismen); den „Kreis des Selbst" (Ort der „Reise nach innen, ein persönliches Streben nach Einsicht, ein Prozeß der Selbstheilung und der Selbsterkenntnis") und den Kreis der Gemeinschaft. Im Tanz des *co-*

ven wie im Zyklus der „Motherpeace"-Bilder tönen durch jede „Handlung, die wir ausführen, jedes Werkzeug, das wir benutzen, jede Kraft, die wir anrufen, verschiedene Bedeutungsschichten, die einen Aspekt unseres Selbst wecken sollen". Was draußen geschieht, muß nach innen genommen werden. „Die äußeren Formen sind eine Hülle für die inneren Visualisierungen, so daß der Kreis sich zu einem lebendigen Mandala schließt, in dem wir alle zentriert sind."

Die Welt repräsentiert Glückseligkeit, das Erwachen der *kundalini*-Energie zu höheren Zentren im Körper. Die Verbindung von Körper und Geist, die dann stattfindet, wächst zu einer ekstatischen Macht. *Samadhi* (Zustand höchster Vollkommenheit/Glückseligkeit) kann entweder durch geistige oder körperliche Übungen erlangt werden. Tantriker glauben, daß die im Liebesakt emporgezogene Energie zu einer vollkommeneren Einheit führt, als sie je mit geistigen Methoden zu erreichen wäre. In jedem Fall verliert sich dabei das Körpergefühl. Im *kundalini*-Yoga wird der Körper (Shakti) aktiv mit der ruhenden Kraft (Shiva) verbunden, wobei eine Freude erfahren werden kann, die durch die geistige Form nicht so leicht erreicht wird. Diese uralten Methoden der Vereinigung von Körper und Geist wurden von Priesterinnen der Göttin in den Hainen und Tempeln früher matriarchaler Kulturen ausgeübt.

Ohne Verhaftetsein läßt die Figur im Bild der Welt die Vergangenheit los und tanzt ekstatisch in die Zukunft, in den offenen Raum und nach eigenem Rhythmus in einem Kreis der Unterstützung. Wie die in Kapitel 5 beschriebene Herrscherin bietet sie das Geschenk der matriarchalen Welt: Frieden und die Freudenfeier des Lebens. Von der Welt lernen wir, daß der Körper göttlich ist, ein Tempel zur Erfahrung der spirituellen Wahrheit. Die Erde ist göttlich, der Körper der Mutter und das Reich ihrer Kinder. „Die Göttin beherrscht nicht die Welt. Sie ist die Welt", sagt Starhawk in einem wunderbaren Satz. Früher wurde der Körper der Mutter in sehr physischer Weise verehrt, wie dies in „primitiven" Kulturen noch heute geschieht. Eines der größten und bekanntesten Heiligtümer der Großen Göttin findet sich in Silbury Hill in Großbritannien, doch sind ähnliche Orte auf der ganzen Welt zu finden, in vielerlei schönen Ausgestaltungen. Michael Dames meint, daß in der „Frühgeschichte das Land nicht ,es', sondern ,sie' war".

Die Girlande, durch die „Motherpeace" tanzt, besteht aus Peyoteknospen und Blüten. Mit Hilfe magischer Substanzen, die sie in ritualisierten Zeremonien benutzt, durchbricht sie das gewöhnliche Bewußtsein und erreicht eine andere Ebene. Die Urvölker Amerikas nutzten die Peyote-Scheibe als Schlüssel zu Welten jenseits des Gewöhnlichen, als heiliges Transportmittel für eine Reise durch Raum und Zeit. Im „Motherpeace"-Bild braucht die Tänzerin keine Peyote mehr, sie wird schon „entrückt", einfach durch Sein. Sie hat die Meisterung der Geist-Welt erlangt. Sie gelangt ohne Chemie in den heiligen Raum. Der einfache Atem des Lebens genügt ihr zur Befreiung.

Östliche Disziplinen lehren die Atomkontrolle als Teil heiliger Praktiken, die zur Befreiung führen. Die Welt repräsentiert die Einatmung und Ausatmung in rhythmischem Takt. Die Stufen der Erfüllung im Yoga sind zunächst das Schwitzen, dann Zittern, und schließlich folgt die Levitation. Die Welt zeigt dieses letzte Stadium der Levitation, wie auch die höchste Vollkommenheit des Atemanhaltens.

Das lebensprühende Türkis des Hintergrunds repräsentiert die Welt des Herzens und die Vereinigung der Gegensätze im Raum. Sie ist Lieblingsfarbe der Ureinwohner Amerikas und auch in der Kunst Kretas sowie den Wandmalereien Pompejis zu finden. Sie bedeutet „Äther" oder den offenen Raum — Archetypus des Weiblichen — und das Loslassen der Sicherheit der physischen Ebene.

Im Menschenkreis um die zentrale „Motherpeace"-Figur findet sich die Einheit der verschiedenen Rassen als Symbol wahrer Gleichberechtigung sowie des Austauschs zwischen den Völkern. Wir bewohnen alle diesen Planeten, atmen die gleiche Luft. In einer der Übungen Starhawks heißt es: „Und spürt euren Atem, während er das Zentrum des Kreises erreicht… während wir atmen… wie ein Körper… einen Atem atmen… einatmen… ausatmen… ein einziger Kreis werden… mit jedem Atemzug… eins werden…"

*

Taucht die Welt in deinem Blatt auf, heißt es, daß du in gewisser Weise die drei Ebenen von Geist, Körper und Gefühlen gemeistert hast. Du kennst dich selbst so, daß du dich bei dir selbst zu Hause fühlst. Wie hast du dieses Wissen erlangt? Der Wagen (Kapitel 9) stand für einen Sieg auf der physischen Ebene, in der Welt. Die Ausgewogenheit (Kapitel 16) wies auf eine Meisterung der Gefühle und Energien hin, so daß diese nicht länger dich beherrschten, sondern du ausgeglichen warst. Mit der Welt hast du nun ein noch größeres Gleichgewicht sowie die Integration erreicht — ein Ereignis in der spirituellen Welt, daß die beiden anderen Bereiche transzendiert. Du scheinst von einem zentralen Selbstbewußtsein geleitet, deinem inneren „wirklichen" Selbst, daß sich durch alle Vehikel deines Lebens äußert. Du kennst all deine Persönlichkeitsanteile — und nutzt sie zum Ausdruck deines wahren Selbst in der Welt.

Du hast eine Arbeit vollendet, das Ende einer Phase erreicht und den erweiterten Beginn einer neuen. Mag sein, daß du nicht genau weißt, was die Veränderung bedeutet, doch bringt sie auf jeden Fall Wachstum mit sich. Statt eines Gefühls, daß etwas zu Ende geht, spürst du wahrscheinlich eher den Neuanfang. Die ganze Welt öffnet sich vor dir — du hast alle Möglichkeiten, und du fühlst dich stark genug, alles zu umarmen, was mit dem neuen Start des Wegs kommt. Als Närrin (Kapitel 2) hast du dich bereits schon einmal so gefühlt, doch warst du damals unbewußt und kanntest dich selbst noch nicht. Jetzt hast du Erfahrung und Bewußtsein und erkennst, daß die Närrin recht hatte, und es bleiben Offenheit und reiner Impuls.

Die Karte der Welt repräsentiert Transzendenz, daher kann die Erfahrung schwer durch Worte eingefangen werden — du fühlst dich emporgehoben, als tanze dein Geist. Du kannst große und wichtige Einsichten gewinnen, die Weisheit der Welt erlangen und bist doch unfähig, sie in Worte zu kleiden. Die Erfahrung kosmischen Bewußtseins war schon immer schwer mit rationalem Vokabular zu erfassen — darin stimmen alle Weisen und Yogis der Welt überein. Das überwiegende Gefühl kann paradox sein und womöglich lachst und weinst du vor Freude. Du weißt, daß du einzigartig bist und doch genauso wie die anderen.

Dein neues Weltverständnis erlaubt dir, aus der Zeit „herauszutreten" und dich selbst als Geist mit Äonen der Erfahrung zu erleben. Du fühlst dich merkwürdig unberührt durch menschliche Probleme, wenngleich du kompetent die persönlichen Aufgaben deines Lebens meisterst. Dein Verständnis des Wirklichen hilft dir im Umgang mit dem, was hier und jetzt auf der physischen Ebene geschieht - du hast den Überblick und kannst dich daher erfolgreich auf die Details stürzen. Nichts kann dich überwältigen, da du nur ein Sandkorn im Universalplan bist. Doch gleichzeitig erkennst du deine einzigartige Individualität. Du bist deshalb wirklich bereit, mit anderen an der Lösung der Weltprobleme zu arbeiten.

TEIL ZWEI
DIE KLEINEN ARKANA

24

EINFÜHRUNG
DIE DRAMEN DES ALLTAGS

Nachdem wir den gesamten Zyklus der großen Arkana, die zweiundzwanzig Karten von der Närrin bis zur Welt, mit ihren kosmischen Themen durchlaufen haben, wenden wir uns jetzt den vertrauteren Dramen des Alltagslebens zu. Die großen Arkana versinnbildlichen gewaltige Kräfte, die normalerweise jenseits unseres Erfahrungshorizonts liegen, die kleinen Arkana hingegen befassen sich mit Ereignissen im Mikrokosmos, jener begrenzten Welt, in der wir gewöhnlich leben. Und obgleich diese Ereignisse auch flüchtige und wechselnde Phänomene wie Gedanken, Gefühle und Körperempfindungen umfassen, sind sie für unsere Persönlichkeit ebenso wichtig, wie es die kosmische Reise für unsere Seele ist. Sie bilden den Stoff jener greifbaren Welt, an der wir alle teilhaben.

In den Kapiteln über die großen Arkana konzentrierte ich mich auf die Seele und ihre Entwicklung durch kosmische oder evolutionäre Phasen hindurch und verwies auf Einflüsse der Umwelt oder Planeten und mythischen Archetypen, auf die der Mensch möglicherweise reagiert. Der zweite Teil jedes dieser zweiundzwanzig Kapitel begann mit den Worten: „Wenn diese Karte in deinem Blatt erscheint..." Damit wollte ich eine Pause in der theoretischen oder mythologischen Diskussion und den Beginn eines persönlichen Bezugs markieren.

In den folgenden Kapiteln über die Zahlenkarten — As bis Zehn — ist diese Unterteilung unnötig, da hier *alles* die persönliche Ebene betrifft. Lesende mögen zu den kleinen Arkana Zugang gewinnen, indem sie sich in das „Motherpeace"-Bild hineinversetzen, so als wären sie selbst die dort dargestellte Persönlichkeit oder als nähmen sie an der Handlung teil. In diesem Sinn ähnelt die Deutung der Karten der „Traumarbeit", bei der sich eine Person nacheinander mit allen Aspekten ihres Traumbildes identifiziert, um so umfassender zu begreifen, wie das Selbst ein Kollektiv verschiedener Stimmen bildet. In den „Persönlichkeits"-Karten — Tochter bis zur Schamanin — gewinnt die Mythologie wieder wie bei den großen Arkana an Bedeutung. Daher füge ich hier der grundsätzlichen Beschreibung eine gesonderte „Deutung" hinzu.

Als Vorläuferinnen unserer heutigen Spielkarten sind die kleinen Arkana in vier Farben unterteilt, die die vier Elemente symbolisieren: Feuer, Wasser, Luft und Erde. Was den Kartenspielern als Kreuz bekannt ist, waren im Tarot die Stäbe (Feuer). Herzen waren ursprünglich Kelche (Wasser), Pik die Schwerter (Luft), und Karo waren Scheiben oder „Pentakel" (Erde). Fast jede Kultur der Welt befaßt sich mit den vier Elementen, den Roh„materialien", die in allen biologischen Formen aufeinander wirken. Die Erde symbolisiert die physikalische Ebene und den Körper. Wasser repräsentiert das Unbewußte und die Gefühle. Feuer steht für die Energie der Lebenskraft, der Leidenschaft, die zum Handeln drängt. Luft versinnbildlicht die geistige Ebene mit ihren Gedanken und Ideen (zum Beispiel das, was wir hier vortragen).

Jede Tarotfarbe umfaßt zehn aufeinanderfolgende Karten mit Zahlenwerten und vier „Hof"- oder „Persönlichkeits"-Karten. Wie bei den modernen Spielkarten finden sich auch hier ein König und eine Königin (Dame), aber der Bube wird traditionellerweise als Page bezeichnet. Das Tarot verfügt über eine zusätzliche Hofkarte, den Ritter, der irgendwo bei der Entwicklung zur Spielkarte verlorenging. Im „Motherpeace"-Tarot wird der König europäischer Tradition zur Schamanin oder zum Schamanen, die Königin zur Priesterin, der Ritter zum Sohn und der Page zur Tochter. As und die Zahlenkarten bleiben dieselben und bewahren Bedeutungen, die sie schon immer im Tarot hatten, auch wenn sie sich mit neuen Bildern verbinden.

Im „Motherpeace"-Tarot arrangieren sich die Bilder der kleinen Arkana zu mehrfacher Bedeutung. Zum Beispiel stellen sie die menschliche Evolution von prähistorischer Zeit bis heute dar, eine Evolution, die Menschen verschiedenster Hautfarbe umfaßt; Frauen wie Männer; alte Menschen wie Kinder. Die Zahlenkarten jeder Farbe können in ihrer Abfolge auch als eine Geschichte über eine bestimmte Menschengruppe oder eine historische Periode gelesen werden. Die Persönlichkeitskarten — Töchter, Söhne, Priesterinnen, Schamaninnen und Schamanen — spiegeln Wachstum und Entwicklung durch die Phasen eines Menschenlebens wider wie auch die verschiedenen Manifestationen elementarer Energie. In den Kapiteln 25 bis 31 ist das ganze Material so zusammengefügt, daß es ein geordnetes und sich entwickelndes Verständnis seines Bedeutungsreichtums erlaubt. Bevor wir jedoch auf die einzelnen Karten eingehen, wollen wir das besondere Wesen der vier Farben untersuchen, wobei wir uns an die Abfolge kultureller Evolution halten.

Stäbe

Die Farbe der Stäbe veranschaulicht Energie und die Kraft des Feuers. Stäbe können auch als Stöcke oder Keulen dargestellt werden. Sie symbolisieren Macht und Autorität, Nachdruck und Handeln und, auf anderer Ebene, das

Leben des Geistes. In astrologischen Begriffen ausgedrückt, werden die Feuerkarten von den drei astrologischen Feuerzeichen Widder, Löwe und Schütze „beherrscht". Im „Motherpeace"-Tarot tauchen die Stäbe häufig als Fackeln auf, die Licht und Wärme des Feuers wie auch die Libido und das körperliche Feuer der Sexualität darstellen. Traditionellerweise gelten die Stäbe als „phallisch" und „männlich", doch sie repräsentieren auch Shakti, die hinduistische Göttin der aktiven Kreativität und weiblichen Macht.

Feuer ist ein uraltes Symbol weiblicher Macht und Kraft, die im Tantra oft durch die rote Farbe, die Farbe des Menstruationsbluts, ausgedrückt wird. Diese heilige rote Farbe zieht sich durch alle Stabkarten. Mit der sich aufbauenden Energie, den sich erhöhenden Zahlenwerten, wächst die Macht. As und Zwei sind gelb und enthalten etwas Rot, die Drei schon etwas mehr, und so weiter bis zur Neun und Zehn, die rot leuchten. Rot bedeutet die Energie des Mars, der erst seit kurzem als „Kriegsgott" gilt, einst aber die göttliche Energie sexueller Leidenschaft symbolisierte.

Nicht in jeder Kultur ist Rot eine willkommene Farbe. Die Navahos erachten sie zum Beispiel als die Farbe des „Bösen". Auch die indische Göttin Kali, Todesgöttin, die Schreckliche Mutter, ist rot. Unsere eigene Kultur verbindet rot mit Zorn, Wut und Krieg. Wir haben Eros zum Krieger gemacht; wir haben das Erotische, das einst dem Reich des Feuers entsprang, in das Reich der Luft, auf die geistige Ebene verlagert. Eros war heiß, aber viel von unserer modernen Erotik zeigt sich kühl und distanziert, eine visuelle Erfahrung, abgetrennt von der Energie und heilenden Hitze des Stabs — der aufgestiegenen Schlange.

Im „Motherpeace"-Tarot stehen Stäbe wieder für das Leidenschaftliche und Energetische, für die Hitze, die den Körper durchströmt und zur Handlung führt, die die Zellen regeneriert. Die auf den Karten dargestellten Menschen gehören einer alten Zeit an. Oft als „primitiv" und „vorgeschichtlich" bezeichnet, sind sie entschieden vorpatriarchal. Sie leben in Afrika und organisieren sich um die Kernbeziehung von Mutter und Kind. Sie stehen für die Entdeckung des Feuers, die Erfindung von Sprache und Kommunikation, die Evolution von Kultur, Kunst und Religion.

Die Stab-Karten entsprechen der Magierin der großen Arkana. „Kommando-Stäbe" nennt man die in prähistorischen Stätten gefundenen Stäbe, deren Gebrauch den Archäologen Rätsel aufgibt. Sind sie „Waffen" oder ein Werkzeug? Nichts deutet auf einen praktischen Gebrauch. Wurden sie bei Zeremonien verwandt? Den besten Hinweis mag vielleicht die Praxis moderner Hexen und indianischer Schamaninnen und Schamanen liefern, die ihre magische Kraft noch immer mit Hilfe eines Stabes oder „Gebetsstabs" bündeln und richten.

Schwerter

Die Farbe der Schwerter symbolisiert die Geisteskräfte und geistige Aktivität. Da Geist oder Verstand so oft mit Auseinandersetzungen und Projektionen befaßt sind, werden den Schwertern traditionellerweise negativere Qualitäten als den anderen Farben zugeordnet. Die „Motherpeace"-Bilder zeigen die arische Rasse und die frühpatriarchalen Invasoren der Göttin-Kulturen. Es waren die Arier oder Indoeuropäer, die ihre Vorstellungen, daß das Helle gut und das Dunkle schlecht sei, in den Mittelmeerraum und nach Kleinasien trugen; sie zwangen die eingeborenen Kulturen, ihre Treue zur Mutter aufzugeben, verehrten die Himmelsgötter (später die Sonnengötter), die Aggression, die „Macht über", den Gott spiritueller „Transzendenz" versinnbildlichten. Doch die Schwerter des „Motherpeace"-Tarot verkörpern auch die amazonische Bestrebung, sich gegen diese Invasoren zur Wehr zu setzen, und den kühnen Intellekt amazonischer kriegerischer Intelligenz, die der Göttin Athene untersteht.

Die Stab-Karten sind in der Steinzeit angesiedelt; die Schwert-Karten beziehen sich auf das folgende Zeitalter der Gelbmetalle, als Handwerkszeug aus Bronze und der schönste Schmuck aus Gold gefertigt wurde. Gold war (und ist) das bevorzugte Metall von Herrschern und Monarchen und versinnbildlicht Macht und Autorität, Reichtum und Status. Die Gier nach Gold war durch die Geschichte hindurch die Ursache vieler Kriege und Massaker, und okkulte Lehrerinnen wie Alice Bailey warnen vor dem schlechten Karma, das sich mit Gold und seinem Mißbrauch verbindet. Gold ist an sich ein sehr mächtiges Metall und seine Schwingung die einer nach außen gerichteten Kraft. Gold trägt, wer in der äußeren Welt wirkungsvoll sein will. Wird jedoch zuviel Gewicht darauf gelegt, führt das zu ungezügeltem Verlangen nach Herrschaft, wie wir heute auf der ganzen Welt beobachten können. Gold ist eine Sonnenfarbe und wurde als die Farbe der Heroen bekannt, wie zum Beispiel in Verbindung mit Jasons goldenem Vlies. Es ist das Königsmetall und kann zum „Midasfluch" führen, zur Abtrennung von Menschlichkeit und Leben.

Der in diesen Karten vorherrschende hellgelbe und gelbgrüne Farbton spiegelt die geistigen Kräfte, die die Schwerter umfassen. Es ist hier ein Potential für abstraktes Denken und Begriffsvermögen vorhanden, die Kraft, Systeme zu schaffen und klar in die Zukunft zu sehen, wie auch die Logik der Dinge zu erkennen. Im besten Falle verbindet sich mit den Schwerten die Geistesmacht, Falschheit zu durchdringen und Wahrheit zu befördern. In dieser Weise versinnbildlichen die Schwerter das Ego und seine unterscheidenden und spaltenden Tendenzen, das Empfinden von einem „Ich" und „den anderen", das das Zeitalter des Patriarchats charakterisiert. Die Schwert-Karten korrespondieren mit dem Herrscher in Kapitel 6, dessen an-ordnendes Bewußtsein „Objekte" in der Welt benennt und kategorisiert.

Kelche

Die Farbe der Kelche symbolisiert das weibliche Element des Wassers und die Eigenschaft der Aufnahmebereitschaft, der Empfänglichkeit. Kelche sind Gefäße — sie enthalten Gefühle, Empfindungen, Wünsche, unbewußte Träume und Visionen. Kelche sind mondig, symbolisiert durch den Silbermond, und astral. Wie die Hohepriesterin in Kapitel 4 beschreiben sie eine weibliche Bewußtseinsweise — ein Hören auf das Innere, den inneren Raum, aus dem die Orakel aufsteigen, eine orgiastische Art religiösen Ausdrucks und eine tiefe gefühlsmäßige Erfahrung des Heiligen. Kelche sind archetypische Symbole des Schoßes und der Brüste der Mutter. Sie unterstehen den astrologischen Wasserzeichen Krebs, Skorpion und Fische, und sie spiegeln hervorbringende Energie, Heilkraft und mediale Fähigkeiten wider.

Die Kelch-Karten des „Motherpeace"-Tarot sind zumeist auf der Mittelmeerinsel Kreta um 2000 v. Chr. angesiedelt, der Zeit des Übergangs von der Göttinverehrung zum Patriarchat. Die Karten, die eine andere Umgebung zeigen, haben ihren Ort in Nordamerika und verweisen auf eine Völkerwanderung in der späten Übergangsphase, als kretische Religion und Kultur untergingen.

Die Göttin-Kultur auf Kreta war über mehrere hundert Jahre hinweg weit verbreitet und entwickelt. Archäologen interessieren sich am meisten für die späte „Palastperiode" mit ihrem patriarchalen „Staat und Putz" der Klassenteilung, der „Könige" und „Statthalter", der „Paläste", Steuern, Buchführung und Entwicklung einer weltlichen Herrschaftssprache. Die bekannteste Ruine aus dieser Periode ist der Palast von Knossos, luxuriös und aristokratisch. Aber auf der ganzen Insel existierten sogenannte Paläste, die auch Tempel und Kornspeicher umfaßten. Die meisten von ihnen waren mit heiligen Höhlen verbunden, in denen während dieser ganzen Periode, die Zerstörung der „Palast"-kultur eingeschlossen, religiöse Riten abgehalten wurden. Diese Zerstörung wurde sowohl durch Invasionen und menschliche Hand als auch durch den verheerenden Ausbruch des nahen Vulkans Thera um 1400 v. Chr. bewirkt.

Das Blau und Grün der Kelch-Karten versinnbildlicht das Meer und die inneren Reiche der Traumwelt. In diesen Karten finden sich Vergnügen, Freude und Gefühl, Geschichten von Magie und Mondver-rücktheit, Schlangenpriesterinnen und Flötenspielerinnen. Wasser ist das Element der Ekstase und unbewußten Seligkeit, der tiefen Freude des Herzens und des Fließens der Liebe. Diese Farbe untersteht der Venus und gehört der Aphrodite an, die auf Kreta auch als Britomartis, Dictynna, Aegea oder Rhea bekannt war.

Scheiben

Die Farbe der Scheiben zeigt die Erde und die physikalische Ebene. Mit den Scheiben verbindet sich alles, was für uns solide und „real" ist – Körper, Geld, die physische Welt. In den Begriffen des Yogas stehen die Scheiben für das erste Chakra oder Energiezentrum, dem Punkt in uns, der auf Überleben, Gesundheit und das Physische gerichtet ist. Die Scheiben, traditionellerweise Pentakel oder Münzen genannt, versinnbildlichen die Magie der Erde und die Fähigkeit des Lebens, sich selbst zu erhalten. Sie korrespondieren mit der Herrscherin in Kapitel 5 – Mutter Erde selbst – und symbolisieren Schöpfung und Erzeugung, Tauschhandel, Wirtschaft und fruchtbare Ernte. Zudem wird bei den Scheiben des „Motherpeace"-Tarot, in Erweiterung der Herrscherin, eine gemeinschaftliche Lebensweise gefeiert, bei der die Mutter-Kind-Bindung, Mutterschaft und gemeinschaftliche Teilhabe von zentraler Bedeutung sind, Arbeit sinnvoll und gewertschätzt ist und sich alle künstlerisch betätigen.

Heute überlebt diese „matriarchale" Lebensweise gerade noch in einigen indianischen Stämmen und bei den Buschmännern der Kalahari-Wüste Südwestafrikas. Einige Völker haben sich, auch nachdem sie mit der weißen Kultur in Berührung kamen, irgendwie eine harmonische Beziehung zur Erde und ihren Geschöpfen bewahrt, eine Lebensart, die wir heute über die Ökologie wiederzuentdecken suchen. Diese Kulturen erhalten das aufrecht, was sie „die alte Weise" nennen, und das schließt die Achtung vor Frauen und Natur, den Hüterinnen und Gefäßen des Lebens, mit ein. Hier zeigen die „Motherpeace"-Bilder indianische Menschen, die mit praktischen Alltagsaktivitäten befaßt sind; sie gehen an sie mit einem heiligen Sinn für Bedeutung und Absicht heran, der den meisten weltlichen kulturellen Aktivitäten der heutigen westlichen Welt abgeht.

Scheiben sind natürlich Kreise. Giedion nennt sie die älteste Form, die als objektives Symbol aus dem menschlichen Bewußtsein hervorging. Kreise bedeuten weibliche Reproduktion und Fortbestehen, Anfang und Ende beschlossen in einer vollendeten Form. In prähistorischen oder „matriarchalen" Kulturen sind Kreise das vorherrschende Motiv. Häuser sind kreisförmig, Grabstätten sind rund. Archäologen haben in Steinzeithöhlen ausgehöhlte kreisförmige „Brust"zeichen (Saugnäpfchen) an den Wänden gefunden, kreisförmige kleine Löcher und gefärbte Tupfen oder Scheiben (meist rot bemalt), die Hände, Brüste oder Tiere umgeben oder für sich stehen. Sie fanden auch kreisförmige Scheiben und Steinplatten mit kleinen Löchern, die nach Annahme der Forscher für einen rituellen Gebrauch bestimmt waren. Indianische Lebensanschauung drückt sich nach Evelyn Eaton so aus: „Die Schwitzhütte ist rund, das Loch im Zentrum, das die glühenden Steine birgt, ist rund, die Sonne ist rund, die Welt ist rund, das Vogelnest ist rund, das Leben ist ein Rund zwischen Geburt und Tod, und alles dreht sich im Kreis, alles hat seinen zugewiesenen Platz im Rad des Universums."

Wie die magischen „Pentakel" der Hexenkunst repräsentieren die Scheiben das, was geheiligt und geheim ist, was mündlich durch Symbole und die Stimme oder durch magische Zeichen wie die Runen weitergegeben wird. Die Religion der Göttin ist eine Religion der Erde, in der der Planet und alle irdischen Energien als geheiligt angesehen werden. Scheiben stellen die Tafel als Übermittlungsinstrument von Sprache und Kunst dar und den Körper als Übermittler dessen, was heilig und als Wissen in unseren Zellen enthalten ist. Dieses Körperwissen, alt wie die Hügel, ist uns noch immer zugänglich. Es ist unser Erbe als Kinder der Mutter Erde. Mit ihm können wir uns heilen; ohne es sind wir tot.

Nach dieser etwas abrupten Versicherung und Warnung sind wir nun bereit, einige Zeit auf die einzelnen Karten der kleinen Arkana zu verwenden. In den Kapiteln 25 bis 27 sehen wir uns kurz die Zahlenkarten der vier Farben an. Im allgemeinen erfordern sie nur eine kurze Skizze, zum einen, weil sie auf das schon in den großen Arkana erarbeitete Wissen verweisen, zum andern, weil sich jede Karte der kleinen Arkana durch ihre Position innerhalb einer Farbe und durch ihren Gegensatz zu anderen Karten der gleichen Zahl erhellt. In den Kapiteln 28 bis 31 besprechen wir die „Persönlichkeits"-Karten, die wie die großen Arkana einen ausführlicheren Hintergrund und eine folgende gesonderte „Deutung" verlangen.

25

ASSE, ZWEIEN UND DREIEN
KARDINALE ZEICHEN

Die Asse, Zweien und Dreien jeder Farbe entsprechen den astrologischen „kardinalen" Zeichen ihres jeweiligen Elements. Von daher sind die ersten drei Stab-Karten dem Widder, die ersten drei Schwert-Karten der Waage, die ersten drei Kelch-Karten dem Krebs und die ersten drei Scheiben-Karten dem Steinbock zugeordnet. Kardinale Zeichen sind die initiierenden Aspekte eines Elements. Wie Feuer (oder *rajas* im hinduistischen System) greifen sie aus und stellen direkten Kontakt mit der Realität her. Sie wissen, welche Richtung sie nehmen. Geometrisch gesehen, entsprechen sie einer geraden Linie.

ASSE: GABEN

Asse korrespondieren mit der Nummer Eins und der Magierin; sie bezeichnen den Punkt im Zentrum des Lebens, den Beginn von Aktivität. Asse sind Gaben, Erste Ursachen, Wurzeln. Sie stehen für den ursprünglichen Impuls, der sich in der jeweiligen Farbe entfaltet.

Schwert-As

Das Schwert-As stellt Stärke dar, besonders auf geistiger Ebene. Schwerter sind der Luft und den Denkformen und Ideen zugeordnet. Dieses As bedeutet die Gabe des Intellekts, den Ort, wo das Denken seinen Anfang nimmt. Im Bild des „Motherpeace"-Tarot hält die rechte Hand das Schwert sicher, stetig und gezielt, richtet den Willen auf ein Ziel. Die Entscheidung, etwas Bestimmtes zu tun, ist getroffen. Der zunehmende Mond bedeutet Steigerung und Neubeginn. Willensstärke entströmt der rechten Hand, während der Geist sich scharf und unbeirrt auf einen Punkt konzentriert. Der Entschluß zu gewinnen wurde gefällt, ein aggressives „Ja" ausgesprochen.

Auf spirituellen Ebenen repräsentiert dieses Bild den Wunsch, einen „Lichtkörper" zu bilden — den feinstofflichen Körper, der den Geist beherbergt und ihm, dem Schmetterling gleich, den Ausflug in himmlische Gefilde erlaubt. Die auf dem Bild dargestellte Person balanciert auf der zunehmenden Silbersichel des Mondes, was auf Wachstum und Schutz deutet. Das Schwert formt die Achse dieser meditierenden *yogini*. Es zentriert und repräsentiert sie zugleich. Die Meditationsstellung unterstützt das zweite Gesicht, Hellsichtigkeit und die Gabe der inneren Vision.

Stab-As
Siehe Abbildung auf Farbtafel 16.

Das Stab-As stellt den Beginn des Feuers dar — Geist, Intuition, Energie. Das Ei bricht auf, und die Sonne ist geboren. Aus der Mitte des Feuers springt voller Freude eine junge Person, sie drückt Hoffnung für die Zukunft aus. Eine Wiedergeburt des Geistes findet statt; diese Person ist „brandneu" wie ein Baby, die Kraft des Feuers durchströmt sie. Es handelt sich hier um expansive Energie, die uns für unsere Fähigkeiten öffnet. Sie beinhaltet ein Empfinden für Unsterblichkeit und einen geschärften Sinn für Möglichkeiten. Das Gelb der Sonne und das Rot des Planeten Mars verleihen Wärme und Licht für Kreativität und Leistung. Man fühlt sich lebendig, warm, zuversichtlich, freundlich gestimmt und begierig nach Erfüllung von Wünschen.

Die Leidenschaften sind geweckt, und Kreativität ist gewiß. Shakti, die hinduistische Göttin des Feuers, ist in der Person lebendig und stimuliert die Kreativität. Der Geist erwacht wie der Frühling — glücklich, gesund, bereit anzufangen. Diese Karte bedeutet expansive Aktivität und Willenskraft für alles, was die Ziele erfordern. Sie kann auch auf aktive sexuelle Energie und eine starke Anziehungskraft hindeuten. Die Hitze des Eros ist geboren; das Herz mag Feuer fangen.

Kelch-As

Das Kelch-As ist die Gabe und das Geschenk der Liebe — ein Eintauchen in die tiefsten Gefühle, die im Überfluß sprudeln wie ein Springbrunnen der Freude. Nach dem anmutigen Vergnügen des Untertauchens ist eine sanfte Landung gewiß, ein freundliches Willkommen aus der Tiefe des Unbewußten. Du kommst vielleicht im Kelch der Selbst-Nahrung und des Nährens an; oder im Ozean der Liebe, wo weiße Schwäne auf sanften Wellen schwerelos aneinander vorübergleiten. In jedem Fall sind gute Gefühle sicher. Die sanften Blau- und Grüntöne bedeuten, daß hier in der Stille des Wassers Friede und Reinheit

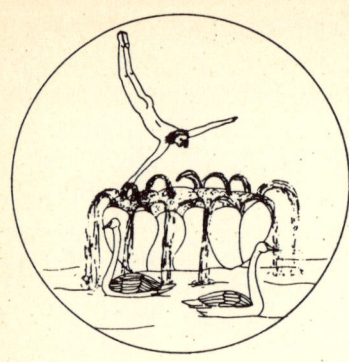

zu Hause sind.

Dieses As versinnbildlicht Hingabe an Gefühle und Schönheit, einen Zustrom von Vergnügen, Inspiration, Imagination. Der Silberkelch ist das Gefäß, der Kessel, der Gral — die archetypisch weibliche Empfänglichkeit. Die Karte verspricht eine freudige Erfahrung des Sich-Loslassens in bedingungslose Liebe, in den weiten Raum des offenen Herzens.

Scheiben-As
Siehe Abbildung auf Farbtafel 16.

Das Scheiben-As verspricht eine Gabe der Erdenenergie — die Geburt von etwas in materieller Form. Es könnte ein Kind sein, es könnte auch Geld sein. Etwas wird sich in irgendeiner Form manifestieren. Jemand bringt etwas, tut etwas Nettes oder bewirkt ein gutes Gefühl. Es könnte der Anfang einer neuen Arbeit oder eines Jobs sein, eines brandneuen Lebens, eines neu entstehenden Musters. Diese Person lernt, Ideen in physische Realität umzusetzen.

Die Eicheln auf dem Teppich künden von langen Winternächten und kalten Tagen, verweisen auf die Zeit, in der gespeichert und verwahrt werden muß, was später gebraucht wird. Das As bedeutet eine Zeit der Meditation, den Drang zur nach innen gerichteten Energie. Das Baby versinnbildlicht die inneren Mysterien und die Geburt eines „Wintersonnwendkindes" im Dezember, die Feier des sich drehenden Jahresrads. Der Babyleopard ist der Tiergeist, der mit dem Kind aufwachsen wird. Es kann der gleiche Leopard sein, dessen Fell (nach seinem Tod) die Magierin trägt. Das Tier verleiht dem menschlichen Geist Kraft, macht ihm das Geschenk des körperlichen Lebens.

ZWEIEN: GLEICHGEWICHT

Die Zweien unterstehen dem Mond und verweisen, wie die Hohepriesterin, auf Empfänglichkeit und Magnetismus. Die Zwei ist die polare entgegengesetzte Bewegung zur Eins, was heißt, sie bewegt sich natürlich von der nach außen gerichteten, gezielten Handlung der Eins zurück. Die Zweien können etwas Heimliches oder Intimes an sich haben — sind etwas unbewußter als die Eins oder Drei und ruhiger. Alle Zweien bedeuten Polarität und Gleichgewicht zwischen Gegensätzen.

Zwei Schwerter

Die Zwei Schwerter stellen den Versuch dar, geistiges Gleichgewicht und geistigen Frieden zu erlangen. Der Geist möchte still sein und sich nicht mit irgendwelchem Geschehen in der Außenwelt befassen müssen. Zu einer solchen Entspannung und Erfrischung kann man unter anderem durch eine der Körperdisziplinen kommen wie Tai Chi oder Yoga. Auf dem „Motherpeace"-Bild werden die Schwerter leicht wie Federn gehandhabt und stellen einen unendlichen Raum der Ruhe her. Vielleicht erlernt diese Frau ihre *asana* (Stellung des Storches) sogar von dem Vogel an ihrer Seite; und da die legendären Störche Kinder bringen, können wir hier eine verborgene Fruchtbarkeit annehmen — eine Fruchtbarkeit des Geistes, da Schwerter dem Geist zugehören und das Element der Luft versinnbildlichen.

Auf tieferer Ebene steht, hinter der Gestalt, Kraft zur Verfügung. Der Ozean und der Nachthimmel sind weibliche Symbole, und der volle Mond bietet dieser Person all sein strahlendes Licht und seine ganze Energie an, falls sie diese Quellen anzapfen möchte. Im Moment nimmt sie dieses Angebot nicht an. Sie sucht vollkommenes Gleichgewicht, sie sucht sich zu erden, sie verlangt nach Zurückgezogenheit. Dieser zeitweilige Rückzug bringt den Geist zur Ruhe und läßt Zeit herauszufinden, was als nächstes zu tun ist. Da Schwerter für eine rasche energetische Bewegung stehen, wird sich die Situation zweifellos bald ändern. Inzwischen hat sie eine Ruhepause und die Möglichkeit zu einem tiefen Atemholen.

Zwei Stäbe

Die Zwei Stäbe zeigen den Besuch einer Ahnin, die eine Vision oder Botschaft bringt, die mit dem Feuermachen zu tun hat. Es ist sehr wichtig zu wissen, wie man Feuer macht, da es das Mittel zu allem im Leben ist. In den meisten Kulturen wird die Entdeckung des Feuers den Frauen zugeschrieben. Vielleicht entzündet hier die Frau die Libido oder das Körperfeuer. Vielleicht das Feuer der Energie und des Handelns. In jedem Falle ist Feuer Shakti — das Mittel, mit dem wir bekommen, was wir wollen.

Die Zwei Stäbe bedeuten das Nutzbarmachen der eigenen Kräfte, sie bedeuten, daß wir den Umgang mit dem Feuer lernen, das im As geboren wurde. Der empfangende Aspekt dieser Person ist offen für das Lernen; aufmerksam hört sie zu und beobachtet, was der ältere Geist ihr zeigt, nämlich wie Feuer durch Reibung entzündet wird. Der aktive Aspekt dieser Person zeigt und lehrt geduldig eine Fähigkeit, die das ganze Leben lang von Nutzen sein wird. Die Traumvision auf dieser Karte deutet darauf hin, daß die Intuition erwacht — eine Form des Feuers, die der verbalen Kommunikation vorausgeht. Diese Person könnte Erkenntnisblitze und plötzliche Einsichten in ihre Fähigkeiten haben.

Zwei Kelche

Die Zwei Kelche stellen eine weitere Polarität dar, diesmal im Gefühlsbereich. Die Verbindung, die hier in der Tiefe des Wassers eingegangen wird, ist wahrscheinlich sexueller Natur — ist Anziehungskraft auf der unbewußten Ebene der Emotionen. Die beiden Personen (oder die beiden Aspekte einer Person) kommen in einem Trinkspruch auf die Liebe zusammen. Die Schlange ringelt sich um ihre Kelche und beißt sich in ihren eigenen Schwanz, besiegelt die Verbindung, vollendet den Kreis. Und während die beiden Gestalten Harmonie und gegenseitiges Verbundensein erfahren, spiegelt sich ihr fröhliches Spiel in der heiteren Ausgelassenheit der Delphine im Hintergrund.

Darüber steigt nahe dem Abendstern der zunehmende Mond auf, und beide segnen mit ihrem Licht diese neue Liebe. Hier verbinden sich die Energien von Artemis und Aphrodite, die Wildheit der Nacht mit der Süße des Herzens. Unbewußte Sehnsüchte mischen sich mit der bewußten Liebe des Herzens, es wird zur Vereinigung kommen.

Zwei Scheiben

Die Zwei Scheiben zeigen das Jonglieren, das einer jungen Mutter von Zwillingen abverlangt wird. Sie steht im Zentrum ihres geschäftigen Lebens und fragt sich, ob sie das Ganze zusammenhalten kann. Bislang macht sie die Sache ganz gut, und die Babys sind glücklich. Sie hat die Hände voll, und der Film spult weiter ab. Manchmal fühlt sie sich wie eine zweiköpfige Schlange, die sich in entgegengesetzte Richtungen windet, das eine Baby will trinken, und das andere will schlafen. Die abgebildeten Filmrollen ihrer geistigen Bilder stellen auch das keltische Rad dar, Erdsymbole, die sie in uralter Macht erden.

Sie erhält ihre Unterstützung von der Erde, ihre Füße ruhen fest wie die

Wurzeln hoher Bäume, die Nahrung aus dem Erdboden ziehen. Sie weiß, daß ihr Körper die Mittel bereithält, die Bedürfnisse der Kinder zu stillen. Die zunehmende Mondsichel am dämmrigen Himmel verspricht ihr Stärke und Erneuerung für die schwierige Aufgabe, die Zwillingsaspekte ihrer Kreativität zu handhaben. Diese junge Mutter ist einer Person vergleichbar, die mehr als ein Projekt auf einmal im Gleichgewicht zu halten oder gleichzeitig inneres Wachstum wie äußere Leistung zu fördern sucht.

DREIEN: SYNTHESE

Die Drei, die das aktiv und passiv Wirksame verbindet, ist stabiler als die ersten beiden Zahlen, ein Dreieck, das Harmonie und Fluß bezeichnet. Die Dreien deuten gewöhnlich auf eine Form der Gruppenaktivität, ein Zusammenkommen von mehr als zwei.

Drei Schwerter

Die Drei Schwerter stellen die Art und Weise dar, in der sich geistige Energien mischen, nämlich in Kampf und Auseinandersetzung. In einem Tanz der Macht gehen Schwierigkeiten der Harmonie voraus. Drei Aspekte einer Person oder drei Personen sind hier damit befaßt, zuzustoßen und abzuwehren, sich zu schützen – ein Verteidigungstanz, der nur schmerzvoll sein kann. Entweder ist der Geist in der Sorge um Beziehungen und ihre Dynamiken gefangen, oder es sind mehrere Personen in etwas verwickelt, das sich wie eine „Seifenoper" ausnimmt. Sie wollen miteinander in Beziehung stehen, aber die einzelnen Egos trennen sie, lassen sie einander nicht nahe kommen. Die Schwerter des Denkens sind durchdringend und spitz, und es bleibt keine andere Wahl als Verteidigung und Schutz.

Auf diesem „Motherpeace"-Bild haben die Frauen zur Unterstützung ihrer mächtigen Schlagfertigkeit Vogelkostüme angelegt. Diese Kostüme sind ihre *personae*, die Masken, die sie tragen, um nicht verletzlich zu sein. Sie möchten den Vogelpriesterinnen alter Zeiten gleichen, ihr Ego außer Sichtweite tanzen, doch sie berühren sich noch immer über ihre Gedanken. Die Gänseblümchengirlande veranschaulicht ihre Bindungen und ihr Empfinden, in einer Falle zu sitzen. Wenn dies ein Tanz der Liebe ist, dann müssen alle Beteiligten mit den Gefühlen ihres Herzens in Berührung kommen, oder der Ausgang wird weder glücklich noch harmonisch sein. Wenigstens eine der drei Personen in dieser romantischen Dreiecksgeschichte erwartet, eine Geliebte oder einen Geliebten zu verlieren.

Drei Stäbe
Siehe Abbildung auf Farbtafel 14

Die Drei Stäbe bedeuten Kommunikation und die Freude des Selbst-Ausdrucks. Unsere frühen Vorfahren malten auf Felswände in der Sahara ähnliche Gestalten wie die auf dem „Motherpeace"-Bild. Wie sah wohl das Leben der Gruppe aus, zu der die Künstlerinnen gehörten? Wir wissen sehr wenig von ihnen, aber noch heute gibt es, ebenfalls in Afrika, eine ähnliche Umwelt. Gemeint ist das !Kung Buschvolk, dessen egalitäre Kultur von keinem anderen uns bekannten Volk übertroffen wird. Die !Kung ziehen ihre Kinder in Liebe und Sorgfalt auf, voll intensiver Kommunikation und häufigen Körperkontakten mit Frauen wie mit Männern. Von Geburt an werden die Kinder dazu ermuntert, offen und kreativ zu sein und sich sexuell auszudrücken. Seit uralten Zeiten leben die !Kung in Harmonie mit der Erde, und sie sind ein glückliches Volk, das keine Kriege führt.

Menschliche Kultur entwickelte sich um die Mütter und ihre Nachkommenschaft über Sprache und vermittelte Erfahrung. Auf diesem Bild zeigt eine Mutter ihren Kindern das Malen und sie läßt ihnen die nötige Freiheit, ohne Angst Erfahrungen mit der eigenen Kreativität zu machen. Achtet auf die fröhlichen Laute der Kinder, während sie von ihren winzigen Händen Abdrükke machen — Bilder, wie sie in vielen Höhlen und an Felswänden aus prähistorischer Zeit entdeckt wurden. Das Feuer der Fackeln spendet Licht für die Kunst wie die frühen „Steinlaternen", die die Archäologen fanden. Durch die Manifestation ihrer Visionen lernen sie etwas über das Leben.

Drei Kelche

Die Drei Kelche sind Ausdruck von Glück und einer gemeinsam verbrachten fröhlichen Zeit. In der hier dargestellten Gruppe fühlt sich niemand durch eine andere Person bedroht, und offen vergnügen sie sich miteinander. Ihr Tanz ist Musik und Mystik, er beinhaltet innere Vision und Phantasie, Gesang und Feier. Sie meditieren zusammen, üben Magie aus, verwenden Symbole und heilige Gegenstände, um ihrem Tanz mehr Realität zu verleihen. Eine Frau hält Schlangen, wie es die Hopis heute noch tun, um Regen zu machen; eine andere Person spielt die Panflöte oder Doppelflöte des Krishna; wieder eine andere

hält den *Thyrsos* aus alter Zeit, der aus den verflochtenen Zweigen dreier der Mondgöttin heiligen Bäumen besteht. Die Frauen feiern „orgiastisch", lassen die Geister durch ihre Gefühle und Emotionen präsent werden.

Das in der halbmondförmigen Quelle schwimmende magische Geschöpf ist eine Form des Pegasus, das geflügelte Pferdekind der Medusa. Die Legende erzählt, daß Pegasus diese Quelle, den heiligen „Pferdebrunnen", mit seinem Huf ausgestampft hatte, aus dem die Dichter/innen tranken, um Inspiration zu erlangen. Im selben Geist stellen die drei Feiernden die Musen und die Kräfte der Imagination, die drei Grazien und die grenzenlosen Möglichkeiten der Liebe dar. Die drei Kelche ergießen sich endlos in die magische Quelle, und die Weiden tanzen im Hintergrund zu Ehren der alten Weidengöttin, die Weisheit und inneres Erkenntnisvermögen bringt.

Drei Scheiben

Die Drei Scheiben bedeuten gemeinsam verrichtete Arbeit — einen gemeinschaftlichen Akt des Bauens. Z. Budapest nennt dies „die Kirche der Göttin bauen", womit diese frühen Indianerinnen auf dem Bild sehr wohl beschäftigt sein könnten. Es ist inzwischen bekannt, daß die prähistorischen amerikanischen Pueblostädte wie Chaco Canyon in Neu Mexiko von weiblichen Maurern errichtet wurden, so wie es noch heute bei den Hopis geschieht. Die Architektinnen und Erbauerinnen wandten die eklektische Methode an. Nach Hunderten von Jahren stehen noch immer viele dieser Wände. Das Geheimnis ihres Erfolges bestand vermutlich in ihrer Fähigkeit zur Zusammenarbeit, wie sie Frauen oft um eines Gruppenprojekts willen zeigen.

Einen nach dem anderen reichen sie die Backsteine hinauf und legen sie an ihren Platz; sie wissen, daß Arbeit auf physikalischer Ebene Schritt um Schritt getan werden muß. Sie zeigen Handfertigkeit und Gewandtheit. Jede Frau betrachtet ihre Schwestern als notwendig für das Werk. Ihre umsichtige, praktische Anwendung konkreter Fähigkeiten zahlt sich in persönlicher und gemeinschaftlicher Wertschätzung aus wie auch in einem realen Gebäude, das überdauert und auf das sie stolz sein können.

26

VIEREN, FÜNFEN UND SECHSEN
FESTIGKEIT

Die Vieren, Fünfen und Sechsen einer Farbe stehen astrologisch gesehen mit den „festen" Zeichen eines Elements in Verbindung. So unterstehen die nächsten drei Stab-Karten dem Löwen, Schwert-Karten dem Wassermann, Kelch-Karten dem Skorpion und Scheiben-Karten dem Stier. Feste Zeichen sind ruhig und nach innen gekehrt, ziehen Energie eher an sich, als daß sie sie nach außen richten. Wie die hinduistischen *tamas* korrespondieren sie mit dem Element Wasser und, geometrisch gesehen, mit dem einbeziehenden Kreis.

VIEREN: STABILITÄT

Die Vier versinnbildlicht die vier Himmelsrichtungen und bildet im Tarot ein Viereck oder Kreuz, Formen, die Ordnung einführen, aber auch das Gefühl der Begrenzung vermitteln. Vier bedeutet das gewichtige Element physischer Materie und umschließt die Person. In der magischen Praxis oder im Ritual werden die vier „Ecken" eines magischen Kreises gegrüßt und die vier Elemente (Luft, Feuer, Wasser, Erde) angerufen. Dies schafft eine Trennung zwischen innen und außen, einen Raum, in dem etwas Besonderes stattfinden kann.

Vier Schwerter

Die Vier Schwerter stehen für die Bildung eines geschützten geistigen Raums, der „Pause" bei den Zwei Schwertern vergleichbar, doch hier in betonterer Absicht. Diese Person braucht Zeit, um sich zurückzuziehen und allein zu sein, über Dinge nachzudenken, das Umfeld von Spannung und Ärger zu reinigen. Die vier Schwerter markieren die Ecken und schaffen eine Pyramide, eine der stärksten existierenden Raumformen. Innerhalb dieses magischen Raums kann sie sich heilen und erneuern. Die Kraft wird gebündelt und hinauf zum Himmel gerichtet, um kosmische Kraft herunterzuziehen.
Die Regenbogen-Scheiben im Rücken dieser Gestalt stellen die sieben Cha-

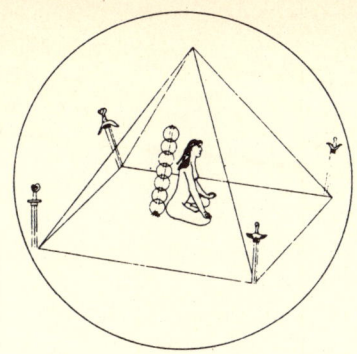

kras oder Energiezentren dar, die ihren Ort im Rückgrat haben und mit dem menschlichen Nervensystem verbunden sind. Die Reinigung der Chakras bedeutet eine mächtige Meditation, die zur Erdung verhilft und den Geist in positiven Gedanken sammelt. In dieser geschützten Umgebung kann sich ein Gefühl des „Nichtverhaftetseins" einstellen, die Voraussetzung dafür, sich nicht einsam oder alleingelassen zu fühlen.

Vier Stäbe

Die Vier Stäbe versinnbildlichen einen Durchgangsritus — die fröhliche Feier der *Menarche* (das Einsetzen der ersten Menstruation) eines jungen Mädchens. Diese jungen Mädchen spüren, daß sie von einem Lebensstadium in das nächste überwechseln, von der Mädchen- zur Jugend- und Reifezeit. Die Arbeit des Lernens wird für den Moment beiseitegelassen, und die biologischen und spirituellen Elemente des Wachstums stehen im Vordergrund. Der Altar im Zentrum ist eine Feuerstelle, um die sie gemeinsam voller Freude und zu Ehren der Lebensenergie herumtanzen. Sie sind mit Blumen geschmückt, die den Frühling und das eigene „blühende" Frausein ausdrücken. Und der Blumenkreis, der sie umgibt, verbindet sie im Zusammenwirken des Stammes und in Liebe.

Die Blumen-Stäbe symbolisieren „männliche" Energie, die bald in ihr Leben integriert werden wird, wenn sie nämlich mehr er-wachsene Macht und Verantwortlichkeit übernehmen. Jetzt spielen sie noch in der Freiheit jugendlichen Überschwangs. Die geschnittenen Lilien beim Altar stellen ihre Reinheit dar, die mit dem menstruellen Blut dankbar und in Wertschätzung des Lebens der Göttin geopfert wird. Bekannt als heilende „Medizin", wird das erste menstruelle Blut eines jungen Mädchens vom Stamm verwendet, in Dank und Anerkennung für die dem weiblichen Geschlecht innewohnende Magie. Der Kolibri über ihnen (ein afrikanischer Sonnenvogel) segnet sie mit Botschaften aus göttlichen Sphären. Alles ist gut.

Vier Kelche

Die Vier Kelche stehen für eine Zeit, in der man mit sich ins Reine kommen und die Dinge zu einer einfachen Wahrheit läutern muß. Gefühle sind verletzt. Man merkt, daß nichts so ganz in Ordnung ist; man muß herausfinden, was nicht stimmt und es ändern. Diese Person muß sich ihrer Hüllen entledigen und reinigen. Sie wendet uns ihren Rücken zu, weist für den Moment die Hilfe anderer zurück — diese Arbeit muß sie allein tun. Das Wasser des Flusses, der in den Ozean strömt, wird ihre Gehilfin sein. Vorsichtig steigt sie in den kalten Fluß und durchwatet ihn, läßt sich durch die Strömung reinwaschen und ihre Gefühle wiederbeleben. Wenn sie ihr Ritual vollendet hat, wird sie sich vielleicht in den warmen Sand legen und sich neue Möglichkeiten ausmalen.

Sie ist in eine Zeit der Unsicherheit eingetreten, ähnlich dem Ort, wo sich Fluß und Ozean begegnen, und das süße Wasser sich mit Salzwasser wirbelnd vermischt. Eine solche Zeit kann dazu genutzt werden, das Leben und die Beziehungen neu zu überprüfen und zu bewerten. Tränen können ungesehen ins Wasser fallen, einen freien Fluß der Gefühle gestatten, der alle Wunden heilt. Mit genügend Zeit und Aufmerksamkeit wird sich die Verwirrung von selbst ordnen, und die Klarheit wird zurückkehren.

Vier Scheiben

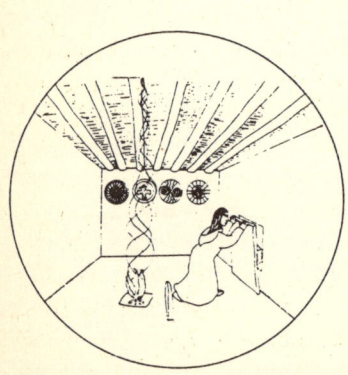

Die Vier Scheiben stellen eine Art inneres Heiligtum dar, ein Zimmer oder ein Haus, in dem sich diese Person allein und geschützt aufhalten kann. Sie braucht Stille und Schweigen. Sie möchte einen ruhigen Ort wie etwa ein Kloster. In diesem privaten Raum kann sie je nach Wunsch die Türe öffnen oder schließen. Ein einziges Feuer brennt der Wärme wegen, der Rauch entweicht durch die Öffnung im Dach. Das äußerliche Drumherum des gesellschaftlichen Lebens entfällt wie der Rest der wirbeligen Unruhe und Nervosität der Welt draußen. Diese Gestalt weiß, daß sie nein sagen muß zu dem, was andere gerade wollen; daß sie herausfinden muß, was sie für sich selbst braucht.

Die warmen Holzfarben und die Geräumigkeit ihrer kargen Umgebung erlauben ihr, still zu werden und auf innere Stimmen zu hören. Die Scheiben an der Wand versinnbildlichen die Aufgaben, die sie sich selbst gestellt hat, innere Ziele und die Ideale spirituellen Wachstums. Die erste Scheibe deutet eine Spirale an, die zu ihrer Mitte führt, die zweite einen magischen Flug in himmlische Sphären. Die dritte verweist darauf, daß ihr Hineingehen und Herauskommen in rhythmischem Gleichgewicht erfolgen wird; und die vierte verspricht die Integration der vier Elemente in einem Mandala, dessen Mitte ein Kreuz bildet. Dankbar schließt sie die Tür zum Draußen.

FÜNFEN: KAMPF

Fünf ist traditionellerweise die Zahl des Kampfes und des Konflikts, bezeichnet einen Wechsel und einen gewissen Bruch. Fünf ist die heilige Zahl der Menschheit, symbolisiert im fünfzackigen Stern oder „Pentagramm". Weil eine Veränderung uns zu erschrecken scheint, und ein Bruch noch viel mehr, machen uns die Fünfen Angst. Wir sollten aber nicht vergessen, daß Zerstörung notwendig ist, bevor wir uns wandeln oder wiedergeboren werden können. Beides ist ganz einfach Bestandteil eines Prozesses.

Fünf Schwerter

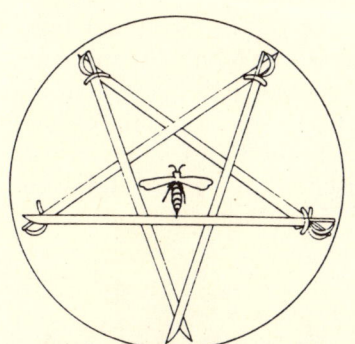

Die Fünf Schwerter bedeuten eine sehr starke negative Erfahrung, eine Niederlage oder zumindest einen Kampf. Schwerter gehören der geistigen Ebene an, von daher mag sich die Erfahrung auch auf dieser Ebene abspielen, aber sie tut weh. Die Wespe in der Mitte des Pentagramms bezeichnet einen „Stachel" oder eine Art konzentrierten Schmerzes. Das nach unten weisende Pentagramm bedeutet, daß die Energie nicht auf Segen oder Schutz gerichtet ist, nicht einmal auf einen Bann, sondern auf einen Fluch. Das der Karte zugrundeliegende Gefühl ist „Ich verfluche dich!" oder „Ich hasse dich!" Abhängig von der dahinterstehenden Kraft kann dieser Ausruf das Opfer in bewußter Weise treffen oder auch nicht. Ganz sicher wird er Auswirkungen auf psychischer und spiritueller Ebene haben.

Die Erwartung oder sogar der heimliche Wunsch zu verlieren schmälert die Gewinnchancen — eine Situation, auf die die Fünf Schwerter manchmal verweisen. In diesem Fall kann sich jemand fragen: „Erwarte ich, gestochen zu werden? Bin ich sicher, daß es in dieser Sache einen Gewinner und einen Verlierer geben muß? Bin ich zur Grausamkeit bereit, um meinen Willen durchzusetzen?" Die das verfluchende Pentagramm umgebende strahlend gelbe geistige Energie könnte diese Person zu einer Haltungsänderung inspirieren, so daß sie ihren Machttrip, ihre Wut und ihr Schikanieren aufgibt.

Fünf Stäbe

Die Fünf Stäbe sind ein Bild der Auseinandersetzung und Anstrengung ohne Schmerz. Zwar mag der Ärger unterschwellig brodeln oder ein Konflikt noch gelöst werden müssen, aber es besteht eine Übereinkunft — entweder in dieser Person selbst oder unter Freundinnen — darüber, daß dieser Kampf fair ausgetragen werden soll, ohne Flüche oder „Stachel". Es bleibt das Bemühen, einen Wettbewerb oder ein Spiel zu gewinnen. Viele verschiedene Ansichten werden vorgetragen, verschiedene Waffen und Einstellungen ins Spiel gebracht. Die „Kämpferinnen" lieben und respektieren einander, da sie Priesterinnen sind, die um das Amt der Hohepriesterin wetteifern, die jedes Jahr abgelöst wird. „Soll die beste Frau gewinnen."

Der rote Hintergrund liefert die Energie für einen fairen Kampf unter Gleichen. Hinter ihnen stößt ein Vulkan Rauchwolken aus, die ägyptische Löwen-Göttin wacht über sie. Druck, der in kleinen, kontrollierten Explosionen abgelassen wird, läßt das Bedürfnis nach großen zerstörerischen Ausbrüchen schwinden. In einem Konflikt muß jede Stimme gehört, jeder Anschauung Ausdruck gegeben werden. Aus den Flammen steigt ein Greif auf, ein Symbol der Wiedergeburt der Gruppenharmonie, die sich am Ende dieses Spiels wieder einstellen wird; ein Spiel übrigens, das den Olympischen Spielen um Jahrhunderte vorausging.

Fünf Kelche

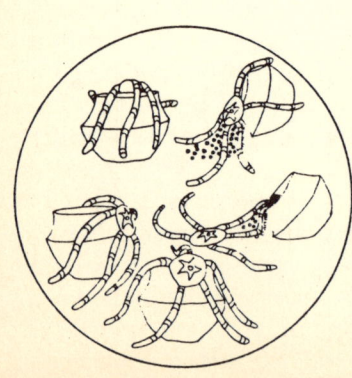

Die Fünf Kelche stellen Enttäuschung in der Liebe dar, Verzweiflung, Traurigkeit, Niedergeschlagenheit. Die Empfindung ist die eines langen traurigen Seufzers. Krüge sind ausgeschüttet, Perlen in die Tiefe geworfen, die Hoffnung schwindet. Die winzigen roten Seesterne auf dem „Motherpeace"-Bild können Korallenriffe einreißen, so wie eine Depression Gefühle zerbrechen kann.
Zwei Krüge sind ausgeschüttet worden, drei nicht. Auf welche sollten wir uns konzentrieren? Verzweiflung hat nichts anzubieten. Hoffnung ge-

währt eine Chance. Vielleicht ist gar nicht alles verloren. Vielleicht wartet um die nächste Bewußtseinskurve ein Vergnügen. Alle Seesterne tragen in ihrer Mitte einen fünfzackigen Stern des Glücks. Leg einen Wunsch in die übrigen Kelche und sieh zu, was passiert.

Fünf Scheiben

Die Fünf Scheiben zeigen ein Bild körperlicher Angespanntheit, die Art der Verspannung, die durch Sorgen entsteht. Wahrscheinlich sind die Gedanken mit irgendwelchen Überlebensproblemen beschäftigt — Geld, Wohnung, Arbeit, wo die nächste Mahlzeit herkommen soll. Es findet eine Veränderung statt, aber im Inneren, sie manifestiert sich noch nicht. Trägheit droht einzusetzen. Es wäre gut, wenn die Energie in Bewegung gehalten würde — vielleicht durch irgendeine körperliche Betätigung, um nicht in einen dunklen Bewußtseinszustand (oder Unbewußtseinszustand) abzusacken. Die Frau auf dem „Motherpeace"-Bild arbeitet mit den Händen — knetet und rollt, drückt und formt —, alle diese Bewegungen tragen dazu bei, daß ihre Energie nicht steckenbleibt.

Sich zu sorgen führt ohnehin zu nichts. Besser ist es, die Energien für positive Ziele zu mobilisieren — gebrauche die Hände zum Brotbacken, mach Pfannkuchen, modelliere etwas aus Ton, pflanze etwas im Garten an oder massiere jemanden. Und während die Hände beschäftigt sind, kann der Geist vielleicht die Scheiben im Hintergrund als Konzentrationshilfe verwenden und sich in gelassener magischer Absicht auf die Zukunft richten.

SECHSEN: ÜBERSCHWANG

Die Sechsen sind intensiv und ausdrucksstark, eine Spitzenzahl, stets expansiv und in irgendeiner Weise positiv. Sechs stellt Überschwang und Triumph dar, obenauf sein. Wie sich die Sonne im Mittelpunkt des Sonnensystems befindet, so findet sich die Sechs in der Mitte des kabbalistischen Baums des Lebens, strahlt in jede Richtung, sagt „Ja"! Sechs steht für einen Augenblick entscheidender Handlung oder irgendeinen Höhepunkt, einen glorreichen Moment.

Sechs Schwerter
Siehe Abbildung auf Farbtafel 8.

Die Karte der Sechs Schwerter ist wahrscheinlich nach dem As die spirituellste aller Schwert-Karten. Die Frauen — oder Aspekte einer Person — kommen in einem Mittelpunkt zusammen, sie tragen rote Rosen der Leidenschaft zur Heilung des Herzens wie auch ihre Messer der Wahrheit. Zusammen schweben sie über dem heiligen Hain der dreizehn immergrünen Bäume — ein Hain der Göttin. Die golden-braune Farbe der Berge im Hintergrund sagt uns, daß es Herbst sein muß, die Jahreszeit der Todesgöttin.

Und während die Frauen im Flug zusammenkommen, denken sie bei sich: „Etwas stirbt, aber wenigstens haben wir eine klare Vorstellung vom wirklichen Geschehen. Es ist vielleicht nicht besonders angenehm, aber die Fähigkeit, die Dinge im Ganzen zu sehen, hat auch etwas für sich. Wenigstens befinden wir uns außerhalb der Zone von Schmerz und Verwirrung." Die Karte verweist auf Perspektive, Distanz gewinnen und darauf, daß wir uns der verletzten Teile des Selbst annehmen.

Sechs Stäbe
Siehe Abbildung auf Farbtafel 8.

Sechs Stäbe sind eine heitere Karte, expansiv und warm, ein Sinnbild der persönlichen, kreativen Macht. Dies ist das archetypische Bild der Shakti, ein bildlicher Ausdruck reiner strahlender Feuerenergie, die aus der Kraft der Mitte kommt. Das Rad mit den sechs Speichen, die die vier Elemente und Kopf und Körper symbolisieren — diese Vorstellung von Shakti entstammt den indischen Ikonen der vielarmigen Gottheiten. In ihren Händen hält sie sechs Stäbe, die mit verschiedenen Symbolen besetzt sind: Die vier Tarotfarben (Luft, Wasser, Feuer und Erde) sowie Sonne und Mond. Der Löwe und der Salamander verweisen auf ihre feurige Seite, der Oktopus und die Schlange auf ihr mit dem Wasser verbundenes, empfängliches Selbst. Im Feuer zentriert zu sein bedeutet, da es stets von der Mitte aus strahlt, einen momentanen Sieg.

Ein Sieg ist errungen worden, und Shakti ist die Gewinnerin; sie strahlt Wohlbefinden aus. Ihre Persönlichkeit nimmt hier die Situation in die Hand, und sie weiß genau, wie damit umzugehen ist. Selbst-Vertrauen ist das wesentliche Charakteristikum. Führung entsteht aus der Leidenschaft zum Leben und wird durch vollkommene Balance getragen. Als Ergebnis bildet diese Gestalt einen glanzvollen Mittelpunkt.

Sechs Kelche
Siehe Abbildung auf Farbtafel 9.

Die Sechs Kelche stehen für einen orgasmischen Ausbruch der Gefühle, eine Welle der Ekstase. Pferde und Reiterinnen lassen sich von der Woge ans Ufer tragen, schwimmen in einer Welle der Freude und des Vergnügens, rundum ein Ausdruck emotionaler Intensität. Die Kelche werden hochgehalten. Schlangen erheben sich, wie die *Kundalini* das Rückgrat aufsteigt. Die Reiterinnen bekommen, was sie wollen, weil sie den richtigen Punkt fanden und dann die Welle erwischt haben. Selbst wenn es traurige Gefühle sein sollten, so führt ihr aktiver Ausdruck doch zu einer Befreiung und einem guten Gefühl.

Ihr Vergnügen hat einen mythischen, imaginativen Aspekt — vielleicht handelt es sich um einen besonders schönen Traum, eine orgasmische sexuelle Erfahrung oder ein spirituelles „Hoch", das sich wie ein Sprung ins selige Nirwana ausnimmt. Entfesselte Imagination — lässig reiten diese Gestalten die lavendelfarbenen Seepferde. Vielleicht werden sie von der Erinnerung an eine entfernte Vergangenheit wie auf einer Welle in die Zukunft getragen.

Sechs Scheiben
Siehe Abbildung auf Farbtafel 9.

Die Sechs Scheiben bedeuten Großzügigkeit, mehr als genug haben, Teilhabe an Gesundheit und Glück. Eine Heilung findet statt. Jemand berührt uns in zarter, behutsamer Weise, stellt einen bedeutungsvollen Kontakt her. Die Erdenergie kann Geld oder Nahrung, einen Dienst oder eine Berührung bedeuten — sie ist körperlich und faßbar. Macht eine Person ein Geschenk der Heilung, so kehrt es zu ihr zurück und heilt auch die Gebende. Dies ist eine Lektion, die sich auch auf andere Ebenen übersetzen läßt, es ist ein Grundgesetz des Universums: was freizügig gegeben wird, kommt doppelt zurück.

Hier wird auf verschiedenen Ebenen gegeben. Die eine ist physischer Natur, das pure Empfinden einer liebenden Berührung. Die nächste Ebene betrifft die „ätherische" Seite des Physischen, auf der die Energie sich, für die meisten Augen unsichtbar, bewegt und arbeitet, um den Körper zu heilen und die Seele ins Gleichgewicht zu bringen. Die sorgsame Konzentration, die sich in diesem „Motherpeace"-Bild ausdrückt, deutet auf die Fähigkeit, erfolgreich zu meditieren und Ergebnisse zu erzielen, der Macht und ihrer Anwendung zum Guten zu vertrauen. Anstatt sie zu horten, übertragen wir diese Kraft von einem Körper auf den anderen als Geschenk. Dieser Austausch von Energie ist das Geheimnis zum Erfolg, die Bedeutung, die diese Karte traditonellerweise hat.

27

SIEBENEN, ACHTEN UND NEUNEN
VERÄNDERUNG

Die Sieben, Achten und Neunen stehen, astrologisch gesehen, mit den „veränderlichen" Zeichen ihres jeweiligen Elements in Beziehung. Die folgenden drei Stab-Karten unterstehen dem Schützen, Schwert-Karten dem Zwilling, Kelch-Karten den Fischen und Scheiben-Karten der Jungfrau. Ihrer Natur nach wandelbar und zyklisch stehen die veränderlichen Zeichen für *sattva* im hinduistischen System. Geometrisch werden sie durch eine Spirale ausgedrückt, die die Innerlichkeit des Kreises mit der Stoßkraft der geraden Linie verbindet.

SIEBEN: INNERE ARBEIT

Die Sieben handeln von innerer Arbeit, Leistungen und Fertigkeiten auf inneren Ebenen, Selbst-Besinnung. Nach der außen-gerichteten Handlung der Sechsen folgt nun eine Zeit der Überprüfung und Vollendung, eine Antwort auf das Vorangegangene. Gewöhnlich betrifft die Sieben irgendeine Art des inneren Prozesses. Etwas geschieht, aber wir sind vielleicht nicht in der Lage, es zu sehen; der Prozeß bleibt im wesentlichen unbewußt.

Sieben Schwerter

Die Sieben Schwerter weisen auf eine geistige Strategie, die nach der unvoreingenommenen Klarheit der Sechs als notwendig empfunden wird. Nachdem er wahrgenommen hat, wie die Dinge wirklich sind, schafft sich der Geist einen Plan, um zu bekommen, was er möchte. Diese Person hat vielleicht im Augenblick das Gefühl, nicht genügend zu bekommen, oder sie fühlt sich schuldig, weil sie mehr will und es hintenherum versucht. In einer solchen Situation handeln wir möglicherweise unsicher oder versuchen, jemand „auszutricksen" oder zu übervorteilen. Vermeiden wir das direkte, offene Gespräch mit der anderen Person, müssen wir uns in ihre Gedanken hineinversetzen und Pläne machen, die bis zu einem gewissen Grad Illusion und Phan-

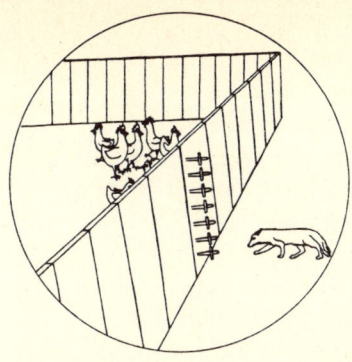

tasie zur Grundlage haben.

Der Fuchs ist ein räuberisches Wesen — er versinnbildlicht List. Die Hühner sind in ihrem Gehege eingeschlossen und ahnungslos, stehen für eine gewisse Naivität und törichtes Vertrauen. Sie warten passiv auf das, was immer über sie hereinbrechen wird, während der listige Fuchs näher und näher an ihr Gehege heranschleicht. Die Sieben Schwerter stecken im Zaun und schaffen dem Fuchs vielleicht die Möglichkeit, über den Zaun zu gelangen — eine Gelegenheit, seine Ideen, Pläne und Manöver auszuführen. Hier ist der Plan ziemlich wacklig, ein füchsisches Unternehmen auf der einen Seite des Zauns, eine passive Opferhaltung auf der anderen. Im schlimmsten Fall holt sich diese Person, was ihr „gebührt".

Sieben Stäbe

Die Sieben Stäbe handeln von Verantwortlichkeit — die Priesterin der Sechs, die den Wettkampf der Fünf gewann, ist nun ganz auf sich gestellt und muß das Vertrauen in sich haben, auch die schwierigsten Situationen meistern zu können. Sie trägt den gehörnten Kopfschmuck der silbernen Mondsichel, der Wandel und weibliche Balance versinnbildlicht. Die Pfauenfedern auf ihrem Kopf sind ein altes Symbol der Weisheit, Macht und Initiation. Sie hält die Fackel der Wahrheit in der rechten Hand, um anderen den Weg zu erhellen, was aktive Führerschaft und philosophische Kenntnis bedeutet. Um den Hals trägt sie Amulette und machtbesetzte Gegenstände. Mit bloßer Brust steht sie hochaufgerichtet und spricht mit Feuerzungen. Sie hält ihre Position und spricht die Wahrheit, wie sie sie sieht.

Die anderen Personen unterstützen sie nicht uneingeschränkt; sie fordern sie heraus, sich zu behaupten. Eine stellt sich ihr sehr direkt entgegen und hält ihren Stab der Macht hoch. Die anderen scheinen auf dieses Geschehen in verschiedener Weise zu reagieren — mit Langeweile, Interesse, Nachdenklichkeit, Wut, Unterstützung. Dies ist eine Debatte, ein offener verbaler Austausch. Hier wird Energie entweder auf sexueller Ebene ausgetauscht oder auf der Ebene eines hitzigen Dialogs. Allem liegt ein Gefühl tiefen Sinns zugrunde — dies ist kein lockerer oder oberflächlicher Austausch, sondern bedeutungsvolle Kommunikation.

Sieben Kelche

Die Sieben Kelche lassen sehr viel Raum — sie stellen Imagination, Verträumtheit, Visionen, Phantasie dar. Die Kelche deuten auf Wahlmöglichkeiten im Überfluß. Sie scheinen alle gleichermaßen verlockend — wie soll sich diese Person entscheiden? Sie hat so große Schwierigkeiten damit, daß sie am liebsten einschlafen möchte. Die Wasser des Ozeans dahinter drohen sie ganz zu verschlingen, wenn sie sich nicht in irgendeiner Weise in der Realität erdet. Das Netz, das sie hält, könnte sie zum Aussieben benutzen — zum Aussondern dessen, was sie behalten und was sie wegwerfen will.

Die Sieben Kelche haben eine verführerische Süße an sich, ein Gefühl, alles auf einmal zu wollen im Glauben, daß man es auch haben könnte. Manchmal verweist diese Karte auf eine „mystische Vision", die sich in ihrer Qualität von den anderen Phantasien unterscheidet. Wahrscheinlich steht sie mit der weißen Taube in Beziehung, die sich gerade im Kelch auf dem Kopf der Frau niederläßt. Der Ruf dieses einen Kelches — diese Wahl — ist sicher deutlicher als der der anderen. Die Taube ist Aphrodites Vogel und versinnbildlicht Weissagekraft, die Botschaft Des Geistes. Der unrealistische Wunsch, alle Kelche auf einmal haben zu wollen, kann die Verwirklichung dieser einen höheren Vision der Wahrheit verhindern. Wird aber dieser von Aphrodite berührte Kelch anerkannt, strömt Segen in alle anderen Kelche.

Sieben Scheiben

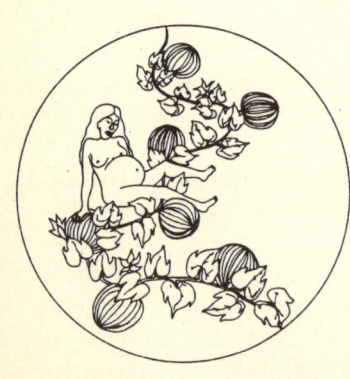

Die Sieben Scheiben sind ein Bild des Wachstums und Wartens. Diese Frau — sie gehört zu den „kleinen Leuten" der irischen Mythologie — ist schwanger und wird bald niederkommen. Im Moment spürt sie den Wachstumsprozeß in sich und wartet. Die Botschaft dieser Karte lautet: „Sei geduldig — du kannst nichts tun als zu warten. Du kannst diese Geburt nicht beschleunigen und auch nicht hineinsehen, um dich zu versichern." Auf geistiger Ebene gilt eine ähnliche Regel: Die denkende Person muß warten und darauf vertrauen, daß die Idee Gestalt annimmt, so wie wir darauf warten, daß ein Kürbis reif wird, bevor wir ihn ernten.

Alle inneren Wachstumsprozesse ähneln der Schwangerschaft. Manchmal machen wir den Fehler anzunehmen, daß im Grunde nichts geschieht, wenn noch nichts geboren, keine physische Manifestation vorhanden ist. Wir zweifeln an unserem Entwicklungsprozeß. Oder wir werden zu ungeduldig und wollen, daß die Dinge vor ihrer Zeit eintreten. Aleister Crowley benannte diese Karte „Fehlschlag". Es ist tatsächlich ein „Fehlschlag" der Imagination, wenn wir nicht warten können auf das, was da kommen soll. Schwangerschaft hat ihren eigenen Zeitplan — wenn die Geburt vor der Vollendung der Schwangerschaft eintritt, nennen wir das eine „Früh-Geburt".

ACHTEN: VERÄNDERUNG

Die Acht ist eine Zahl der Veränderung und Inspiration. Die Achten stehen alle für eine Stimmungsveränderung gegenüber dem Vorangegangenen und das Eintreten in eine neue Phase, die sich direkt aus der vergangenen Erfahrung ergibt. Von Uranus beherrscht, zeigen sie Bewegung und neue Richtung an. Sie sind von entschiedenem und nach außen gerichtetem Wesen.

Acht Schwerter

Die Acht Schwerter zeigen ein Sich-Herauskämpfen aus einer „Kiste", die das Denken geschaffen hat — aus einem Steckenbleiben, einem Hindernis, das dem Erfolg im Wege steht. Gewöhnlich bedeutet diese Karte Unentschiedenheit und das Gefühl, daß die Dinge gegen dich arbeiten, sich irgendwie verschwören, um die besten Bemühungen zunichte zu machen. Der in der Sieben geschmiedete Plan ist fehlgeschlagen, und das Ego fühlt sich beleidigt, ausgetrickst, blockiert. Die Aufmerksamkeit dieser Person ist im Moment von der dramatischen Beschäftigung gefangengenommen, die Schwerter gegen die harte Wand des Widerstands zu schmettern. Vielleicht hat sie den Schutz des „In-der-Falle-Sitzens" gesucht, um sich nicht der größeren Welt der Möglichkeiten außerhalb der Wände auszusetzen.

Das Bild hat einen stark traumhaften, illusionären Charakter — die Wand, an der die Schwerter zerbrechen, ist ein Produkt der Einbildung. Die Freiheit liegt im Verstehen, daß wir die ausbalanciertere Perspektive der Krähen brauchen, die mit einem gewissen Sinn für Humor beide Seiten der Situation überblicken.

Acht Stäbe

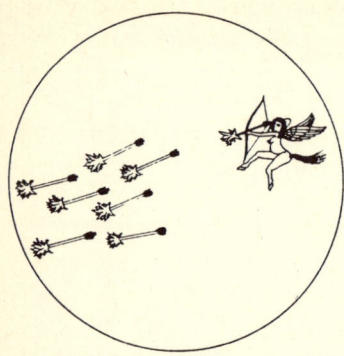

Die Acht Stäbe handeln von Energie — geschwinde Energiepfeile, abgeschossen vom magischen Bogen einer Elfe (oder einer etwas kentaurischen Gestalt). Dieses kleine geflügelte Geschöpf hat die Natur eines Amors, schießt seine Pfeile wer-weiß-wohin ab und erweckt das Wesen einer Person. Marie-Louise von Franz sagt: „Pfeil und Bogen haben mit der jähen Direktheit der unbewußten Libido zu tun." Es ist an der Zeit, ein Risiko einzugehen, etwas Neues zu versuchen, Leidenschaften freien Lauf zu lassen.

Ein Pfeil kann einen Telefonanruf bedeuten, Besucher oder irgendeinen Ausdruck der Lebenskraft. Jemand könnte Ideen oder Projekte einbringen. Du könntest dich mit dem Pfeil identifizieren und eine Reise unternehmen oder umziehen. Die hohe Energie ist auch eine mediale Kraft, läßt die Gedanken oder Wünsche anderer Leute lesen, das Telefon hören, bevor es klingelt und wissen, wer am anderen Ende der Leitung ist, oder eine Beziehung beginnen, die sich noch nicht auf der physischen Ebene manifestiert hat.

Acht Kelche

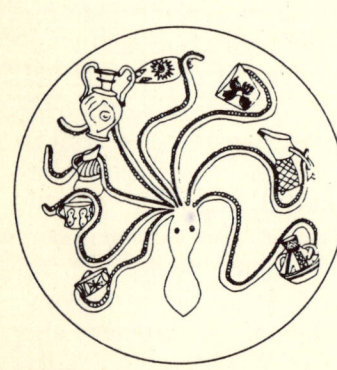

Die Acht Kelche stellen eine unbewußte Form der Veränderung dar — ein Geschehen auf sehr tiefer Gefühlsebene. Der Tintenfisch besitzt die Fähigkeit, „Tinte" abzusondern, die seine Aktivitäten verbirgt und ihn vor räuberischen Wesen schützt. Ähnlich mag hier eine Person das momentane Bedürfnis haben, sich vor den üblichen gesellschaftlichen Wechselwirkungen zu schützen, um tiefer in das Meer ihres Unterbewußtseins zu tauchen und herauszufinden, was zu einer Gefühlsveränderung geführt hat. Es gefällt ihr nicht unbedingt, was da passiert, es ist vielleicht unbequem oder unangenehm. Möglicherweise verändert sich ihre Beziehung zu einer Person, die sie liebt; vielleicht will sie etwas anderes und fürchtet sich, es auszusprechen, fürchtet einen Verlust.

Vielleicht haben sich die Phantasien der Sieben Kelche nicht in erwarteter Weise verwirklicht. Die Acht wird zu einer Art „Realitätsprüfung" und bringt unter Umständen Depression, Trübsinn, Traurigkeit und Lethargie mit sich, ja sogar Selbstmitleid und morbide Existenzangst. Wenn diese Person jedoch im Fluß ihrer Gefühle schwimmt, die Emotionen die Richtung bestimmen läßt, wird alles gutgehen. Diese Veränderung wird sie tiefer in ihre Spiritualität führen. Sie wird in der Tiefe ihrer Abgeschiedenheit und Innerlichkeit Sinn und Bedeutung entdecken. Immerhin sind hier Acht Kelche, jeder einzigartig in seiner Farbe, Form, in seinen Motiven. Die Gefühle, die sich auf diese Person auswirken, sind ihre Juwelen, Schätze aus der tiefen See, ein Ruf des höheren Selbst.

Acht Scheiben

Die Acht Scheiben stellen Kunstfertigkeit und Handwerk dar — Lehrzeit in einer Fähigkeit, die einer Person Boden unter den Füßen geben und sie durchs Leben führen wird; sie bedeuten auch gegenseitige Vermittlung von Fähigkeiten. Diese Frauen nehmen ihre Arbeit ernst und verstehen sich auf die „Kunst" sinnvoller Tätigkeit. In diesem Bild ist jede Person mit einer gesonderten individuellen Aufgabe befaßt, doch sie alle arbeiten für gemeinsame Ziele. Eine Frau formt ein Gefäß aus Ton, eine andere flicht einen Korb aus Schilf.
Eine Frau sitzt am Webstuhl und webt einen Wandteppich, eine andere fädelt Perlen für einen Gürtel auf. Alle diese Gegenstände sind funktional und werden doch mit Sorgfalt und einem tiefen Gefühl der Liebe und für Schönheit hergestellt.

Der dieser Karte zugrundeliegende Sinn ist „Der Weg", sie verweist auf ein spirituelles Unternehmen, eine Bewegung der Persönlichkeit auf dem spirituelleren Reiseweg der Seele. Indianische Menschen verkörpern dieses Verständnis von Geist-erfüllter alltäglicher Arbeit, sie trennen nicht die Welten von Geist und Materie. Was nützlich ist, soll auch schön sein, weil es von der Mutter kommt und als Gabe für Sie geschaffen wird. Die Zen-Haltung der Arbeit gegenüber ist eine ähnliche. Jede Aufgabe wird getan im Verständnis, daß sie Bedeutung hat. Arbeit wird um ihrer selbst willen verrichtet und nicht wegen des persönlichen Gewinns oder des Profits für andere.

NEUNEN: VOLLENDUNG

Neun bedeutet, da sie die letzte einstellige Zahl unter der Zehn in unserem Zahlensystem ist, Vollendung und Endgültigkeit. Sie ist der Höhepunkt, die Zusammenfassung der Zahlenfolge. Neun ist eine magische Zahl der Mondgöttin und hat Bezug zur Weisheit der Alten (oder Einsiedlerin) im Tarot. Die klassische griechische Mythologie kennt neun Musen und Neun ist eine Trinität der Trinitäten, drei Dreien.

Neun Schwerter

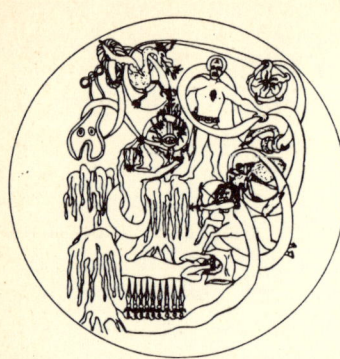

Die Neun Schwerter zeigen einen grauenhaften Alptraum; aus dem Unbewußten steigen alle Ängste und Projektionen auf, die der Geist im Lauf seiner Denkprozesse geschaffen hat. Quälende Sorge und Angst sind zum überwältigenden Terror angewachsen, zu einer Erfahrung von Verzweiflung und sogar Grausamkeit oder physischem Schmerz. All die unkontrollierten Ängste und negativen Gedanken haben sich zu einer Gestalt versammelt, die Jungianer „den Schatten" nennen. Diese Ängste können von Kindheitstraumata herrühren, von verdrängten Verletzungen und Wunden zu irgendeiner Zeit im Leben, oder sie können Bilder sein, die von der Kultur, in der wir leben, projiziert werden. Der gewundene Pfad zeigt den Sumpf der Verwirrung, der die Zweifel und Furcht verursachenden Probleme umgibt; er veranschaulicht die schwierige Situation, in die wir uns durch dieses Erwachen in einen Wirrwarr der Angst und „Dämonen" versetzt fühlen. Das Auftauchen dieses Schattens kann Schlafstörungen oder physische Krankheitssymptome verursachen.

Obwohl diese Dämonen aus dem Unbewußten aufsteigen, können sie bewußt und gezielt bekämpft werden. Ein Teil der Persönlichkeit verkriecht sich, hält sich die Augen zu, weigert sich, dem Problem ins Auge zu sehen oder damit umzugehen, ist von Angst bewegungsunfähig. Der andere Teil des Selbst steht auf, stark und zuversichtlich, bereit zur Konfrontation mit dem Schatten. Macht flammt aus dem Schwert, das vor diesem heroischen Teil der Persönlichkeit erscheint, und sie greift mit der rechten Hand nach diesem Instrument der Befreiung. Der einzige Weg hinaus führt durch Schmerz, Angst und die Auseinandersetzung mit den eigenen Monstern.

Neun Stäbe

Die Neun Stäbe verweisen auf eine Anhäufung von Energie. Das Wissen, wie Energie gehalten und bewahrt werden kann, führt dazu, sie in kluger Weise zu speichern und kompetent einzusetzen. Die Person auf diesem Bild vergeudet weder Zeit noch Energien und steht für den weisen Gebrauch von Macht. Die flammenden Stäbe hinter dieser weisen alten Frau bedeuten Erfahrung, die unterwegs gewonnen wurde. Sie sitzt in Meditationshaltung am unteren Ende dieser Fackeln der Wahrheit und des Lichts, meistert die Lebenskraft in ihrem Körper und entläßt sie für heilenden und schöpferischen Gebrauch. Ihre Erfahrungen sind in Weisheit „umgewandelt" worden, sie ist auf jede erforderliche Handlung vorbereitet.

Da sie wie eine Schamanin gelernt hat, größte Hitze oder hohe Intensität zu meistern, ist sie von roter Energie umgeben. Sie sitzt darin ohne die Schwierigkeiten, denen eine jüngere oder weniger erfahrene Person ausgesetzt wäre. Die beiden spiraligen Schlangen zu ihrer Seite versinnbildlichen die Doppelkräfte des Männlichen und Weiblichen, rechts und links, und sie verweisen darauf, daß sie die sexuelle Kraft unter Kontrolle hat und ihre inneren Geheimnisse kennt. Die Schlangenkraft ist nicht mehr nur latent vorhanden, sondern erweckt — sie hat ein sehr feines Gespür für deren Wirkungen im Körper und in der Welt entwickelt. Ihr Nervensystem ist belebt und empfänglich, doch sie wird von den starken Auswirkungen dieser Aktivierung nicht überwältigt, da sie Beherrschtheit und Selbstkontrolle erlernt hat. Eine erleuchtete Persönlichkeit, die die Fähigkeit, auf alle Situationen kreativ zu antworten, repräsentiert.

Neun Kelche

Die Neun Kelche stehen für körperliches und geistiges Wohlbefinden und Vergnügen. Eden Gray nannte diese Karte die „Wunschkarte" und meinte, ihr Erscheinen in einem Blatt bedeute, daß ein Wunsch in Erfüllung geht. Diese Priesterinnen besuchen die heilige Wunschquelle zu Füßen einer Göttinnenstatue, die in der traditionellen Haltung einer Mondpriesterin die Arme erhebt. Sie bringen der Quelle Gaben dar, vielleicht werfen sie Kupfermünzen hinein, da Kupfer der Venus-Aphrodite heilig ist. Dann trinken sie von dem heiligen Nektar, versinnbildlicht durch das tiefblaue Wasser, und geraten in Eksase, sind durch die Liebe und Inspiration Der Mutter von Energie durchströmt.

Dies ist eine visionäre Karte. Die Priesterinnen öffnen sich ihrer inneren Fähigkeit, zukünftige Ereignisse zu schauen — sie stellen sich in schöpferischer Weise bildlich vor, wie sie die Welt haben möchten. Da sie mit allen Sinnen, mit Herz und Geist offen sind, sind ihre Wünsche nicht durch Zweifel beeinträchtigt, sie stellen ihnen kein „nein" entgegen, sobald sie sie erfahren. Die Weidenbäume hinter ihnen weinen vor Freude, und die Priesterinnen machen Handstand, schlagen Rad in ihrer ekstatischen Erfahrung der göttlichen Energie des Fühlens und Verlangens. Eine Karte des Optimismus und Vertrauens in die Zukunft, die eine Zeit andeutet, in der wir uns zu wünschen gestatten, was immer wir wollen, und darauf vertrauen, daß wir die Erfüllung auch verdienen.

Neun Scheiben

Siehe auch Abbildung auf der Umschlagvorderseite.

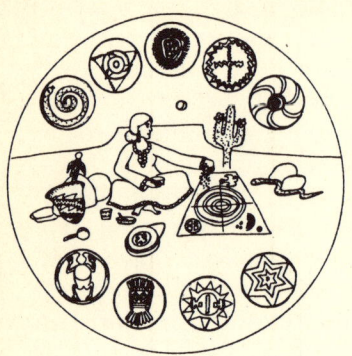

Die Neun Scheiben sind ein Bild der archetypischen, allein arbeitenden Hexe oder Schamanin des Neuen Zeitalters. Heutzutage arbeiten viele Menschen in Kreisen oder „Zirkeln" für ihre heilende Magie, doch andere arbeiten allein. Diese schöpferischen „Einzelgängerinnen" lernen durch Kunst, Meditation, Träume, Anweisungen von spirituellen Beraterinnen, vielleicht sogar durch Bücher. Diese Personen sind nicht notwendigerweise isolierte, einsame Wesen, sondern ganz normale Menschen, die sich ein bißchen Zeit nehmen für das, was sie als „Die Arbeit" oder „Das Werk" zu betrachten gelernt haben.

Die hier dargestellte Person hat sich in die Wüste versetzt, um eine Heilung mit Hilfe der Navaho-Sandmalerei zu bewirken. Zu ihrem „Handwerkszeug" gehört eine Schamanentrommel, ein Stab, eine Rassel, Körner und der Sand, den sie für ihr heilendes Kunstwerk braucht. Wie alle Sandbilder ist diese Arbeit vergängliche Kunst, die nur solange hält, bis sie selbst sie zerstört oder Wind und Regen sie auslöschen. Trotzdem zweifelt sie nicht an der absoluten Wirksamkeit ihrer magischen Arbeit. Sie weiß, daß sie durch Meditation und gerichtete Absicht die Kräfte des Universums ihrem Willen entsprechend in Bewegung setzt. Sie stellt dieses Bild her mit dem Ziel, sich selbst, eine andere Person oder sogar die Menschheit insgesamt zu heilen.

Ein wichtiges Wesensmerkmal der Neun ist die Entwicklung von Stärke und Mut. Diese Person erdet sich in ursprünglicher Energie und fürchtet sich nicht, allein zu gehen oder sich mit ihrer Arbeit auseinanderzusetzen. Der Mond steigt über der *Mesa* auf und erhellt ihren Weg. Die Schlange stellt sich als Freundin und Führerin ein. Sie selbst fühlt sich in Harmonie mit den Elementen. Wie die blühende Kaktusblüte verkörpert sie Schönheit und Frische, auch wenn die Weisheit, die sie in ihrer Handlung ausdrückt, eine uralte ist. Sie hat ihre Überlebensängste überwunden und ihre Kunst gemeistert. Wie alle Medizinfrauen vertraut sie darauf, daß das Universum sich ihrer annimmt und ihr zur Verfügung stellt, was sie braucht.

28

ZEHNEN
VERWANDLUNG

Die Zehnen des Tarot bilden eine besondere astrologische Konstellation — sie stehen für eine übergreifende Zusammenfassung oder Zusammensetzung der drei Zeichen eines Elements. Wie eine „Überseele" nehmen sie Aspekte von allen auf, ordnen sie, bilden eine Synthese, geben ihnen Ausdruck.

So weist die Karte der Zehn Stäbe Aspekte des kardinalen Widder, des festen Löwen und des veränderlichen Schützen auf, und es zeigt sich in ihr eine kollektive Erfahrung der Erzeugung von Energie und Feuer. Ähnlich beinhaltet die Karte der Zehn Schwerter Aspekte der kardinalen Waage, des festen Wassermanns und des veränderlichen Zwillings, die sie alle zugleich transzendiert. Die Zehn Kelche verkörpern den kardinalen Krebs, den festen Skorpion und die veränderlichen Fische als eine Gruppenerfahrung überströmender Gefühlsenergie. Die Zehn Scheiben haben Anteil an allen Erdzeichen — dem kardinalen Steinbock, dem festen Stier und der veränderlichen Jungfrau — in einem dynamischen Gruppenereignis.

Zehn bedeutet einen Überfluß des Elements der jeweiligen Farbe. Nachdem es in der Neun eine Vollendung erfahren hat, strömt in der Zehn die Entwicklung über in einen Zyklus der Rückkehr. Zehn bezeichnet den Übergang zu etwas Neuem, ein verwandelndes Ereignis. Zehn scheint die Persönlichkeit über sich selbst hinaus in universelle Bereiche zu tragen und bedeutet im „Motherpeace"-Tarot immer ein Gruppenereignis oder eine Erfahrung von Gemeinschaft.

Zehn Schwerter
Siehe Abbildung auf Farbtafel 10.

Die Karte der Zehn Schwerter stellt die endgültige Verabschiedung von einer Vorstellung dar, mit der das Ego verhaftet war. Auf dem „Motherpeace"-Bild geht es um die letztliche Vorstellung vom Leben selbst. Robert von Ranke-Graves erzählt die Geschichte von den Priesterinnen der Athene, die sich vor den heranrückenden patriarchalen Truppen lieber von einem Felsvorsprung ins

Meer stürzten, als sich in Vergewaltigung und patriarchale „Ehe" zu ergeben. In diesem Sinn veranschaulicht die Karte die unumschränkte Aufgabe einer geliebten und gehegten Vorstellung, eines Plans oder einer Lebensweise.

Anmut und spirituelle Freude drücken sich in den Körpern der Priesterinnen aus, während sie sich in das unvermeidliche Ende des Lebens, wie sie es kannten, schicken. Die Karte bedeutet das dramatische Ende eines Zyklus, ein plötzliches Einwilligen in das, was wirklich ist, statt dem nachzuhängen, was man wollte oder erhoffte. Traditionellerweise ist dies die Karte des „Ruins" und Verlusts. Hier bedeutet sie ein Opfer, das, wenn es erst einmal gebracht ist, der Persönlichkeit ihrem umfassenderen und tieferen Ziel in der Welt nachzufolgen erlaubt. In gewisser Weise mag man sich durch die Gewißheit, die die Zehn symbolisiert, erleichtert fühlen — der Kampf ist beendet, das Ego hat keine andere Wahl als loszulassen. Aber das Eintauchen in die tiefen Wasser darunter kann zu einer neuen Gefühlserfahrung, einem neuen Empfindungsvermögen führen.

Zehn Stäbe
Siehe Abbildung auf Farbtafel 10.

Die Karte der Zehn Stäbe bedeutet ein Freigeben aller Energien, die sich über die Zeit aufgebaut haben — Ängste, Spannungen und Druck, Hoffnungen und Befürchtungen, all die Aufgaben und Verpflichtungen des alltäglichen Lebens, die eine Person ab und zu überwältigen. Auf dem „Motherpeace"-Bild nehmen die Frauen an einem Trance-Tanz teil, um etwas von der gewaltigen Energie auszudrücken, von der sie sich durchströmt fühlen. Wenn die Kundalini geweckt wird, muß sie unbedingt kanalisiert und freigesetzt werden, sonst staut sie sich im Körper und läuft Amok. Die drei Frauen im Vordergrund des Bildes arbeiten daran, die im Tanz freigewordene Energie zu bündeln und in positiver Weise zu lenken. Eine schlägt auf der Trommel den Rhythmus, eine übliche schamanistische Technik, Trance-Arbeit und mediales Öffnen sanft zu dirigieren. Unter Bedingungen wie diesen kann Kreativität nutzbar gemacht werden und Spontaneität ins Spiel kommen. Das heranwachsende Mädchen im Zentrum tritt mit ihrer Macht der Weissagung hervor, spricht mit fremden Zungen, gibt sich im Schutz der Gemeinschaft den kosmischen Mächten anheim. Was sie sagt, wird von einer anderen Frau übersetzt und mit Stift und Tontafel festgehalten. In dieser Weise wird die heilige Inspiration für die Zukunft bewahrt.

Was hat zu dieser Szene geführt? Wahrscheinlich hatte das Mädchen zuviel auf sich geladen, die Anforderungen waren zu hoch. Spannung baute sich auf. Ihre Nerven waren zu stark belastet. Vielleicht spürte sie auch Ärger — diffus und ungerichtet, weil er eigentlich ihr galt, der Tatsache, daß sie sich soviel aufgeladen hatte. Vielleicht stand sie auch kurz vor ihrer Menstruation und war allem und jedem gegenüber besonders empfindsam. Und da sie ihre Energie nicht blockierte, ist sie jetzt mit Hilfe ihrer Gemeinschaft in die Lage versetzt, ein ziemliches Maß an Macht zu erzeugen.

Zehn Kelche
Siehe Abbildung auf Farbtafel 11.

Die Karte der Zehn Kelche zeigt Kommunikation mit „Der Quelle" — die Dankbarkeit und Zufriedenheit einer Gemeinschaft, nachdem die Regen gefallen sind und sie mit der Gewißheit einer Ernte gesegnet haben. Wie Kelche sprudeln die Menschen über vor Glück. Sie strecken die Arme in freudiger Wiedervereinigung mit dem Kosmos empor und senden ihren Dank an den wunderbaren doppelten Regenbogen, der ihre Bemühungen segnet. Sie wissen, daß hier etwas Göttliches anwesend ist und sie daran teilhaben. Dieser Karte liegt die Geschichte zugrunde, daß diese Gemeinschaft durch ihre harmonische Zusammenarbeit überhaupt in der Lage war, die Regen herbeizurufen. Jetzt drücken sie bewußt ihre Dankbarkeit für den Segen aus, der aufgrund ihrer Gebete und Anstrengungen über sie kam.

Die frühen amerikanischen Pueblogemeinschaften waren tatsächlich fähig, bis zu einem gewissen Grad das Wetter zu „bestimmen". Sie legten tiefe kelchförmige Löcher oben auf den Cañons an, um das Wasser eines Regensturms aufzufangen, und entwickelten ausgeklügelte Kanalsysteme am Fuß der Felsen, durch die das Wasser rasch und effektiv über den ganzen Boden verteilt wurde und die Pflanzen wässerte. So konnten sie Früchte und Getreide anbauen und Tausende von Menschen in Gebieten ernähren, in denen sich heutige Parkrangers fragen, wie hier denn jemals soviel Regen gefallen sein soll, daß sich auch nur ein winziger Stamm ernähren konnte. Die Rangers machen einen „Klimawechsel" für diese Unstimmigkeit verantwortlich. Doch die Hopis und andere indianische Völker behaupten nach wie vor, Regen herbeirufen zu können, was sie darauf zurückführen, daß sie mit dem Universum und seinen zyklischen Gesetzen und Zeiten verbunden sind und im Einklang mit seinem „Plan" arbeiten.

Zehn Scheiben
Siehe Abbildung auf Farbtafel 11.

Die Karte der Zehn Scheiben stellt einen Kreis des Schutzes und der Unterstützung dar, innerhalb dessen sich etwas manifestiert. Sie symbolisiert Familie und Gemeinschaft, Stamm oder Gruppe, das Gefühl, Teil eines größeren organisierten Gebildes zu sein. Wie alle Zehnen verweist sie auf einen Übergang, aber hier vor allem auf der physischen Ebene. Etwas endet, und etwas anderes wird geboren — und alles innerhalb einer umfassenderen Bewegung. Die Frauen im Kreis haben alle einen verschiedenen kulturellen Hintergrund — in diesem Fall kommen sie aus verschiedenen Stämmen — und doch verbinden sie sich, um diese Geburt zu einem freudigen und heilsamen Ereignis zu machen. Jung und alt bringen sie ihre heiligen Körbe oder geflochtenen Schilde in den Kreis und bündeln und lenken durch sie Energie ins Zentrum, wo die Geburt stattfindet.

Die Gruppe in der Mitte ist einer indischen Reliefskulptur nachempfunden. Zwei Frauen stützen die kauernde Gebärende, die ihren Bauch nach unten drückt, während sich eine andere Frau bereithält, das Baby „aufzufangen". In Mythologie und Religion ist das Auftauchen des Babys aus der schützenden Umgebung des Schoßes und aus dem Gebärkanal ein weitverbreitetes Symbol für „Hervorkommen, Zutagetreten" und „Schöpfung". Es steht für das Hervorkommen der Menschheit aus dem Schoß der Mutter Erde wie auch für jede andere Manifestation in der physischen Welt, vom Geld bis zum Gesundheitswesen. Die Zehn Scheiben sind ein Symbol des Reichtums — alles, was wir fürs Überleben brauchen und mehr, ist in der Macht und Kraft der Gruppenenergie enthalten.

29

TÖCHTER
JUGEND

Bei den traditionellen Tarotkarten folgen den eben beschriebenen vierzig Zahlenkarten sechzehn Karten, auf denen Personen abgebildet sind. Ursprünglich waren sie als „Hofkarten" bekannt, da sie den mittelalterlichen Hof mit seinen Hoheiten und Aristokraten darstellten. Im „Motherpeace"-Tarot werden diese hierarchischen Gestalten einer kurzen Periode der langen Menschheitsgeschichte durch etwas weniger provinzielle und zeitgebundene Gestalten ersetzt. Was früher die „Könige" waren, sind nun die Schamaninnen und der Schamane (eine Rolle also, die sowohl von Männern als auch Frauen ausgefüllt wird). Die herkömmlichen Königinnen wurden zu „Priesterinnen", vom Status her den Schamaninnen und dem Schamanen gleich, aber sie üben eine andere Funktion aus. „Ritter" sind nun „Söhne" und stellen das archetypische männliche Element dar; die „Pagen" wurden zu den „Töchtern" und drücken die junge weibliche Kraft aus. Diese neuen Titel verändern nicht die innere Bedeutung der Karten, sondern bringen sie einfach auf den Stand matriarchaler Vorstellungen von Macht und Entwicklung.

Die Töchter sind der jüngere Teil einer Person, voller Leben und Enthusiasmus, dem zunehmenden Mond vergleichbar. Abgesehen von der speziellen Bedeutung, die sie in ihrer jeweiligen Farbe haben, spiegeln sie vor allem das Element der Erde wider. Die Tochter ist das, was Starhawk das „Kindliche Selbst" nennt, sie symbolisiert den unbewußten Teil des Wesens, das innere Kind, das die Welt unmittelbar erlebt, über die ganzheitliche Wahrnehmung der rechten Hirnhälfte. Ihre Funktionen sind, so Starhawk, „Empfindungen, Gefühle, elementarer Antrieb, Bildgedächtnis, Intuition und diffuse Wahrnehmung".

Tochter der Schwerter

Entschlossen, etwas geschehen zu lassen, stellt die Tochter der Schwerter den Drang zur Tat dar, impulsiv und überstürzt. Sie ist der Teil des Selbst, das Ideen verwirklicht sehen will, aber sich jung und unschuldig, unerfahren in den Dingen der Welt fühlt. Sie ist ungeduldig und vermutlich eine Rebellin.

Schwerter stehen für Luft, die sich ständig verändert und verschiebt. Diese Tochter ist die jüngste, energischste der Schwert-Familie — wie eine Walküre würde sie einen Sturm heraufbeschwören oder die Toten erwecken. Ihr Kleid ist das einer jungen amazonischen Kriegerin. Ihr Haar weht in den Winden des Wandels, sie schwingt das Schwert über dem Kopf und nimmt die Haltung der Kämpferin ein. Doch sie bleibt geerdet auf dem Felsen unter ihren Füßen.

Will eine Person etwas unternehmen, das die eigenen Kräfte übersteigt, ruft sie herkömmlicherweise die Schicksalswinde aus den vier Himmelsrichtungen herbei. Und unter diesen gilt der Nordwind als der stärkste und magischste. Robert von Ranke-Graves sagt: „Zu Ehren der Weißen Göttin dreimal zu pfeifen war das traditionelle Mittel der Hexen, um den Wind zu beschwören." Der pferdegestaltige Wind auf dem Bild ist die stutenköpfige Göttin und möglicherweise die Mutter dieser hitzigen Tochter.

Der Eber stellt Beherztheit, Entschlossenheit und *rajas*, das hinduistische Wort für Ungestüm und Leidenschaft, dar. In der ägyptischen, griechischen, kretischen und irischen Mythologie verwandelt sich der Sonnengott selbst in einen Eber, um mit einem Rivalen zu kämpfen. Die Bergziegen sind Mutter und Kind, Amalthea die Ziege und ihr Kleines, eine weitere Version der Weißen Göttin, die die Tochter der Schwerter schützt. Amalthea ist verschiedentlich als Mutter des Zeus, des Ziegengottes Pan und des gehörnten Dionysus bekannt, was darauf verweist, daß diese Tochter der Schwerter mit einem frühen „Ziegenkult" der Göttin in Verbindung steht.

Robert von Ranke-Graves bringt Athene mit Amalthea in Zusammenhang, wenn er sagt, daß Athene ein Ziegenfell oder aber einen aus dem Ziegenfell der Göttin Amalthea gemachten Beutel trug. Jedenfalls ist Athene ganz sicher eine Kriegergöttin der Amazonen. Diese Verbindung mit Athene erinnert uns daran, daß Schwerter Geist symbolisieren und daß die Tochter der Schwerter scharfe Intelligenz bedeutet, einen Wirbelwind der Gedanken, die schneller rasen, als sie mithalten kann. Der Lochstein stellt die schamanistische Quelle ihrer Weisheit dar. Sie ist eine mächtige Denkerin ebenso wie eine Kreuzzüge unternehmende Aktivistin, die für ihre Ideale kämpft und „auf dem Berge tobt" wie eine junge Priesterin der Athene.

*

Wenn diese Karte in deinem Blatt erscheint, so deutet sie auf eine Zeit der Aktivität und des Beginns neuer Projekte. Du bist ungeduldig, vielleicht übereifrig, möglicherweise sogar rücksichtslos. Was du willst, willst du jetzt! Dein Kopf ist angefüllt mit einem Wirbelwind glänzender Ideen. Solange die Karte aufrecht liegt, wirst du mit deinen hastigen Entscheidungen andere nicht verletzen oder eigene Pläne zunichte machen. Atme tief ein und konzentriere dich auf den bestmöglichen Ausdruck deiner grenzenlosen Energien. Dann gehe mit Vorsicht vor, damit sich deine Wünsche erfüllen.

Tochter der Stäbe
Siehe Abbildung auf Farbtafel 14 und Umschlagvorderseite.

Die Tochter der Stäbe stellt den jungen, feurigen Teil der Persönlichkeit dar, der sich in Tanz und Bewegung, in freudiger Veränderung und Wachstum manifestiert. Sie ist wortgewandt und ungehemmt, von ihrem Innern zum Ausdruck getrieben. Sie ist ein Symbol des Frühlings und des jahreszeitlichen Auftauchens von Persephone aus der Höhle der Unterwelt, dem Dunkel des Winters. Persephones Rückkehr zur Erde ist gekennzeichnet durch neues Wachstum und sexuelle Energie, den Zug der Tiere und Vögel und den Tanz der Lebensenergie, die wir alle in uns spüren.

Die Tochter der Stäbe trägt einen Haselnußzweig zur Heilung. In der anderen Hand hält sie das Rad der Nemesis, das alle Töchter des Lebens in der patriarchalen Kultur bei sich haben. Nemesis ist die Göttin der ausgleichenden Gerechtigkeit, der göttlichen Vergeltung für die Übertretung von Tabus, sagt Robert von Ranke-Graves, und „ihr Rad des Schicksals wird eines Tages seinen Kreislauf vollenden und die Rache den Sünder ereilen".

Ihr weißes Einhorn ist ein heiliges mythisches Tier, das wie der fünfzackige Stern nicht nur die vier Himmelsrichtungen der Erde, sondern auch den „Zenit" oder Himmelspol des Geistes versinnbildlicht. Der Mythologie nach, sagt Ranke-Graves, kann das Einhorn „nur mit Hilfe einer reinen Jungfrau gefangen werden — von der Weisheit selbst". In diesem Fall steht die Jungfrau für „spirituelle Integrität". Wie das Einhorn tanzt sie die „Wildheit und Unzähmbarkeit" des freien Geistes, der in uns allen wohnt.

Die Frühlingszeit rührt oft diesen wilden Geist in Menschen an, die ihn zu anderen Jahreszeiten vielleicht gar nicht bewußt wahrnehmen. Dies ist die Magie der Wiederauferstehung oder Wiedergeburt, ein Erwachen, das unsere Stimmung hebt und uns wieder in die Welt hinausschickt, wie die Tochter der Stäbe nach der Winterruhe. Das Ego erfährt einen neuen Schub an Selbst-Vertrauen, ein Gefühl persönlicher Aktivitäten und Möglichkeiten, während wir aus der dunklen Höhle hinaus und ans Licht eilen.

*

191

Wenn diese Karte in deinem Blatt erscheint, deutet sie auf eine natürliche Freude, die sich in dir in irgendeiner Weise freisetzt und ausbreitet. Du könntest rennen, tanzen oder singen; dein Herz hat Feuer gefangen. Diese leidenschaftliche Bewegung aus dem Inneren heraus fordert Ausdruck und führt zu einer Verwandlung deiner Stimmung, einem Zueilen auf eine Freiheit oder einen aufregenden Übergang in deinem Leben. Solange diese Karte aufrecht liegt, kannst du darauf vertrauen, daß dich der freie Fluß deiner Energien durch jegliche Phase des Wandels oder Wachstums tragen wird.

Tochter der Kelche

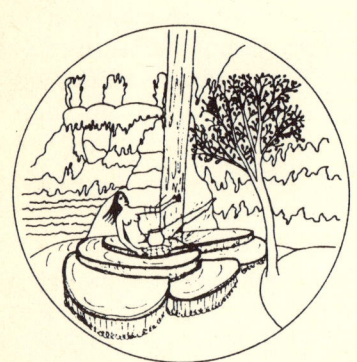

Die Tochter der Kelche stellt den spielerischen, liebevollen Teil der Persönlichkeit dar, den Teil, der einen wunderbaren Sinn für Humor hat und Wohlbefinden herzustellen weiß. Dies ist ein Aspekt, der in der modernen Hetze der Tagesgeschäfte, der so viele von uns unterworfen sind, leicht verlorengeht. Die Tochter der Kelche symbolisiert eine notwendige Pause von dieser konzentrierten stressigen Aktivität — einen Sommerurlaub —, ein Sich-Öffnen für Vergnügen und Schönheit in unserem Innern. Sie taucht in die Schönheit der inneren Welt und träumt neue Träume von globalem Frieden und Harmonie.

Ihre außerordentliche Empfänglichkeit zeigt sich in den ihr wesentlich zugehörigen Elementen, Erde und Wasser. Sie ist magnetisch und umfassend, zieht die Wärme und das Leben ringsum an. Ihre Wünsche verwandelt sie in kreative Visualisierungen, was dazu beiträgt, daß ihre Träume wahr werden. Leise und sanft singt sie im Teich magischer mineralischer Wasser, läßt sich vom Wasserfall liebkosen und öffnet sich ganz und gar wie eine Blume. In Starhawks Worten stellt sie die Jungfrau dar, „die sich allen gibt und doch von niemand durchdrungen wird". Mit allen Sinnen nimmt sie die Welt der Natur in sich auf und mischt sich mit ihr in einer göttlichen Vereinigung des Selbst und des Anderen. Sie feiert ihren Körper, ihre Wünsche, ihr körperliches Vergnügen und die Freude der Erfahrung tiefer Entspannung und medialen Bewußtseins.

Wenn diese Person mit der Tiefe ihres Wesens in Berührung kommen kann, dann sprudeln Verlangen und Liebe über, den Frühlingswassern gleich, die überfließen und weitere Teiche bilden. Ihre Wonne strahlt aus und berührt andere Menschen. Ein junger Baum streckt sich ihr entgegen, Leben berührt Leben. Felswände umgeben sie liebend wie in einer Höhle, doch die Wasser strömen ein, wie kosmisches Licht durch das Kronenchakra (Energiezentrum) einfließt. Aus ihrer Vereinigung mit der Natur entstehen Phantasie und astrale

Bilder. Die Tochter der Kelche versinnbildlicht die Erschließung der inneren Stimme nach einem furchtlosen Eintauchen in die tiefen Bereiche des Selbst. Sie sucht in sich nach Antworten und Ideen, verborgenen Motiven und menschlichen Bedürfnissen, die sich beim Aufsteigen freisetzen.

Die Schildkröte verweist auf die Fähigkeit, den geschützten inneren Raum zu verlassen und in ihn zurückzukehren. Den Indianern gilt die Schildkröte als heilig, und sie nennen Amerika „Schildkröteninsel"; sie gehen davon aus, daß es der älteste von der Menschheit bewohnte Erdteil ist. Evelyn Eaton zufolge glauben die Cheyenne, daß sie aus dem „Schildkrötenfluß" hervorkamen, und indianische Schwitzhütten werden in der Form einer Schildkröte gebaut. In der Mythologie trägt die Schildkröte die Welt auf ihrem Rücken. Hier auf dem „Motherpeace"-Bild trägt sie den heiligen Wasserkrug. Die Hopis nehmen ihren heiligen Wasserkrug mit sich und setzen ihn dort in die Erde, wo sie sich niederlassen wollen. Sie glauben, sagt Broder, daß Wasser für ihren Gebrauch aus der Erde fließen wird, wenn sie in einem Zustand der Reinheit den Krug niedersetzen und gewisse Rituale befolgen.

*

Wenn diese Karte in deinem Blatt erscheint, wirst du wahrscheinlich deine Gefühle sehr stark erfahren. Das kleine Kind in dir ruft nach Beachtung, und ob diese Gefühle nun traurig oder heiter sind, es ist der Erfahrungsprozeß, auf den es ankommt. Dies ist keine Zeit für harte Arbeit oder Ernsthaftigkeit. Mach eine Pause — respektiere deine Gefühle und Sinnesempfindungen. Das Eintauchen in deinen privaten Teich der Emotion wird sich um der Selbst-Entdeckung willen lohnen. Liegt die Karte aufrecht, dann weißt du, daß du dieses Fließen genießen wirst.

Tochter der Scheiben

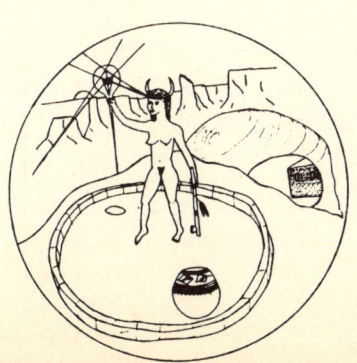

Die Tochter der Scheiben bedeutet reine elementare Erdenergie. Das Bild zeigt eine Jungfrau auf der Suche nach einer Vision — diese Person sucht ihren Namen durch Gebet und Fasten in der Einsamkeit. Sie ist die archetypische Jungfrau oder Nymphe, die griechische Kore, Persephone in ihrem Unterweltsaspekt. Ihr gehörnter Kopfschmuck bringt sie mit Artemis und der Hohepriesterin in Verbindung, doch sie sucht die Abgeschiedenheit und Weisheit von Hekate, Der Alten. Wie viele junge Indianerinnen und Indianer hat die Tochter der Scheiben ihr Stammeszuhause verlassen und ist in die Berge oder Wüste gegangen, wo sie wenigstens ein paar Tage lang ganz auf sich gestellt überleben wird. Sie bittet die Erde und Natur um Schutz. Ihr Steinkreis ist eine magische Scheibe der Sicherheit. In diesem Kreis steht sie und hält eine weitere Scheibe in Form eines Obsidianspiegels hoch, in dem sich sowohl die niedergehende Sonne als auch der aufsteigende Mond spiegeln. Sie bittet sie, ihr Wissen zu wecken, und bittet um die Fähigkeit, in unsichtbare Welten zu blicken. In der Höhle erwartet sie ihr Steinhaus, wenn sie die Zeit für gekommen hält, sich in die Erde zurückzuziehen, um im Schlaf einen visionären Traum zu empfangen.

In ihrer Hand hält sie die heilige Pfeife, von der die Lakota Sioux sagen, daß sie von Wakan-Tanka, der heiligen Weißen Büffelfrau mit folgendem Rat gestiftet wurde: ,,Mit dieser heiligen Pfeife werdet ihr auf der Erde wandeln, denn die Erde ist heilig. Jeder Schritt auf ihr sollte ein Gebet sein... Wenn ihr mit dieser Pfeife betet, betet ihr für alles und mit allem, was geschaffen ist." Der Obsidianspiegel fängt Informationen und Inspiration aus dem Kosmos auf, und die Pfeife wird zu einem Kanal zwischen der Tochter und der Erdmutter. Die junge Tochter also lernt, Schamanin zu werden. Wenn sie ihre Pfeife nimmt und, mit den Worten Evelyn Eatons, ,,in die Wüste geht oder auf einen Berg steigt oder einen Fluß in den Vorgebirgen entlangwandert, irgendwo, wo es still und vielleicht noch unvergiftet ist, dort... wird eine Leitung errichtet, durch die Botschaften und Signale auf- und absteigen".

Wenn die Tochter von ihrem Aufenthalt in den Bergen zurückkehrt, wird sie verwandelt sein. Sie wird erfahren haben, was ihre Lebensaufgabe ist, sie wird ihre medialen Kanäle geöffnet haben und dadurch der Welt gegenüber in einer Weise sensibel sein, wie sie es vorher nicht kannte. Ihre Macht steigt, sie ist schwanger mit sich selbst.

*

Wenn diese Karte in deinem Blatt erscheint, deutet das eine Zeit der Einsamkeit und Abgeschiedenheit an, eine Zeit, in der du der Körperweisheit vertrauen lernst. Du sollst dich jetzt auf deine Instinkte verlassen. Neue Erfahrungen mögen dir das Gefühl von Verletzlichkeit und Ausgesetztsein geben und dich daran erinnern, daß du nicht auf alles eine Antwort hast. Aber wenn du nach der Wahrheit suchst, lernst du auch Mut. Wenn du Mutter Erde um Führung bittest, öffnest du dich allen positiven Mächten des Universums. Liegt diese Karte aufrecht, dann wächst dein Bewußtsein, und du entdeckst vielleicht in dir neue Fähigkeiten, geheime innere Gaben.

30

SÖHNE
MÄNNLICHE POLARITÄT

Der männliche Pol, der in der Göttin lebt, der Sohn, stellt ihr Kind und ihren Geliebten dar, das Geschenk ihres Schoßes und die gegensätzliche Kraft der Energie. In Starhawks Worten ist der Sohn „ihr Spiegelbild, ihr Gegenbild". Die frühe Menschheit verehrte eine Muttergöttin, die ganzheitlich war und ohne Geschlechtsverkehr ihre Geschöpfe hervorbrachte, ein Thema, das wir noch in Marias „unbefleckter Empfängnis" und der „jungfräulichen Geburt" Christi antreffen. Diese strahlende Muttergöttin symbolisiert so die Ursprünge des Lebens auf Erden und, in menschlichen Begriffen, das uralte Modell matrilinearer Abkunft, das der Institution der „Vaterschaft" vorausging. In der Tradition der Göttinreligion verkörpert der Sohn einen leichten, spielerischen Wesenszug, ein Schlüsselelement des positiven „männlichen Archetypus". Auch im „Motherpeace"-Tarot stehen die meisten Söhne für positive männliche Energie, im Gegensatz zu den üblichen Männerrollen unserer modernen Gesellschaft. Eine Meditation zu diesen Karten wird in uns positive Vorstellungen über das Männlichsein in einer Kultur befördern, in der „männliche Vorherrschaft" zur drohenden Zerstörung der Menschheit geführt hat.

Söhne unterstehen dem Merkur und stellen dar, was Starhawk das „Sprechende Selbst" nennt, das über die verbale analytische Wahrnehmung der linken Gehirnhälfte wirkt und sich durch Worte, abstrakte Begriffe und Zahlen mitteilt.

Sohn der Schwerter

Im Sohn der Schwerter zeigt sich das am wenigsten versprechende positive männliche Bild. Vom Element her ganz Luft neigt er dazu, zu sehr vom Verstand bestimmt und von seinen Gefühlen getrennt zu sein. Er springt von einer Sache zur nächsten, der aktive Geist, der vergißt, was er noch vor fünf Minuten wollte. Was zwischenmenschliches Verhalten angeht, so ist dieser Sohn extrem wankelmütig. Sein Goldhelm, Schwert, seine Scheide und die Beinschienen weisen ihn als den archetypischen „Held" der Mythologie aus, zu

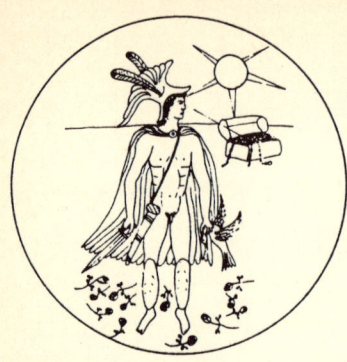

dessen Aufgaben es im allgemeinen gehörte, die Göttin in der einen oder anderen Weise zu metzeln. Er steht für den Sohn, der die Mutter zurückgewiesen hat. In diesem Fall versinnbildlicht die weiße Taube Aphrodite. Unser Held packt sie bei der Gurgel. Was er mit ihr tun wird, ist unklar, weil sein umherschweifendes Auge schon die Schatztruhe hinter ihm erspäht hat. Die Edelsteine und der glitzernde Tand locken und lassen ihn möglicherweise vergessen, was er mit dem weißen Vogel vorhatte.

Seine Ausbeutung sterblicher Frauen ist ein weiterer wichtiger Bestandteil dieser heldischen Mythologie. Häufig vergewaltigt er sie. Theseus, Achilles, Perseus, Herkules — ständig vergewaltigen und entführen sie Frauen, vor allem Amazonen, und verlassen oder töten sie dann schließlich. Auf den Sohn der Schwerter bezogen heißt das, „paß auf, dieser Geist verletzt möglicherweise". Die Macht des menschlichen Geistes, Gedanken in andere zu projizieren und sie durch Manipulation zu kontrollieren, ist sehr groß. Man kann von dieser geistigen Kraft überfallen, psychisch von diesem Intellekt vergewaltigt werden, so wie die Blumen auf dem Bild geschnitten und zu seinen Füßen auf dem Boden liegengelassen wurden.

Anfänglich mag dieser Sohn in seiner glänzenden Rüstung und dem Licht seines Geistes sehr attraktiv erscheinen; aber solange er nicht spirituelle Kontrolle über seine Impulse erlangt, bedeutet er Ärger und Kummer. In jedem Falle ist er abgetrennt von seinem Gefühl, außer vielleicht dem für Eroberung und Beute. Im Bild ist kein Wasser zu finden, nur eine öde Landschaft und eine Sonne, deren Strahlen ein nach unten gerichtetes Pentagramm bilden, in der Magie das Zeichen für einen Fluch. Das Ego eines Mannes, der so von seinen Gefühlen abgeschnitten ist, hat keinen Bezug zum Weiblichen. Er glaubt inzwischen an das Wort seiner Mythologie — daß das Helle gut und das Dunkel schlecht ist; daß das Männliche recht und das Weibliche unrecht hat. Da er Angst vor dem Weiblichen in sich selbst hat, denkt dieser Held, er müsse Frauen und die Umwelt beherrschen, um „stark" zu bleiben. Er steht für das romantische männliche Selbstbild, ein Herrschafts-Unterwerfungsdrehbuch, in dem er die obere Position innehat.

Ein Intellekt wie dieser, sei er nun der eines Mannes oder einer Frau, durchdringt tief seine kulturelle Umwelt. In dem Maße, wie Intellekt mit der Kraft der Liebe verbunden werden kann, kann er sich positiv auswirken; aber der Geist allein, abgeschnitten von der Natur, führt uns in den Untergang, wie das atomare Wettrüsten zeigt, eine wunderbare Demonstration technischer Erfindungsgabe. Wenn sich dieser Sohn wieder mit der Taube und den Rosen identifizieren kann, hat er vielleicht noch Zeit, sich und uns vor dem Unheil zu bewahren.

Wenn diese Karte in deinem Blatt erscheint, bedeutet das, daß du deine Ziele in einer überrationalen Weise ansteuerst. Die deine Schritte bestimmenden Gedanken sind wie Schwerter, die dich von der Nahrung abschneiden, die du zur Lebenserhaltung brauchst. Die kalte Logik deines Egos ist kurz davor, die Taube deines Herzens zu erwürgen. Du mußt weicher werden und dich daran erinnern, daß du nicht in einem Vakuum handelst. Laß dein falsches Gefühl der Isolation und verbinde dich mit dem Rest des Lebens. Wenn diese Karte aufrecht liegt, mußt du aufhören zu denken und mit deinem Gefühl in Berührung kommen.

Sohn der Stäbe
Siehe Abbildung auf Farbtafel 14.

Der Sohn der Stäbe stellt den Gehörnten Gott der alten schamanistischen Religion und der zeitgenössischen Hexenkunst dar. Anders als der Sohn der Schwerter ist dieser Sohn nicht von der Mutter oder der Gruppe abgeschnitten, sondern tanzt in ihrer Mitte. Er steht für eine „vor-macho" Männlichkeit, das archetypische positive männliche Prinzip, dessen Elemente Licht und Feuer sind. „Er ist ungezähmt", sagt Starhawk vom Gehörnten Gott. „Doch ungezähmte Gefühle sind etwas ganz anderes als ausagierte Gewalt." Anstatt hinauszuziehen und persönlichen Ruhm zu suchen, „bleibt er in der Kreisbahn der Göttin; seine Kraft ist immer auf den Dienst am Leben gerichtet". Seine Sexualität ist ebenso „wild und ungezähmt wie sanft und zärtlich". Herkömmlicherweise der Liebhaber der Großen Mutter, entzückt der Sohn, amüsiert und unterhält. Er feiert das Leben in ganz ähnlicher Weise wie seine Schwester, die Tochter der Stäbe.

Der Sohn steht wie die Sonne, die hinter ihm glüht, für die unmittelbare Wärme des Sommersonnenscheins, das Ego drückt sich in einem Tanz des Lebens aus. Das *I Ging* beschreibt die Sonne als „Das Sanfte, Durchdringende", und in diesem Sinn versinnbildlicht dieser Sohn die beginnende und einleitende Kraft. In seinen Händen hält er eine Rassel und einen Gebetsstab, Stäbe, die seine Energie in geheiligter Weise konzentrieren und sie rein und hell halten.

Dem Merkur unterstellt, repräsentiert der Sohn auch Denken und positive, von Intuition und Freude befeuerte Geisteskraft. Er steht nicht nur für Eros, sondern auch für *Logos*, die Kraft des Verstandes. „Im Hexenglauben besteht kein Widerspruch zwischen beiden." Der Gott der Hexen ist die ungezähmte männliche Anwesenheit in der Welt, die den patriarchalen Geschlechtsrollen und der männlichen Herrschaft vorausging. Er stellt für alle von uns — Frauen wie Männer — den ungezähmten Teil dar, von dem Starhawk sagt: „Er ist all das in uns, das nie gebändigt werden wird; das sich weigert, bloßgestellt, aufgelöst, gesichert, geformt oder verfälscht zu werden."

In diesem Sinn und archetypisch gesehen, ähnelt der Sohn der Stäbe dem Narren beziehungsweise der Närrin. Er hat seinen Körper wie ein Zia Clown (der auch ein Schamane ist) bemalt, und er tanzt zu den Trommeln eines Bruders, um Mutter und Geschwister zu erfreuen. „Aus Alberei und Spiel wird Kreativität geboren." Wie die Kraniche im Hintergrund geht er zu einem Paarungstanz über. „Er ist das Vorbild einer männlichen Kraft, die frei ist von Vater-Sohn-Rivalität oder ödipalen Konflikten." Der Gehörnte Gott, so Starhawk, „hat keinen Vater. Er ist sein eigener Vater". Er steht für eine Zeit, in der Vaterschaft ein Akt der Befruchtung und gemeinschaftlichen Teilhabe war und nicht eine Form des „Eigentumrechts".

Der Sohn der Stäbe stellt eine männliche Energie dar, die im Gegensatz zu der des Herrschers steht, dem Vater als Herrscher. Hell wie der leuchtend gelbe Hintergrund und mit der Göttin-Sphäre verbunden wie der hellblaue Himmel darüber, steht er für hohe Energie, einen durchdringenden Geist und heiteren Erfolg in der Welt.

*

Wenn diese Karte in deinem Blatt erscheint, deutet sie auf eine lebensfrohe, energetische Seinsweise. Du bist eine lebendige Person, und es bereitet dir Vergnügen, andere zu amüsieren, zu unterhalten, anziehend zu sein. Du bist „angetörnt" und genießt es, im Mittelpunkt der Aufmerksamkeit zu stehen, deine Umgebung mit deinem Witz zu bezaubern. Du weigerst dich, die Dinge ernst zu nehmen, und genießt die Wirkung, die du auf andere hast. Wenn diese Karte aufrecht liegt, deutet sie auf eine Menge sexueller Energie oder eine Phase lockerer Kreativität, eine entschieden spielerische Erfahrung mit den Lebensenergien.

Sohn der Kelche

Der Sohn der Kelche stellt den ruhigen innerlichen Aspekt des männlichen Prinzips dar — den Shiva der hinduistischen Religion, der das Höhere Selbst versinnbildlicht. Reflektierend wie der Mond bedeutet er den zur Stille gelangten Geist der Meditation. Wie der ägyptische Harpokrates ist er der „Herr des Schweigens", der mit dem Unbewußten in Verbindung steht. Das Ei, das ihn umschließt, ist das Weltei der Großen Mutter, das kosmische Rund des Weiblichen — er ist ihr Kind. Er ist der Gott der Herbsttagundnachtgleiche, der, wie Starhawk sagt, im Schoß der Göttin schläft, über das sonnenlose Meer segelt, das ihr Schoß ist. In diesem Sinn verbindet er — was heutzutage selten ist — Licht und Dunkel, Luft und Wassertiefen, Geist und Gefühl. Er wendet zwei

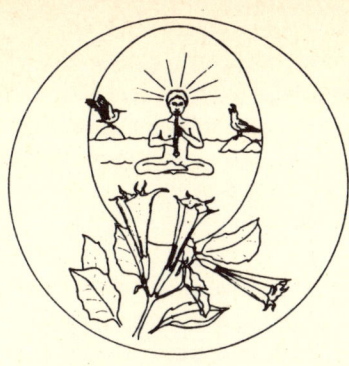

Erkenntnisweisen an, die analytische und die synthetische. In Starhawks Worten kann er „Dinge zerlegen, nach Unterschieden fahnden oder kann aus einzelnen Teilstücken ein Muster zusammenfügen und das Ganze sehen".

Wie die Gehängte hat sich der Sohn der Kelche der Welt des Weiblichen ergeben. Licht strahlt von seinem Kopf aus, während er sich mit dem kosmischen Leben unterhält, versinnbildlicht durch die Vögel, die zu ihm in verständlicher Weise zu sprechen scheinen. Die Flöte, auf der er spielt, und das blaue Wasser, auf dem er anscheinend mühelos schwebt, verweisen auf Krishna, den Flöte spielenden Gott des Spiels und der Sexualität. Herkömmlicherweise steht diese Karte (Kelchritter) für den „Geliebten", der Geschenke seiner selbst darbringt. Neben der Macht intensivsten Verlangens sind diese seine Geschenke Musik, Blumen, vielleicht eine Botschaft.

Wassergötter tragen gewöhnlich einen Dreizack, Symbol des Neptun (und früher Poseidon). Hier ist eine Blume der Dreizack, lebendiges Symbol der Schönheit. In diesem Fall verspricht die Blume auch Visionen, da sie eine Art heiliger Stechapfel ist. Diese Pflanze — ein Gift, wenn man sie ohne Kenntnisse anwendet — wird von vielen „Primitiven" wegen ihrer halluzinogenen Eigenschaften gebraucht. Das „Motherpeace"-Bild zeigt den Sohn der Kelche in einem Trancezustand, vergeistigt durch die Kräfte des Neptun und das ihn umgebende violette Licht. Yoga bedeutet „Anjochen" oder „Vereinigung", was sich hier durch Luft und Wasser, die er in seinem Körper zusammenbringt, darstellt.

Indem er eine Brücke zwischen Geist und Gefühl schlägt, arbeitet dieser Sohn für einen ungebrochenen Zusammenhang zwischen dem weiten Ozean der Schöpfung (seine Mutter) und dem luftigen Reich des Intellekts, wohin sein Geist sich aufschwingt, um wie ein Schamane Informationen zurückzubringen. Er bringt Dinge an die Oberfläche des Bewußtseins und zur „Objektivität", die gewöhnlich irgendwie verborgen sind. Vielleicht schreibt er Gedichte, hört Stimmen oder Lieder des Herzens. Er symbolisiert den archetypischen Künstler, der der Welt Visionen aus seinem tiefsten Selbst zum Geschenk macht.

*

Wenn diese Karte in deinem Blatt erscheint, deutet sie auf Selbst-Reflexion und einen friedlichen, meditativen Bewußtseinszustand. Du wendest dich künstlerischen Visionen zu oder wirst dir tiefer Gefühle gewahr; du spürst deine innersten Wünsche und läßt sie hochkommen. Dein Unbewußtes mag dir etwas enthüllen, jetzt, da du bereit bist, nach innerem Wissen zu handeln. Dein Herz mag sich öffnen und dich die Gabe der Sinnlichkeit erfahren lassen. Vielleicht verliebst du dich. Liegt die Karte aufrecht, kannst du deiner Fähigkeit, die unbewußten Tiefen des Vergnügens anzuzapfen, vertrauen.

Sohn der Scheiben

Herkömmlicherweise stellt der Sohn der Scheiben die „Pan"-Energie des Gehörnten Gottes dar, die Lebenskraft, die sich durch Körper und Sinne äußert. In der Mythologie ist er der Bock im Zeichen des „Steinbocks", Sohn der Ziege Amalthea, ein Aspekt der Großen Mutter. In der christlichen Ikonographie wurde der Ziegenbock jedoch zum Dienst als Teufel gepreßt, ein weiteres Beispiel der Verkehrung uralter Symbole. Im „Motherpeace"-Tarot ist der Sohn der Scheiben der archetypische Jäger, das männliche Prinzip, das sich in einem Suchenden verkörpert. Als Jäger ist er mit der Göttin Artemis verbunden, vielleicht als ihr Zwillingsbruder Apollo. Die beiden kamen aus Kleinasien nach Griechenland, zusammen mit dem Schamanismus und der Macht religiöser Ekstase. Der Jäger, sagt Starhawk, „verkörpert jede Suche, sei sie körperlich, spirituell, künstlerisch, wissenschaftlich oder gesellschaftlich".

Hier zielt der Sohn der Scheiben auf etwas ab, das eher ätherischer denn realer Natur zu sein scheint; es ist stets mit ihm und verändert seine Form entsprechend der sich verwandelnden Persönlichkeiten dieses Sohnes. Doch er steht fest auf dem Boden. Er ist erdhaft und sinnlich. Er kennt seinen Körper und hält sich gern in ihm auf. Er genießt die Gelegenheit zu körperlicher Betätigung, weiß aber, daß Tiere niemals grundlos getötet werden dürfen — er steht in Verbindung mit seiner Mutter, der Erde.

Der Sohn der Scheiben ist der Sohn der Erde — der Grüne Mann, Robin Hood, Peter Pan, ein Gnom. In der britischen Folklore wird die grüne Farbe mit Feengewändern in Verbindung gebracht. Robert von Ranke-Graves erläutert dazu: „Wenn man die Feen als Überlebende vertriebener früherer Stämme auffaßt, die sich in die Berge und Wälder zurückziehen mußten, kann man das Grün der Gewandung als Schutzfarbe erklären: auch die Waldläufer und Gesetzlosen des Mittelalters trugen grüne Gewänder." Als im Mittelalter der alte heidnische Göttinglaube verfolgt wurde und Hexen verbrannt wurden, mußten die uralten Gottheiten Verkleidungen tragen, vor allem so ein mächtiger Gott wie Pan, der Sexualität und die natürlichen Instinkte des Waldes symbolisierte. Margaret Murray erkannte Robin Hood als Hohepriester der Hexen,

Stellvertreter des Gehörnten Gottes, Gefährte und Partner der Hohepriesterin des „Covens".

Die Libelle über dem Kopf des Bogenschützen versinnbildlicht Sammlung, damit er sein Ziel trifft; eine Yoga übende Person hört manchmal, wenn sie entsprechend konzentriert ist, einen zarten Summton, der an den Laut von Libellenflügeln erinnert. Buddhisten heben hervor, daß ein Bogenschütze beim Schießen völlige Einheit mit Bogen, Pfeil und Ziel erreichen soll. Das Rotkehlchen, traditioneller Vorbote des Frühlings, spiegelt den spielerischen Aspekt des Bogenschützen wider, den leichten luftigen Anstrich, den er in körperliche Arbeit und Sexualität einbringt.

Der Sohn der Scheiben stellt einen Erbauer dar — jemanden, der mit seinen Händen arbeitet und schöne, zweckmäßige Gegenstände schafft. Er kann ein Holzschnitzer, Bildhauer, Schreiner, Sportler, Tänzer, Akrobat oder ausgezeichneter Masseur sein. Da er sich auf der physischen Ebene wohl und zu Hause fühlt, ist er in der Lage, Geld zu verdienen und seine Lebensbedürfnisse zu befriedigen. Er ist ein gewissenhafter, zuverlässiger Arbeiter — manchmal etwas verbissen —, eine Person, die selten ihre Ziele aus den Augen verliert, wenn sie erst einmal klar sind.

*

Wenn diese Karte in deinem Blatt erscheint, deutet sie darauf, daß du stetig auf deine Ziele hinarbeitest. Du weißt, was du willst, und du konzentrierst dich zielstrebig darauf, es zu bekommen. Du erdest dich wahrscheinlich über irgendeine regelmäßige Körperdisziplin wie Yoga oder Joggen, und du bringst eine Komponente lockerer Konzentration in alle deine körperlichen Handlungen ein, Sexualität eingeschlossen, die dir instinktiv Freude macht. Liegt diese Karte aufrecht, verweist sie auf einen günstigen Zeitpunkt, um Arbeit zu suchen oder eine Aufgabe zu vollenden, die du dir gestellt hast, da du das Ziel so klar vor Augen siehst.

31

PRIESTERINNEN
HEILES UND HEILIGES

Das Wort „Priesterin" fällt häufig in Gesprächen über die Hexenkunst oder Religionen des neuen Zeitalters, ob sie nun die Göttinverehrung beinhalten oder nicht. „Priesterin" scheint für verschiedene Leute Verschiedenes zu bedeuten. Im wesentlichen aber scheint es ihre Funktion zu sein, ein „Kanal" für Energien und Kräfte zu werden, ein Gefäß, in das Macht einströmen kann. Eine Priesterin der Göttin ist eine Frau, die sich öffnet und für eine bestimmte Zeit die göttliche weibliche Präsenz in ihren Körper „inkarniert". Während dieser Zeit offenbart sie die Göttin durch ihre Worte und Handlungen, danach ist sie wieder „sterblich" und ein normaler Mensch, birgt jedoch in sich ein Wissen um das Mysterium.

Die Priesterinnen des „Motherpeace"-Tarot waren die Königinnen des traditionellen Tarot. Sie unterstehen Venus und dem Mond und verweisen auf administrative Fähigkeiten, Sinn für das Heilige und die Autorität einer Mutter. Im eigenen Heim sind Mütter bei ihrer Arbeit Königinnen und Priesterinnen. Sie herrschen vom Herzen aus. Venus steht für Aphrodite, die mit Ariadne, Astarte, Brigit, Ishtar, Isis verbunden ist. Die Muttergöttin ist der archetypische Vollmond, und eine Priesterin kanalisiert Mondenergien des Wassers (Emotionen) und des inneren Feuers (sexuelle Gefühle). Eine Priesterin ist jede Frau in ihrer Ausdrucksfülle und die „innere Frau" in jedem Mann, der sich mit ihr identifiziert.

Priesterin der Schwerter
Siehe Abbildung auf Farbtafel 12.

Die Priesterin der Schwerter versinnbildlicht den arbeitenden Geist, ein Kanalisieren der Weisheit. Die Schnee-Eule, die sie hier fliegen läßt, verknüpft sie mit der Göttin Athene, Kriegerkönigin und Hüterin des kühlen weiblichen Intellekts. Diese Priesterin tut ihre Arbeit in der strengen Umgebung von Schnee und Eis — kristallisierte Gedankenformen und Ideen —, doch unter dem leitenden Licht des Vollmonds. Sie ist eine amazonische Verwalterin, eine Herrscherin durch die Macht ihres Geistes und ihrer scharfen Zunge. Als Repräsentantin des kritischen Verstands ist sie unparteiisch und unnachgiebig, vernünftig, sie hat einen klaren Kopf. Sie könnte eine Richterin oder Schiedsrichterin sein. Doch gegenwärtig nimmt sie sich Zeit, um nachzudenken, zu überlegen und, wie die Jungfrau, für sich selbst dazusein. In der Tradition des Tarot wird sie als Witwe oder getrennt lebende Frau gedeutet.

Die goldene Axt an ihrer Seite steckt im Schnee und erdet ihre Gedanken, hält sie mit der Erde verbunden. Sie bildet eine vertikale Achse, um die sie ihre geistigen Energien versammeln kann, und ganz eindeutig ist diese Axt ein Zeichen ihrer administrativen Macht. Ihr weißer Pelzmantel ist warm, wahrscheinlich das Fell eines Eisbären. Es verbindet sie mit Artemis und dem Sternbild des Großen Bären und verweist auf die uralte Macht der Frauen, die die Sterne und das sich drehende Rad des Zodiaks kannten. In diesem Sinn symbolisiert sie Astrologie und intuitives Wissen. Auf anderer Ebene steht sie auch für Wissenschaft — die systematisierte Kenntnis unserer Vorfahren aus der Eiszeit, die die Bewegungen der Sterne und Planeten, die Jahreszeitenzyklen und andere Naturphänomene beobachteten und sie in Zeichensystemen auf Knochen und Hörnern festhielten, wie man sie in den alten Höhlen gefunden hat. Diese Zeichen- und Kalendersysteme sind wahrscheinlich Vorläufer der ersten Schrift und der Mathematik.

Die Priesterin der Schwerter ist vielleicht eine Schriftstellerin; ganz sicher ist sie eine Denkerin. Sie kanalisiert das Denken, läßt es wie Wasser oder Licht durch sich hindurchfließen. Sie kanalisiert durch Worte und Ideen, öffnet sich als ein „Medium", damit die Geister durch sie sprechen können. In diesem Sinne steht sie für moderne Medien wie etwa Jane Roberts, die das „Seth"-Material kanalisiert, oder Alice Bailey, die Material „des Tibeters" kanalisierte.

Die Eule veranschaulicht ihren Gedankenflug. Auf höherer Ebene deutet sie auf das Geheimnis des schamanistischen Flugs und die Fähigkeit der Seele, den Körper zu verlassen und die Gestalt eines Tieres anzunehmen, um in andere Reiche zu reisen. Als Nachtvogel verweist sie auf die Weisheit der Traumwelt und des kollektiven Unbewußten. Da sie der Vogel der Athene und auch Medusa ist, versinnbildlicht sie Heilkraft wie auch die Fähigkeit, notfalls um das eigene Leben zu kämpfen.

Die Priesterin der Schwerter ist eine strenge Person, kompromißlos und irgendwie ehrfurchterregend. Sie kann eine strenge Lehrerin sein oder das Rollenvorbild einer älteren Frau, eine Person, in der sich Disziplin oder Autorität ausdrücken. Aber das rosa Licht, das Schnee und Eis abstrahlen, spricht von ihrer feinen Herzenswärme, und die sie sternengleich umwirbelnden Schneeflocken spiegeln das Silberlicht des Mondes in ihre Aura. Ihre Distanz gegenüber Emotionen heißt nicht, daß sie von ihnen abgeschnitten ist, sie ist nur zurückhaltend. Das kühle, klare Licht des Vollmonds gestattet das Einströmen der Ideen in die Form, ein Sich-Öffnen des Geistes über beschränktere Interessen hinaus zu weiteren umfassenderen Anliegen. Sie verfügt über einen stillen medialen „Sinn", der sie die Gedanken ihrer Umwelt, sogar auf globaler Ebene, lesen läßt. Von daher ist sie in der Lage, Lösungen für Weltprobleme zu ersinnen. Lyrikerin und Philosophin, die sie ist, verfügt sie auch über ein politisches Bewußtsein und die Fähigkeit, für andere wie auch für sich selbst zu sprechen.

*

Wenn diese Karte in deinem Blatt erscheint, deutet sie auf eine Reise in die kühlen Bereiche des Intellekts, eine Pause von den Emotionen zugunsten einer gedankenvollen, nach innen gekehrten Phase. Du erfährst möglicherweise eine Trennung von deinem oder deiner Geliebten, stehst gefühlsmäßig „im Kalten". Deine Gedankenkraft ist stark, und du bist offen für kosmische Weisheit; es ist eine gute Zeit, um zu schreiben oder zu studieren, nachzudenken und Ideen zu „kanalisieren". Liegt die Karte aufrecht, kannst du deiner kritischen Beurteilung vertrauen.

Priesterin der Stäbe
Siehe Abbildung auf Farbtafel 15.

Die Priesterin der Stäbe stellt die tatkräftige archetypische Hexe dar — ein Symbol persönlicher weiblicher Macht in Aktion. Chronologisch gesehen, ist sie die Mutter eines Klans, das Herz der Gemeinschaft. Sie erfreut sich der lebhaften Intelligenz einer natürlichen *Yogini* oder Herrscherin des Feuers. Sie strahlt Zufriedenheit und Wohlbefinden aus, was in ihre Arbeit, nämlich Macht und Kraft für ihre Gruppe aufzubauen, einfließt. Den alten Steinkreisen gleich versammelt diese Priesterin Energie und speichert sie, wird mit der Zeit zu einem mächtigen Reservoir. Als Priesterin der ägyptischen Göttin Sekhmet, „der Mächtigen" (einer von Hathors Titeln) hat sie das Wissen um Kundalini, das Feuer der Schlange, das sie „aufsteigen" läßt, um für ihre Gemeinschaft Aufgaben zu erfüllen und Magie zu wirken. Wie der magische Kessel der Cerridwen steht sie vielleicht in der Mitte eines Menschenkreises, nimmt Lebens-Energie aus dem Kosmos in sich auf und speichert sie, damit sich andere ihrer bedienen können. Als Quelle der Inspiration ist sie persönlich anderen gegenüber warmherzig, gütig, freundlich und ihnen verbunden. Sie strahlt die Hitze aus, die heilt, und sie segnet alle mit einer heilenden Berührung, die mit ihr in Kontakt kommen. Der kleine rote Salamander und das Blutkraut symbolisieren ihre erneuernde heilende Macht des Feuers.
    Die Löwin an ihrer Seite, die sie mit der Löwengöttin Mihit verbindet, ist ihre Freundin und ihr „Hilfsgeist", ihr „Machttier" und ein Sinnbild der eige-

nen königlichen Einfachheit. Sie ist wild genug, um ihre Kinder zu verteidigen und ihre engen Freundinnen und Freunde zu beschützen, und sie ist lebendig in animalischer Leidenschaft und ungezähmten Instinkten. Diese kanalisiert sie bei ihrer magischen Arbeit, wie etwa dem Regenmachen, mit dem sie gerade beschäftigt war. Die Zeichen ihres Erfolgs sind schon sichtbar, der Regen fällt bereits aus den Wolken, die sie durch ihren Zauber angezogen hat.

Der Stab in ihrer linken Hand ist ein durchbohrter Knochen, eines der ältesten menschlichen Erzeugnisse, die aus prähistorischer Zeit auf uns überkommen sind. Archäologen nennen dies einen „Kommando-Stab", können aber seine Bedeutung nicht entziffern. Wegen der eingeritzten Zeichen und der fehlenden Spuren von handwerklichem Gebrauch halten sie ihn für irgendeinen zeremoniellen Gegenstand, der mit großer Sicherheit mit „Fruchtbarkeit" verbunden war. Die beiden Seiten des T-förmigen Gegenstands lassen ihn ausgewogen und „androgyn" erscheinen, was zumindest einen Autor zur Frage brachte, ob dieser Stab nicht etwas mit schamanistischer Arbeit zu tun haben könnte. Siegfried Giedion vermerkt, daß ein lappländischer Schamane einen ganz ähnlichen Gegenstand wie den in der Hand dieser Priesterin verwendet. In der lappländischen Kultur wird er als Trommelstab benutzt, wenn Trancezustände herbeigeführt, Krankheiten geheilt, Erfolg beschworen oder Feinde von Unheil heimgesucht werden sollen. Singen und Trommeln versetzen die ganze Gemeinschaft in einen kollektiven Trancezustand, damit die jeweilige Aufgabe erfolgreich durchgeführt werden kann.

Der Stab der Priesterin könnte auch eine „Wünschelrute" zum Auffinden von Wasser sein, eine in vielen Teilen der Welt noch immer angewandte Methode. Unterirdische Wasseradern und -ströme strahlen Kraftfelder und „Magnetismus" aus. Die Orte, an denen sie sich kreuzen, sind die Orakelzentren dieses Planeten. Ganz sicher verfügt die Priesterin der Stäbe über die Sensibilität, mit der sie derartige „heiße Plätze" aufspüren und für ihre Arbeit, ihren Umgang mit Energien nutzen kann.

*

Wenn diese Karte in deinem Blatt erscheint, deutet sie auf eine warmherzige Selbst-Sicherheit und eine sehr hohe Entschlußkraft. Du bist eine charismatische Persönlichkeit, leidenschaftlich und im allgemeinen lebensfroh. Möglicherweise bist du mit den Techniken der Magie und natürlichen Heilweisen vertraut; vielleicht verwendest du bei deiner Arbeit Trancetechniken. Selbst beim Spiel hast du einen starken, feurigen Willen; wahrscheinlich bist du eine wunderbare Geliebte. Dies ist eine Zeit der Macht, der Kraft, der Energie.

Liegt diese Karte aufrecht, bedeutet das, daß du diese Kraft in der richtigen Weise kanalisierst.

Priesterin der Kelche

Die Priesterin der Kelche ist ganz Wasser — sie kanalisiert Gefühle und Emotionen, Wünsche, Träume, innere Visionen. Sie ist die archetypische Muse, sie löst innere Inspiration aus, sie ist die „Anima" oder innere Führerin und Göttin. In ihrer amphibischen Gestalt der Meerjungfrau durchschwimmt sie die tiefen Wasser des Unbewußten wie ein Fisch, sie kann Luft in ihre Lungen atmen und menschlich denken. Das englische Wort *mermaid* (Meerjungfrau) ist eine Kurzform von *Merry Maid* (fröhliche Maid), der Hexenname der Hohepriesterin eines „Covens". Wenn diese Priesterin auch zu Poesie und Versdichtung inspirieren mag, stützt sie sich doch nicht auf das Wort. In der linken Hand hält sie eine Lyra, eines der ältesten Saiteninstrumente der Welt. Ihre sieben Saiten erzeugen mit die schönsten Töne, die das menschliche Ohr kennt. Die hier von der Priesterin der Kelche angeschlagenen Töne werden vom Wal gehört, der unten seine Kreise zieht und sich mit ihr auf medialer und musikalischer Ebene unterhält.

Sie versinnbildlicht die Seele — jenen inneren Teil des Wesens, der zwischen der Geistwelt und den alltäglichen Ereignissen, zwischen Himmel und Erde vermittelt. Wie im Zen-Koan vom Tiegel im Meer stellt die Priesterin der Kelche ein Gefäß dar, in dem sich Äußeres und Inneres vermischen.

Die Priesterin der Kelche ist eine Zauberin, die wie die Göttin und ihre Priesterinnen vor den patriarchalen Eindringlingen zu heiligen geheimen Inseln flüchtete. Dort übten sie, durch Dickicht und Gestrüpp verborgen, weiterhin ihre Göttinreligion aus. Der Fischschwanz deutet auf den Fluchtweg des Meeres, ein Thema, das auch im Bild des Turms anklingt. In der Mythologie tauchen die „verzaubernden" Priesterinnen der Alten Religion wieder auf, wenn sich verschiedene Helden von ihren heiligen Inseln angezogen fühlen. Angezogen vom inneren metaphorischen Eiland der Mutter-Liebe, sucht der Held tatsächliche Inseln, etwa im Mittel- und im adriatischen Meer.

So wird Odysseus von der Zauberin Kalypso auf der Insel Ogygia angezogen (was laut Robert von Ranke-Graves ein anderer Name für Ägypten war, wo Osiris von derselben „Sirene" herbeigelockt wurde). Auch die „klagende" Kirke, Tochter der Hekate, zieht den Odysseus an, und er bleibt sieben Jahre auf ihrer Insel. Alle Geschichten dieser Art bedeuten ein Abweichen des Helden von seiner Standfestigkeit, einen Rückfall in das Liebesnetz der Mutter in ihrer Meergöttingestalt. Auf dem „Motherpeace"-Bild versinnbildlicht der Turm hinter der Priesterin der Kelche das, was Ranke-Graves das „Orakelheiligtum" ihrer „Begräbnis"-Insel nennen würde.

Die Botschaft der Priesterin der Kelche besagt, daß die „Anima" ruft, das Unbewußte die Person zu sich herabzieht, die Macht des Weiblichen noch immer verführt, auch wenn sie bewußt abgelehnt und angeblich überwunden worden ist. Die Priesterin der Kelche stellt Aphrodite dar, die „schaumgeborene" Meergöttin, die sich nicht nur mit dem Wal unterhält, sondern auch die Gestalt der Walgöttin annimmt und Jonas und jeden anderen Helden verschlingt, der der weiblichen Kraft zu entfliehen gedenkt.

*

Wenn diese Karte in deinem Blatt erscheint, deutet sie auf ein inneres Sinnen, das austragende Bewußtsein einer Mutter, die Nahrung des Schoßes. Deine Gedanken konzentrieren sich im inneren Raum, dein Geist ist von der Einbildungskraft überwältigt. Deine Emotionen sind jetzt wichtig, Gefühle und Wünsche stehen im Mittelpunkt. Du fühlst dich vielleicht wie in eine andere Dimension versetzt und es fällt dir schwer, auf der Ebene physischer Realität zu funktionieren. Aufrecht liegend ist dies eine Karte der Mutter-Liebe und göttlicher Inspiration; du bist aufgefordert, dich dem Ozean kollektiver Erinnerung und Erfahrung zu überlassen, den das Unbewußte darstellt, und wo bald etwas Neues empfangen werden wird.

Priesterin der Scheiben
Siehe Abbildung auf Farbtafel 13.

Wie die aztekische Göttin Tonantzin stellt die Priesterin der Scheiben die hervorbringenden und nährenden Aspekte leiblicher Mutterschaft dar. Sie nährt ihr Kind aus ihren Brüsten und erhält das neue Leben mit der liebenden Berührung ihrer Hände. Sie achtet ihren Körper als ein Vehikel für das, was auf Erden heilig ist, und erhält und pflegt ihn durch Yoga wie durch richtige Ernährung. Sie bleibt mit Der Mutter in Berührung, indem sie sät, pflanzt und erntet, was sie für sich und ihre Familie braucht; sie steht für Ackerbau und die Fähigkeit der Erde, Nahrung hervorzubringen. Als Kornmutter ist sie ein Aspekt der Herrscherin und eine Priesterin der prähistorischen mexikanischen Erdmutter Tlazolteotl.

Die Priesterin sitzt auf ihrer Yogadecke — vielleicht ein Antilopenfell — und nimmt die verschiedenen Stellungen ein, die ihr Hormonsystem ausbalancieren und ihre medialen Zentren öffnen sollen. Sie ist eingestimmt auf das, was um sie her wie auch in ihrem Inneren geschieht; sie weiß, was ihr Baby empfindet, auch wenn sie es nicht sieht, ihr Bewußtsein geht nach ihrem Belieben in anderen Personen ein und aus. Das Hopischild, das sie in ihrer Meditation sieht, zeigt zwei Schlangen, die sich gegenseitig in den Schwanz beißen, ein Symbol des Energiekreises der Kundalini. Was die Liebe angeht, so kennt die Priesterin der Scheiben die Geheimnisse des Körpers und ist zur ekstatischen sexuellen Vereinigung mit ihrer oder ihrem Geliebten fähig. Die Hand mit dem offenen Auge in der Mitte des Schildes bedeutet mediale Evolution und erinnert uns an Tara, die tibetische Göttin des Mitleids.

Der Papagei auf dem Baum stellt ein mächtiges Fruchtbarkeitssymbol dar, das bei den Tolteken der Vergangenheit und noch heute bei den Indianern sehr beliebt war und ist. Es steht nicht nur für Fruchtbarkeit, sondern auch für künstlerische Kreativität. Die inneren Bilder dieser Priesterin können als schöne und reizvolle Gegenstände gemalt oder modelliert werden. Über diese Darstellungsform lehrt sie, was sie von Erdenergie weiß. Die Marijuanapflanze befördert ihre visionären Fähigkeiten und öffnet ihre Sinne, während sie zur Inspiration ein Blatt in ihrem Räuchergefäß verbrennt. Ihr farbiges Hemd wurde auf einem selbstgemachten Webstuhl gewebt — sie ist eine Herrin der Kunstfertigkeit und des Handwerks.

Das die Priesterin umgebende Grün spiegelt das smaragdene Wesen ihres Herzens. Als Farbe der Manifestation bedeutet es auch Geld. Die Priesterin der Scheiben ist die Königin des Geldes — sie kann es ebenso leicht anziehen wie jede andere nützliche Sache. Da sie weiß, daß Geld nur eine Energieform ist, läßt sie es durchfließen ohne Gier oder Ansichreißen. Für ihr Überleben verläßt sie sich auf die Erdmutter. Wie die Schwerkraft bleibt sie dem Planeten verbunden und kanalisiert die Erdenergie mit Liebe.

*

Wenn diese Karte in deinem Blatt erscheint, deutet sie auf eine in der physischen Welt geerdete Person, die in Harmonie mit den langsameren Energien von Mutter Natur lebt. Deine innere Ruhe stellt einen sechsten Sinn dar, mit dem du die Wirklichkeit in einer eher „holistischen" Weise wahrnimmst, Körper und Geist sind aufeinander eingestimmt und im Gleichgewicht, jede Pore ist der Erfahrung geöffnet. Dein Wohlbefinden kann sich im Kochen oder Gärtnern, Modellieren oder Windeln wechseln ausdrücken. Durch die Gabe liebender Berührung bleibst du mit dem Leben in Verbindung. Liegt die Karte aufrecht, bedeutet sie Gesundheit.

32

SCHAMANINNEN
ERFAHRUNGEN

Die Schamaninnen und der Schamane des „Motherpeace"-Tarot stehen für Macht und Erfahrung. Herkömmlicherweise wären sie die „Könige" mit all der Autorität und dem Status, die damit verbunden sind. Eine Schamanin oder ein Schamane arbeitet mit ungeheuren Mächten, ohne dabei Macht über andere erlangen zu wollen. In erster Linie stellen sie Macht über das Selbst dar, die Überwindung von Furcht und Zweifel und die Beherrschung des spirituellen Bereichs. Furchtlosigkeit kennzeichnet alle Gesichter der Schaman/inn/en im „Motherpeace"-Tarot, und sie alle treibt die Kraft des Feuers.

Ihr Feuer ist hauptsächlich durch den Planeten Mars beeinflußt, der Arbeitsenergie und sexuelle Kraft aktiviert. Aber sie haben auch teil an den Energien des Jupiter — das Feuer der Ausdehnung und wohltuender Wärme — und ohne Zweifel beschwören sie das zündende Feuer des Uranus. Und schließlich verkörpern sie das Feuer der Sonne, strahlen Zuversicht und Wohlbefinden in alle Richtungen aus.

Schaman/inn/en tun ihre Arbeit im Universum, sie fliegen, heilen, projizieren ihre Energien aus sich hinaus. Da sie die Furcht — die Todesfurcht eingeschlossen — überwunden haben, sind sie nicht den üblichen Begrenzungen von Körper und Geist unterworfen. Sie erreichen die fernsten Himmel, um mit den Sternen Kontakt aufzunehmen, oder die tiefste Unterwelt, um Seelen zu retten. Sie stellen sich der Gefahr und heilen Krankheit, sie treiben das Böse aus und vermitteln zwischen der menschlichen Gemeinschaft und den heiligen Bereichen. Priesterinnen gehen bei ihrer Arbeit hauptsächlich vom Herzen aus, Schaman/inn/en vom Kopf — vor allem vom Kronenchakra. Sie gebrauchen auch ihre Hände und Herzen, aber es ist ihre Reise in formlose Bereiche, die sie von den anderen „Persönlichkeits"-Karten unterscheidet.

Schamanentum bedeutet Kompetenz und Fähigkeit, authentisches Knowhow. Schamanin und Schamane üben Kontrolle über das Element ihrer jeweiligen Farbe aus und wissen es zum persönlichen Gewinn wie zur Lösung von Weltproblemen zu nutzen. Häufig sind sie spirituelle Lehrerinnen und Lehrer — der „Ältestenrat" eines Stammes, die alten Weisen. Für gewöhnlich werden sie zu ihrer Aufgabe berufen, in manchen Kulturen ist ihr Amt auch erblich; gelegentlich wird eine Person zur Schamanin oder zum Schamanen, weil sie es will, nicht weil sie muß. Die Berufung zum Schamanentum ist gewöhnlich eine erschreckende Angelegenheit, weil sie eine von der Norm abweichende Existenzweise verlangt — mehr Macht und gesellschaftliche Verantwortung, ungewöhnliche Gesellschaftsrollen und Erwartungen. Von Schaman/inn/en wird erwartet, daß sie androgyn werden — die weiblichen und männlichen Elemente in sich ausbalancieren. Das kann je nach Kultur bedeuten, daß sie die Kleidung des anderen Geschlechts anlegen, homosexuell oder zölibatär leben, von ihren „spirituellen Geliebten" abgesehen.

In der modernen Welt ist die Berufung zum Schamanentum selten geworden, aber gegenwärtig nimmt sie wieder zu. Das Ausmaß der Weltprobleme, vor allem die neueste Praxis, den Feind mit einem Holocaust zu bedrohen und selbst unter dieser Bedrohung zu leben, verlangt mehr Heiler und weise Lehrer beiderlei Geschlechts. Das neue Zeitalter bringt eine besonders starke Energie mit sich, die den Planeten in heilendem Licht badet und in gewissen Menschen die Heilkraft erweckt. Moderne Schaman/inn/en finden in diesen Fällen keine Rollenvorbilder vor, keinen wirklichen kulturellen Rahmen, innerhalb dessen sie als Heilende oder Lehrende wirken können. Die Schamanin und der Schamane des „Motherpeace"-Tarot sind vier anregende Vorbilder für das, was Schamanentum heute bedeuten und wie es zum Guten wirken könnte.

Schamanin der Schwerter
Siehe Abbildung auf Farbtafel 12.

Die Schamanin der Schwerter steht für die höhere Macht der Luft — Intellekt, Intelligenz und abstraktes Denken. Das Bild zeigt eine so geschwinde, sich wandelnde und mächtige Kraft, daß sie zum Wind selbst wurde. Im Gegensatz zum starren alten König der Schwerter des traditionellen Tarot stellt diese Schamanin ein positives Bild der befreiten Gedankenkraft dar — ein Symbol des freien Willens. Die Schamanin der Schwerter schafft sich ihre Realität und übernimmt die Verantwortung für ihre Denkformen und Geisteskraft. Sie symbolisiert den Geist aller Schamaninnen, der mit I. M. Lewis' Worten „sehr klein und leicht wird, sich von seinem Körper lösen und mit Hilfe von ‚Leistergeistern' in den Himmel fliegen kann". Das Bild der Leiter veranschaulicht den Aufstieg und Abstieg, zu dem alle Schaman/inn/en fähig sind, wenngleich sich die Schamanin der Schwerter in der Luft am meisten zu Hause fühlt.

Der Vogel auf der Spitze der Leiter ist ein Milan und dem Nordwind Boreas heilig. In der Tradition der trakischen Magie konnten sich Schaman/inn/en in einen Milan verwandeln, der Robert von Ranke-Graves zufolge mit dem Falken des ägyptischen Horus und seiner Mutter Isis verbunden ist. Indianer nennen den Milan „die hellsehende Frau", womit sie sich auf die intellektuelle

Kraft der Schamanin, den Raum zu durchdringen und alles zu wissen, beziehen. In diesem Sinn steht die Schamanin der Schwerter für „Genius" und universellen Geist.

Die vierblättrige Blume unter ihrem Kopf bezeichnet die vier Himmelsrichtungen, die vier Winde, die Elemente. In ihrem Mittelpunkt verbirgt sich meist das fünfte Element, „Äther" oder Odem. In dieser Karte wird diese „Quintessenz" in die Manifestation entlassen, wahrscheinlich durch die Stimme. Die rote Farbe der Blume symbolisiert Leidenschaft und weibliche Macht, die Kraft inneren Wissens, die hinaus in die größere Welt und zur Handlung drängt. Susan Griffin schreibt über die befreiende Kraft des Verlangens und fragt:

„Weißt du wie... das Wollen deine Augen Raum durchdringen läßt? Wie ein Entschluß zu handeln diese Atmosphäre durchqueren kann, geschwind wie Licht?... trotz der Bedrohung des Feuers und unserer Furcht vor Flammen bersten wir durch die Dächer unserer Häuser. Verlangen ist eine Kraft in uns. Unsere Münder öffnen sich im Luftsturm. Unsere Körper schweben zwischen Sternen. Und wir lachen in der Ekstase des Wissens, daß die Luft Wünsche birgt... ,Ja', rufen wir aus, voll von und in uns Selbst und in Entzücken, ,Ja', singen wir, ,wir fliegen durch die Nacht.'"

Die Schamanin der Schwerter spricht aus der Notwendigkeit heraus. Ihre Worte brechen aus Herz und Kehle hervor. Sie könnte eine Sprecherin gegen den Krieg sein.

Der blaue Gedankenfluß, der ihrem Mund entströmt, stellt die Stimme eines höheren Geistes dar — Worte aus der Quelle der Weisheit. Das Aussprechen dieser spirituellen Wahrheit bildet den Weg ihres Aufstiegs, führt sie die Leiter hinauf, in den freien Raum. Sie ist ein Symbol des aktiven „Animus" der Frau, der sich in Handlung ausdrückt.

*

Wenn diese Karte in deinem Blatt erscheint, deutet sie auf eine starke Mischung feuriger („weiblicher") Emotionen und mächtiger („männlicher") Gedankenkraft. Sag, was du siehst und fühlst; halte das, was du als wahr erkennst, nicht zurück. Durch deine aufsteigenden Einsichten und die feurige Leidenschaft deines Herzens hast du die Macht, Realität zu verwandeln. Teile deine Visionen und Gedanken, deine Hoffnungen und Träume mit. Die Kraft deiner Ideen verlangt, daß du sprichst. Liegt die Karte aufrecht, wirst du mit deinen Aussagen nicht bedrängend wirken.

Schamane der Stäbe
Siehe Abbildung auf Farbtafel 15.

Der Schamane der Stäbe stellt positive männliche Macht dar. Er weiß in einer merklich komplexen Situation zu handeln. Hinter ihm sehen wir die Symbole des Königtums und patriarchaler Macht — den Pharaonenthron, den Falken des Sonnengottes Horus. Doch in seiner linken oder mütterlichen Hand hält er einen Stab, der auf der abnehmenden Mondsichel der Mondgöttin ruht und auf matrilineare Abstammung verweist. Seine rechte Hand ist zu einer Geste des Willkommens geöffnet, zu einer Geste der Einladung und des Schenkens. Seine Kleidung wurde von den Frauen seines Stammes gewebt, und er trägt ein dazu passendes Perlenhalsband. Er ist bereit, Aussagen über sich selbst zu machen, aber er ist auch bereit, anderen zuzuhören, bereit für einen wechselseitigen Austausch.

Chronologisch gesehen, gehört der Schamane der Stäbe zur Übergangsperiode zwischen der ägyptischen vordynastischen Kultur und der neuen „Einigungs"periode der ersten Dynastien. Das siedelt ihn um das Jahr 3000 v. Chr. an, als Horus, der Falkengott, zu einer Gottheit in ganz Ägypten wurde. Damals baute sich das „Gefolge des Horus", das sich im wesentlichen unter dem Einfluß der Invasion aus dem Osten gebildet hatte, zu einer „zivilisierten Aristokratie oder Herrenrasse" auf, die ganz Ägypten beherrschen sollte. Die „Königsgräber" wurden durch Feuer zerstört; die weiblich orientierte Religion veränderte sich in eine männlich orientierte; „Einigungskriege" wurden geführt — angeblich, um das Land zu vereinen, in Wirklichkeit aber, um die alten Traditionen matriarchaler Kultur auszulöschen. Margaret Murray zufolge erwähnen frühe Inschriften „viele weibliche Priesterschaften", aber in späteren Inschriften kommen Frauen lediglich als „Tempelsängerinnen" vor.

Der Schamane der Stäbe steht für die alten matriarchalen Traditionen. Er ist vielleicht der Bruder der Mutter oder der Onkel, ein Verbindungsglied zwischen der weiblich orientierten Kultur und der neuen Monarchie. Inmitten des Chaos und der Verwirrung des neuen Patriarchats oder „Herrschaft des Vaters" war ein solcher Vertreter der Männlichkeit den Anhängerinnen und Anhängern der Göttin sehr hilfreich, und seine Nachfahren sind es noch heute. Er stellt eine Persönlichkeit dar, die Frauen und das weibliche Prinzip achtet und es doch aufgrund seines Geschlechts und seiner Fähigkeiten zu einer gewissen persönlichen Macht in dieser Welt gebracht hat. Sally Gearhart nennt ihn einen „feministischen Freund". Der runde Korb zu seiner Linken wie die große Proteapflanze zu seiner Rechten versinnbildlichen seine Wertschätzung des Weiblichen.

Vom Element her ist der Schamane der Stäbe ganz Feuer. Von Mars und Jupiter beherrscht, steht er für Kraft und Heilkraft. Seine offene Hand kanalisiert zweifellos die heilende Hitze, und er versinnbildlicht positive, nährende

Vaterschaft. Die Sonnenscheibe auf dem Kopf des Falken symbolisiert Autorität, Stärke, Klarheit und vorurteilslose Intelligenz. In seinen Klauen hält der Vogel das *Ankh* der Lebenskraft, das Zeichen der Isis. Inmitten all dieser Symbole versucht der Schamane der Stäbe gewissenhaft und in guten Absichten, mit der Krone der Macht und dem Thron der Autorität umzugehen. Er könnte ein Philosoph oder Lehrer sein, wortgewandt und warmherzig. Er ist ein Symbol nachdenklicher politischer Macht und ein gutes männliches Rollenvorbild für Frauen und Männer.

*

Wenn diese Karte in deinem Blatt erscheint, deutet sie auf eine machtvolle Persönlichkeit, die in der Lage ist, Langzeitziele erfolgreich zu verfolgen und äußerst komplexe Situationen zu handhaben. Gleich was du dir vorgenommen hast, du erkennst intuitiv, was erforderlich ist, und verfügst über die Willenskraft, es durchzuführen. Deine warmherzige und freundliche Herangehensweise ist entwaffnend und versichert dich der Kooperation anderer, was dich zum/zur guten Verwalter/in und Mitarbeiter/in macht. Liegt die Karte aufrecht, deutet sie darauf hin, daß du Macht nicht mißbrauchst.

Schamanin der Kelche

Die Schamanin der Kelche steht an der Schwelle zum Westen und personifiziert Hekate, die Kraft der dunklen Macht des Mondes. Die Anwesenheit der dunklen Göttin spiegelt sich im schwarzen Kessel, der den Ort des Geschehens in der frühen Eisenzeit ansiedelt. Die leidenschaftslose Schamanin hat ihr Gesicht mit weißem Gips bemalt, das die Priesterinnen der Artemis zur Maskierung verwandten, wenn sie spirituelle oder rituelle Arbeit taten. Die Schamanin der Kelche steht für kontrollierte Gefühle, Leidenschaft umgewandelt in losgelöstes und konzentriertes Gewahren. Das Feuer unter dem Kessel verwandelt die Flüssigkeit, die sie braut, und so steht sie für die archetypische Alchimistin, die mit ihrem gerichteten Willen die Formen der Elemente verwandelt. Ihre Sache ist es, ihre Umwelt über die Magie zu steuern. Sie arbeitet an einem Zauber oder Ritual, das ihrer Gemeinschaft und der Religion der Mutter zugute kommen wird. Sie lebt wahrscheinlich in den Bergen Kretas mit anderen „Bäuerinnen und Bauern" und ist in den Palast von Knossos gekommen, um dieses Ritual abzuhalten. Die satten Türkis- und Rosttöne im Innern des

Palastes entsprechen bestimmten bevorzugten Farben der Hopis, was auf die vielen Ähnlichkeiten zwischen der Mittelmeerinsel Kreta und den nordamerikanischen südwestlichen Kulturen verweist.

Die Schamanin der Kelche ist eine strenge Beurteilerin von Charakter und Situationen. Da sie dem Tod entgegengetreten ist und ihn überwunden hat, weiß sie, daß er nichts weiter als einen Wandel beinhaltet, was sie ohne Kommentar akzeptiert. Sie steht für ethischen Mut und die Bereitschaft zu tun, was getan werden muß. Sie verfügt sowohl über die gelassene Macht einer religiösen Führerin wie auch über die kontrollierte Leidenschaft einer dem gesellschaftlichen Wandel verpflichteten Person. Als Ratgeberin sagt sie genau das, was sie wahrnimmt. Als Verkörperung des Hekate-Bewußtseins kommt sie direkt auf den Punkt. Ihre Weisheit ist manchmal schmerzlich anzuhören, aber zutiefst aufrichtig und letztlich willkommen.

Der Kessel versinnbildlicht immer das weibliche Gefäß der Fruchtbarkeit oder Verwandlung. Im *I Ching* heißt der Kessel oder Tiegel *Ding* und symbolisiert die tiefe weibliche Weisheit, von der wir unendlich zehren können. In Erich Neumanns Buch „Die Große Mutter" findet sich eine Abbildung aus dem aztekischen „Codex Borgia", die als „Das Unterweltsgefäß des Todes und der Wandlung" betitelt ist. Neumann vergleicht den Kessel mit dem weiblichen Körper und sagt: „Deswegen ist der magische Kessel oder Topf immer in der Hand der weiblichen Manafigur", und die „weibliche Manafigur, welche dieses Wandlungsprinzip in der Antike am deutlichsten repräsentiert, ist Medea". Er betont in der Folge, daß eine derartige Wandlung an die Bedingung gebunden ist, „daß das zu Wandelnde in seiner Ganzheit in das große Weibliche eingeht", und… „in jedem Falle ist die Rückkehr zur Erneuerung nur nach dem Tode der alten Persönlichkeit möglich". Die Schamanin der Kelche hat diesen Prozeß durchlaufen, ist daraus hervorgegangen. Sie wird nicht länger von den Wünschen und Bedürfnissen des „geringeren Selbst" oder der unbewußten Persönlichkeit getrieben, diese Schamanin ist eins mit ihrem „höheren Selbst" geworden.

*

Wenn diese Karte in deinem Blatt erscheint, ist die Botschaft: Zentrierung. Du weißt, wie du all deine Energien zusammenziehst, um der Aufgabe, die vor dir liegt, entgegenzutreten. Du „opferst" zeitweilig die flüchtigen Interessen deiner Person für die „höheren" Ziele der Gruppenarbeit oder spirituellen Belange. Die Maske, die du trägst, verbirgt deine Gefühle; diese behältst du für dich und bewahrst ein inneres Gleichgewicht, das du für die Vollendung deiner Wandlung brauchst. Du bewährst dich besser in Ausnahmesituationen und Notfällen als in intimen Beziehungen, in denen du manchmal deine persönlichen Bedürfnisse und Wünsche nicht zu vermitteln vermagst. Liegt diese Karte aufrecht, so werden dich deine Gefühle nicht überwältigen.

Schamanin der Scheiben
Siehe Abbildung auf Farbtafel 13.

Die Schamanin der Scheiben ist eine Person, die auf physischer Ebene so zu arbeiten gelernt hat, daß sie in allem, was sie tut, erfolgreich ist. Sie ist „Dem Weg" fest verpflichtet und wird unterwegs nicht von irgendwelchen Ereignissen abgelenkt oder von glanzvollen Bildern des Ruhms und Glücks irregeleitet. Sie bleibt auf dem Weg und weiß durch ihren inneren Richtungssinn immer, wohin sie geht. Zielbewußt und selbst-bestimmt steht sie für ein Wissen um das, was die Buddhisten *Dharma* nennen — die Aufgabe, der man sich stellen muß, um weitere Evolution zu ermöglichen. Da sie weiß, was wesentlich ist, ist sie frei, ihre Reise zu genießen. Dem Geschehen kann sie sinnenhafte Aufmerksamkeit schenken und sie läßt sich ebenso leicht mit anderen ein, wie sie allein sein kann.

Das Maultier, auf dem sie reitet, symbolisiert ihre Beständigkeit und die Sicherheit, mit der sie ihren Weg durch den Cañon findet. In esoterischer Hinsicht steht das Maultier auch für die Androgynität der Schamanin — ihre fast „hybride" Gestalt, die ihr keine Fortpflanzung erlaubt. Die biologische Mutterschaft liegt hinter ihr. Sie könnte eine Frau in der Menopause sein, die nun frei ist für ihre spirituellen Aufgaben — nicht länger an biologische Verpflichtungen oder Hausarbeit gebunden. Ihr Schild zeigt das Bild eines Äffchens, das sich in seinen Schwanz beißen will — ein Primat, der, wie sie selbst, den Kreis schließt.

Der kahlköpfige Adler zu ihrer Rechten symbolisiert die Macht zu fliegen und klare weitreichende Sicht. Diese Medizinfrau besitzt wie alle Schaman/inn/en die Kraft, in die Zukunft zu sehen. Der Adler ist einer ihrer spirituellen Führer, der ihr hilft und für sie Informationen und Erkenntnisse sammelt. Der Adler baut sein Nest in Felsen und an hohen Orten, und diese Schamanin könnte dem Pueblovolk (den *Anasazi* oder Alten) angehören, das seine unglaublichen Städte in die Felswände und die Cañons im Südwesten der Vereinigten Staaten baute.

Die sinkende Sonne hinter der Schamanin der Scheiben symbolisiert ein Leben der Arbeit — und zeigt ihren Status als „Stammesälteste" an. Mit den Jahren hat sie ein hohes Maß an Erfolg und Macht erworben, ihre Arbeit hat sich gelohnt. Wäre sie eine dominierende Persönlichkeit, könnte sie materialistisch oder gierig sein, aber sie wird von ihrem höheren Selbst geführt und gibt dem Impuls, Dinge oder Geld zu horten, nicht nach. Sie ist in ihrer Arbeit und ihrem Dienst geerdet, eine reisende Heilerin, die die natürlichen Zyklen kennt. Ihre Erdnähe zeigt sich in ihrer kenntnisreichen Anwendung der Kräuter und

Heilpflanzen. Ihre weiche Wildlederkleidung hat sie selbst gegerbt und gefertigt. Wegen ihrer Fähigkeiten und Ausgeglichenheit ist sie überall willkommen.

Die Schamanin der Scheiben ist ein Symbol der Selbstdisziplin und Ausdauer, gewinnender Stärke und Geduld. Ihr humanitäres Bewußtsein arbeitet an der Entfaltung zu einer hochentwickelten spirituellen Erscheinung wie auch zu einem lebendigen menschlichen Wesen, das praktisch mit allen gut auskommt. Sie ist gelegentlich eigensinnig, aber wie die Spinnengroßmutter der Hopi hat sie eine Lebensspanne voller Kreativität gesponnen und weiß, warum sie noch immer auf dem Weg ist.

*

Wenn diese Karte in deinem Blatt erscheint, deutet sie darauf hin, daß du weißt, wohin du gehst und wie du dahin kommst. In Geld- und Arbeitsangelegenheiten sind dir die notwendigen Schritte und der richtige Weg zum Erfolg klar. Du hast ein scharfes Auge für Details, und dein gelassener Orientierungssinn macht dich zu einer vertrauenswürdigen Mitarbeiterin oder fähigen Freischaffenden. Du verfügst über sehr viel Erfahrung in der Welt, die dich Weisheit gelehrt hat. Liegt die Karte aufrecht, wirst du keine falschen Wendungen machen oder zu materialistisch werden.

TEIL DREI
DER GEIST VON
»MOTHERPEACE«

33

KARTEN DEUTEN

Ein neues Zeitalter zieht herauf. Dies geschieht inmitten schrecklicher Gefahren für die Welt. Gleichzeitig öffnen sich viele Menschen den Möglichkeiten einer Heilung und versuchen, wie die in Kapitel 1 beschriebenen Navahos, eine „Wiederherstellung des Universums". In diesem psychischen Transformationsprozeß bietet sich das Tarot als ein wesentliches Instrument an, da es von jedem Menschen in allen Lebensumständen verwendet werden kann. Es ist in seiner Anwendung weniger gefährlich als einige andere eher obskure oder esoterische Praktiken. Seine reiche Bilderwelt ruft eine unmittelbare Reaktion hervor, auch wenn jemand nicht über das hier gebotene Hintergrundwissen verfügt und sich lediglich in die Szenerien hineinversetzt.

Nach unserer Reise durch den gesamten Zyklus der „Motherpeace"-Bilder möchten vielleicht einige Leser/innen mit den Karten arbeiten. Die „Motherpeace"-Bilder sind als runde, farbige Karten, etwa 13 cm Durchmesser, erhältlich.

In der Tarot-Gemeinde kursiert eine Geschichte. Danach suchten die alten Weisen nach einer geeigneten Form, in der sie das geheime Wissen der Initiations-Mysterien überliefern konnten. Zur Debatte stand ein Buch oder ein Spiel. Da sie es mit einer Gesellschaft zu tun hatten, in der Bücher zur „Tugend" gerechnet und Spiele als „Laster" betrachtet wurden, wählten sie das Spiel in der Annahme, daß dies länger Bestand hätte, da die Menschen nun mal mehr dem Vergnügen zuneigen. Ob die Geschichte nun wahr ist oder nicht, sie enthält jedenfalls eine Botschaft symbolischer Weisheit. Die Karten haben ihre Wirkung, einmal, weil sie ernst zu nehmen sind und tiefe Geheimnisse in sich bergen, zum andern, weil sie das spielende Kind in uns hervorlocken.

Die Psycholog/inn/en unter uns wissen um die Notwendigkeit des „Spiels" in unserem Leben, aber welche Art des Spiels brauchen wir tatsächlich? Menschen spielen beim Sport. Sie kostümieren sich und geben vor, jemand anders zu sein. Sie nehmen neue Gesellschaftsrollen ein. Sie spielen in der Musik. Sie spielen Tischspiele. Im Grunde scheint es darum zu gehen, die Alltagsregeln und Vorschriften und die Ernsthaftigkeit beiseite lassen zu können, um für eine Weile wieder unbeschwert und „jung" zu sein. Doch Tischspiele, wie etwa Bridge oder Schach, erfordern oft ein hohes Maß an Konzentration und Können. Sportlicher Erfolg, zum Beispiel beim Baseball, Fußball oder Basketball, verlangen Stärke und Wendigkeit und dazu eine Menge Einsatzbereitschaft und Wettbewerbsgeist. Was die Geschlechtsrollen angeht, so macht das Spiel vielleicht anfänglich Spaß, führt dann aber häufig fort von echter Intimität. Offenbar haben wir noch nicht ganz verstanden, was Spiel in bezug auf das menschliche Herz bedeuten könnte.

Wenn du mit den Tarotkarten „spielst", öffnet sich eine umfassendere Dimension — das Bewußtsein erstreckt sich in Bereiche, die die meisten von uns nur selten betreten. Dies geschieht nicht, wenn du es willentlich anstrebst, sondern nur, wenn du dich selbst vergißt und etwas Größeres als dein Ego und die Alltagsrealität entdeckst. Diese Dimension, dieser „Raum" wurde als „magisch" und „heilig" bezeichnet. Manchmal sind die darin gemachten Erfahrungen nicht mehr in Worte zu fassen, wenngleich Sprache uns dabei helfen kann, den magischen Raum zu erreichen. Um in diese Welt des Außer-Ordentlichen zu gelangen, müssen wir die Bewußtseinshaltung der Närrin annehmen — die kindgleiche Unschuld, die uns ein Ereignis oder eine Situation erfahren läßt, ohne sie vorher eingeübt zu haben. Der Närrin — oder dem Narren — ist jeder Augenblick neu, und dies erfordert psychische Improvisation.

Die meisten von uns haben, wenn sie erwachsen sind, in ihren Wissensstand investiert. Wir glauben, daß wir beinahe alles wissen müssen, um in der Arbeit und im Leben allgemein Erfolg zu haben. Aber treten wir in den psychischen Bereich ein, dann müssen wir handeln, als wüßten wir gar nichts, und offen sein. Es gibt Techniken, die uns helfen können, uns zu öffnen, und uns sicher und angstfrei ins Unbekannte tragen. Eine ganz wichtige Kenntnis und Fähigkeit ist das „Erden", ein Vorgang, der auf vielen „Motherpeace"-Bildern dargestellt ist. Arbeite ich mit anderen Menschen, sei es beim Yoga-Unterricht, bei einer Heilsitzung oder einem Tarot-Workshop, so beginne ich immer damit, daß wir uns alle erden. Du kannst dich zum Beispiel auf einen Stuhl oder mit gekreuzten Beinen auf den Boden setzen. Dann werde dir deines Rückgrats bewußt. Fühle, wie aufrecht und gerade es sein kann, wie lang es ist, wie es Steißbein und Kopf verbindet. Wenn du dir deines ganzen Rückgrats, von oben bis unten, gewahr bist, dann fang an dir vorzustellen, daß dir ein Schwanz aus dem Steißbein wächst, der sich durch den Boden in die Erde, Schichten um Schichten, hinunterringelt, bis zum Erdmittelpunkt. Manchen Menschen mag dieses Bild zunächst absurd erscheinen. Sein einziger Vorteil ist der, daß es nach einer Weile, oft auch sofort, wirkt.

Wenn dir dann dein „Schwanz" gewachsen ist, stell dir vor, daß der Erdmittelpunkt aus Feuer besteht, wie glühende Lava, das du durch deinen Schwanz „einatmen" kannst. Du nimmst jetzt „Erdenergie" in dich auf, die durch deine Beine, dein Rückgrat hinauf in deinen Oberkörper und weiter hinauf in deinen Kopf steigt, die dich mit Lebens-Kraft und einem wunderbaren Gefühl der Sicherheit und des Wohlbefindens erfüllt. Laß sie bis in die Kopfspitze und die Fingerspitzen hineinfließen. Wenn du voller „Erde" bist, stell dir vor, daß sich deine Schädeldecke öffnet wie eine Blume oder ein Kelch. Und du lädst kosmische Energie ein, von oben einzufließen — Licht und Liebe. Stell dir vor, wie die Energie in deinen Kopf strömt, durch deinen Körper nach unten fließt, und dich wiederum bis zu den Finger- und Fußspitzen erfüllt.

Jetzt bist du bereit, „dein Herz zu öffnen". In der Welt der „Geistheilung" wird viel über das Öffnen des Herzens gesprochen — daß es allen nottut und so weiter. Aber was bedeutet es? Im Yoga ist das Herz*chakra* das Liebeszentrum im Körper. Es hat seinen Ort in der Mitte der Brust und umfaßt Herz und Lungen. Es ist nicht „physisch" im Sinne von Organen oder Blutgefäßen, vielmehr handelt es sich um ein „Energiezentrum" oder einen Ort, an dem Energien in bestimmter Weise zusammenkommen und eine besondere Kraft bilden. Das Öffnen oder Aktivieren eines Chakras beeinflußt auch den physischen Körper. Das Herzzentrum ist mit der „rechten Gehirnhälfte" verknüpft, dem das intuitive, nichtrationale Denken untersteht. Wenn du „dein Herz öffnest", stimulierst du deine intuitive Seite — du bewirkst, daß das „Weibliche" in dir zur Aktivität gelangt.

Um mit dem Öffnen deines Herzzentrums zu beginnen, atme nur und sei dir deines Atmens bewußt. Vorher konzentrierten wir uns darauf, den vertikalen Kanal zwischen Erde und Himmel und zwischen Körper und Geist zu öffnen. Jetzt atmest du in dein Zentrum des Gleichgewichts, in die Mitte deiner Brust. Wenn der Atem einströmt, laß deine Brust sich ausdehnen und ihn empfangen. Wenn der Atem ausströmt, laß deinen Bauch durch sanften Druck allen Atem ausstoßen. Atme gleichmäßig und stell dir jedesmal, wenn der Atem einströmt, vor, wie deine Brust weiter wird und noch ein bißchen mehr aufnimmt. Und stoß jedesmal, wenn der Atem ausströmt, alle Luft aus Lungen und Bauch, bis du vorübergehend zum leeren Gefäß wirst.

Die Arbeit mit dem Herzen erfordert keinen Kraftaufwand. Einfaches Atmen öffnet und erweitert nicht nur den physischen Raum deiner Brust, sondern auch deine intuitiven und „medialen" Fähigkeiten. Atme sanft und mache Pausen zwischen dem Ein- und Ausatmen. Du brauchst dabei nichts weiter zu tun, als das Öffnen zuzulassen; du kannst es nicht erzwingen. Es geht hier um einen sehr feinen Vorgang, und du fühlst vielleicht nichts Außergewöhnliches. Vertrau einfach darauf, daß etwas geschieht, und setze deine Arbeit mit den Tarotkarten fort; behalte die verschiedenen Dinge im Kopf, die du in deiner Vorstellung in Bewegung gesetzt hast: deine Wurzel in der Erde, dein Sich-dem-Himmel-Öffnen und dein erweitertes Herzzentrum. Verlagere dein Gewahrsein in deine Brustmitte, so als ob du dort säßest, und mach weiter.

Als erstes mischst du die Karten. Möglicherweise hast du zu Beginn mit den runden „Motherpeace"-Karten Schwierigkeiten, aber bald wird es dir so vorkommen, als hättest du schon ewig mit ihnen gearbeitet. Misch sie so, wie es dir paßt. Es geht darum, daß du mit den Karten Energie austauschst – du gibst ein bißchen von dir in sie hinein und bekommst ein bißchen von ihrer Energie. Wenn dieser Austausch abgeschlossen ist, werden sie, was deine persönlichen Bedürfnisse und Fragen anbelangt, deutlicher zu dir „sprechen". Wenn du die Karten mischst, dann fange an, dich auf dich und dein Anliegen zu konzentrieren. Vielleicht hast du ein spezielles Problem oder eine ganz bestimmte Frage; vielleicht möchtest du die Karten ganz allgemein befragen. Denk einfach daran, was dir die Karten zeigen sollen, so wie du eine Therapeutin oder Lehrerin in einer Angelegenheit, die dir Schwierigkeiten macht oder die du nicht ganz verstehst, befragen würdest.

Wenn du dich bereit fühlst, halte die Karten einen Moment ruhig in der Hand und sei dir wieder deiner selbst gewahr – deines vertikalen Kanals, deines offenen Herzens. An diesem Punkt bitte ich gerne die Göttin, mir Klarheit zu verleihen und mich zu einem offenen Kanal universeller Weisheit zu machen – ein Gebet, das ich bei der Arbeit an den „Motherpeace"-Karten und an diesem Buch erfand. Ich bitte sie, den gewöhnlichen Zustand von Verwirrung, Zweifel, Selbst-Herabwürdigung, Angst und Machtlosigkeit überwinden zu helfen. Diesen Teil der Arbeit tust du, wie du ihn für richtig hältst. Ist die Göttin für dich keine lebendige Präsenz, möchtest du dir vielleicht etwas Allgemeineres vorstellen – den universalen Geist, der dich leitet, kosmisches Licht, das dir die nötige Klarheit gibt. Vielleicht möchtest du auch nur mit dem ruhigen Vorsatz zur Klarheit tief einatmen.

Jetzt hebe die Karten ab. Ich mache das mit der linken Hand und hebe zweimal ab. Verwende die Methode, die dir liegt. Dann lege die Karten wieder zu einem Packen zusammen, nimm die oberste Karte ab, dreh sie um und schau sie dir an. Achte darauf, wie sie liegt, da „verkehrt" oder „schräg" liegende Karten eine zusätzliche Botschaft beinhalten. Sieh dir die Karte an, ohne dir für den Moment besondere Gedanken zu machen – sie soll dir einfach einen Eindruck vermitteln. Was für ein Gefühl hast du? Normalerweise löst die Karte ein erstes „positives" oder „negatives" Empfinden aus. Nimm es einfach wahr, fühle deine Reaktion darauf. Das ist eine gute Gelegenheit, dir bei deiner geistigen Arbeit zuzuhören, mit der gleichen Aufmerksamkeit, die du vorher auf dein Rückgrat verwandt hast. Vielleicht wird hier deine Skepsis einsetzen, und du fragst dich, was du da um Himmels willen eigentlich treibst! Möglicherweise lehnst du das Bild ab. Möglicherweise empfindest du aber auch eine leise Ehrfurcht vor dem, was du zu sehen und zu fühlen beginnst.

Konzentriere dich auf die Farben – welche Empfindungen lösen sie in dir aus, was beschwören sie? Laß die auf dem Bild dargestellte Handlung zu einer Geschichte werden – was passiert? Wenn das Bild Menschen zeigt, was tun sie? Wenn mehrere Menschen zu sehen sind – mit welcher Person identifizierst du dich besonders? Stell dir vor, daß du auf ein Traumbild siehst – eine winzige

astrale Szene, an der du teilnehmen kannst. Wenn du dich in das Bild hineinversetzt, frag dich, wie es sich auf deine Situation anwenden läßt. In welcher
Weise gleichst du der Person oder dem Tier oder dem Symbol auf dem Bild?
Was für eine Bedeutung hat derzeit diese Karte für dein Leben? Wenn du diese Karte für eine andere Person deuten solltest, welchen Rat würdest du ihr
auf der Grundlage deiner Gefühle und Eindrücke geben? Wie läßt sich dieser
Rat auf dich anwenden?

Vielleicht möchtest du die Karte eine Weile um dich haben — sie irgendwo
in der Wohnung hinlegen, wo du sie tagsüber sehen kannst oder bevor du zu
Bett gehst. Wenn du nicht gleich ein starkes Gefühl für die Bedeutung der Karte hast, wird sich das vermutlich später einstellen. Die Karten zeigen dir nie
ein Bild, das nicht in irgendeiner Weise zutreffend ist. Wenn du also darauf zu
vertrauen gelernt hast, daß die Botschaft kommt — wenn du dich dafür entschieden hast, dich den Karten als magische Führung zu öffnen, sie sich dir gegenüber offenbaren läßt —, wirst du zu irgendeinem Zeitpunkt die Botschaft
erhalten.

Eine Zeitlang wirst du wahrscheinlich mit nur einer Karte arbeiten wollen,
bis du ein Gefühl für sie entwickelt hast. Aber wenn du willst, kannst du auch
schon mit einer komplexeren „Lesung" anfangen, vielleicht mit drei Karten
für Vergangenheit, Gegenwart und Zukunft. Lege sie nebeneinander aus, deute
sie einzeln und dann in Beziehung zueinander. Schau, ob die Karte für Vergangenheit tatsächlich eine kürzliche Erfahrung widerspiegelt. Überprüfe, ob dich
die Gefühle und Energien, die die Karte der Gegenwart vermitteln, berühren.
Sieh dir die Karte der Zukunft an und versuche, intuitiv zu erfassen, was sie
bedeuten könnte. Im allgemeinen sagst du dir bei der Deutung der Zukunft etwa folgendes: „Angenommen, dies ist passiert, und ich mache jetzt gerade diese Erfahrung, dann scheint sich die Energie in diese Richtung zu bewegen, und
ich kann erwarten, daß…" Die Zukunft ist immer für Veränderung offen;
wenn dir nicht gefällt, was du da siehst, kannst du bei deinen gegenwärtigen
Entscheidungen und Entschlüssen anfangen und so auf etwas anderes hinarbeiten. Wenn es dir aber gefällt, dann kannst du dich anmutig und offenen Herzens hineinbegeben.

Eine andere Methode, die du vielleicht ausprobieren möchtest, ist die „Ja-
Nein"-Fragestellung. Misch die Karten und stelle dir eine Frage, die dich gerade bewegt und die mit ja oder nein beantwortet werden kann. Konzentriere
dich intensivst auf die Frage, formuliere sie so klar wie möglich. Es kann sich
um alles handeln, von „Soll ich mit dieser Beziehung weitermachen?" bis zu
„Werde ich den Job bekommen?" Sie muß auch nicht unbedingt so „ernst"
sein — du kannst auch nach der Party heute abend fragen. Aber was immer du
an Energie in die Karte einbringst, das wird zurückkommen. Wenn du also deine Frage für dumm hältst, wirst du vermutlich keine sonderlich intelligente
Hilfe für die Beantwortung bekommen. Nimm dich selbst ernst, auch wenn du

„spielst". Laß mal deine übliche Art und Weise, in der du dich auf die Welt beziehst, und nimm für den Moment an, daß es Hilfsgeister gibt — an die richtest du deine Frage.

Wenn du die Karten gemischt hast und sie sich richtig oder „bereit" anfühlen, heb ab, leg sie wieder zu einem Packen zusammen, die Vorderseite nach oben, zähl dreizehn Karten ab. Wenn ein As erscheint, halte inne — dieser Haufen ist fertig, leg ihn beiseite. Mach dann weiter, bis du drei Kartenpäckchen von jeweils dreizehn Karten oder mit einem As obenauf vor dir liegen hast. Asse, die aufrecht liegen, bedeuten „ja", verkehrt herum liegende Asse bedeuten „nein". Je mehr Asse du hast, desto stärker ist das Ja oder Nein. (Wenn du ein As aufrecht und ein weiteres verkehrt liegen hast, kannst du das als ein „vielleicht" lesen oder als ein Zeichen nehmen, daß sich die Situation verändern könnte, oder daß es noch zu früh ist, um den Ausgang erkennen zu können.) Oft ist die Bedeutung der Asse jedoch unmittelbar klar und bedarf keiner weiteren Erklärung — sie sagen ganz eindeutig ja oder nein.

Wenn du mit den Karten vertrauter bist, möchtest du dich vielleicht an eine umfassendere Auslegung machen. Ich verwende eine Anordnung, wie sie auf der von Cassandra Light gestalteten Rückseite der „Motherpeace"-Karten abgebildet ist. Sie zeigt einen Kreis oder ein Rad, eine Scheibe in der Mitte umgeben von acht kleineren Scheiben. Lege drei Karten in die Nabe und acht Karten auf die jeweils bezifferten Positionen als Scheiben drum herum — alles in allem elf Karten. Jede Karte wird entsprechend ihrer Position im Diagramm gedeutet.

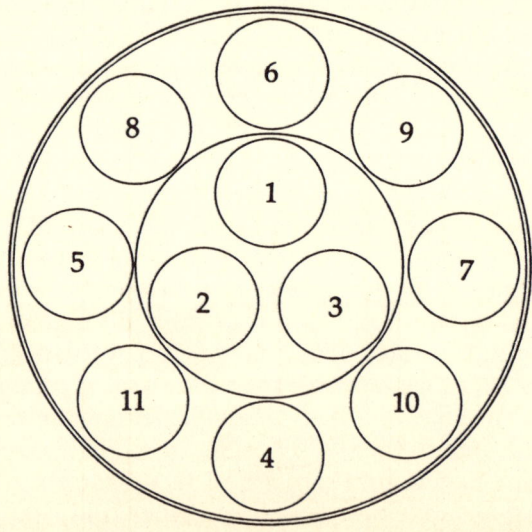

SCHLÜSSEL ZUM DIAGRAMM

1. Signifikator: Deine Essenz; wer du bist, vor allem gerade jetzt; das Herz.
2. Atmosphäre: Der Ort, von dem die Frage ausgeht; was gerade bei dir läuft; der Kontext.
3. Gegenströmung: Das Hindernis, mit dem du dich konfrontiert siehst, die wesentliche Herausforderung; was integriert werden muß.
4. Wurzel: Die unbewußte Haltung; was der Sache zugrunde liegt; der Körper.
5. Unmittelbare Vergangenheit: Was gerade geschah, was jetzt vergeht.
6. Allgemeine Himmelsatmosphäre: Was bewußt ist, was du darüber denkst; was kommt; der Verstand.
7. Nähere Zukunft: Was bald geschehen wird; was du erwarten kannst, wenn sich die Dinge weiter in diese Richtung bewegen.
8. Selbst-Meinung: Wie du dich selbst in bezug auf deinen Signifikator siehst; Selbst-Bild.
9. Hoffnungen und Ängste: Was du erhoffst, was du fürchtest; deine unbewußten Projektionen.
10. Haus: Wer sich in deinem psychischen Raum befindet, deine Umwelt; wer dir nahe ist.
11. Ausgang: Resolution; Integration. (Wenn eine Karte der großen Arkana in dieser Position erscheint, höre ich auf. Wenn nicht, ziehe ich wenigstens zwei weitere Karten, die ich als „X-Faktor" betrachte. Wenn auch hier keine Karte der großen Arkana erscheint, betrachte ich den Ausgang als zu diesem Zeitpunkt ungewiß.)

Am Anfang wird eine volle Auslegung wahrscheinlich verwirrend erscheinen, es sind so viele Dinge zu berücksichtigen. Aber bald werden die einzelnen Positionen einen Sinn ergeben, und du wirst die Karten entsprechend deuten lernen. Deute am Anfang jede Karte für sich, dann versuche, sie im Zusammenhang zu sehen, die Geschichte zu lesen, die sie erzählen. Ich beachte gern, daß die vertikale Achse von der „Wurzel" (4) zur „Himmelsatmosphäre" (6), dem Rückgrat gleich (wie bei der Übung zum Erden besprochen) eine Verbindung zu den geistig-spirituellen Bereichen herstellt. Die horizontale Achse zwischen „Vergangenheit" (5) und „Zukunft" (7) spiegelt die physikalische und weltliche Alltags-Ebene. Der innere Kreis mit drei Karten verläuft gegen den Uhrzeigersinn („mondmäßig") und steht für das „Herz" der Auslegung, ihre zentrale Bedeutung. Der äußere Kreis mit den acht Karten verläuft im Uhrzeigersinn („sonnenmäßig") und verweist auf das, was veränderlich ist.

In einer vollen Auslegung wie dieser hat eine Karte je nach Position unterschiedliche Bedeutung. Eine Karte, die als dein Signifikator (1) erscheint, bedeutet: Das bist du zum gegenwärtigen Zeitpunkt. Erscheint diese Karte aber in der Position der „Selbst-Meinung" (8), dann verweist sie darauf, daß du dich zwar in dieser Weise sehen magst, diese Anschauung aber nicht unbedingt der „objektiven" Wahrheit entspricht. (Ist die Aussage positiv, bleib dabei; ist sie negativ, möchtest du vielleicht etwas verändern.) Eine Karte in der Position der „Hoffnungen und Ängste" (9) könnte eine Projektion sein, die eventuell zur Realität wird, im Moment handelt es sich aber nur um eine Gedankenform. Erscheint diese Karte in der Position der Vergangenheit, dann bezieht sie sich auf ein Ereignis, das bereits stattgefunden hat. Eine Karte in der Position der „nahen Zukunft" verweist auf etwas, das bald eintreffen wird, wohingegen die gleiche Karte in dcr Position des „Ausgangs" (11) einen letztlichen Entscheid anzeigt, nachdem viele andere Erfahrungen und Begebnisse assimiliert und integriert worden sind.

Wie verhält es sich mit den Karten, die verkehrt liegen? Bei den herkömmlichen rechteckigen Tarot-Karten gibt es nur zwei Möglichkeiten, „aufrecht" oder „verkehrt". Bei den runden Karten sind alle Neigungsgrade möglich. Zunächst ist es ohnehin am besten, die Bilder so zu deuten, als lägen sie aufrecht. Finde ihren Sinn heraus, dann arbeite mit der zusätzlichen Komplexität, die „Neigungsgrade" oder „Verkehrung" bieten.

Du kannst die Sache in den Begriffen der Polarität angehen, die Symbolik von rechts und links, wie zum Beispiel „Sonne" und „Mond", anwenden. Die traditionellen Symbologielehren und Therapierichtungen arbeiten mit diesen Ideen. Wenn du diese Ansätze übernimmst, überprüfe sie sorgfältig, denn oft basieren sie auf sexistischen Grundannahmen und Vorurteilen. Wenn zum Beispiel rechts für „männlich" oder „aktiv" und links für „weiblich" und „rezeptiv" steht, so mag das für die Interpretation nützlich sein. Steht aber rechts für „gut" und links für „böse", dann sind deiner Deutung durch diese herkömmlichen und unterdrückerischen Anschauungen Grenzen gesetzt. Ich gehe im allgemeinen davon aus, daß mehr nach rechts geneigte Karten eine leicht „forcierte" oder drängende Tendenz zum Ausdruck bringen — das Ego kontrolliert möglicherweise den Energieausdruck, den die Karte symbolisiert (was nicht automatisch negativ sein muß). Neigt das Bild mehr nach links, gehe ich davon aus, daß die Energie bis zu einem gewissen Grad „zurückgehalten" wird — der betreffenden Person mangelt es vielleicht an Selbstvertrauen in bezug auf den angesprochenen energetischen Ausdruck oder Wesenszug. Liegt eine Karte eindeutig verkehrt herum, interpretiere ich das im allgemeinen als eine Verkörperung des „negativen" oder gegenteiligen Aspekts der Bildbedeutung in aufrechter Position.

Liegt zum Beispiel die Tochter der Schwerter — gewöhnlich eine ungeduldige, aktive und energische Persönlichkeit — verkehrt herum, so kommen womöglich ihre negativen Züge an die Oberfläche. Sie kann dann auf rücksichtsloses oder unangemessenes Verhalten deuten, auf mangelndes Urteilsvermögen oder von Ärger geleitete Handlungen. Anstelle intelligent eingesetzten Überschwangs drückt sie vielleicht fehlgeleitete oder falsch eingesetzte Energie aus.

Wenn aber zum Beispiel die Fünf Schwerter verkehrt herum liegen — ein von vornherein eher „negatives" Bild — empfinde ich eine gewisse Erleichterung. Ich habe das Gefühl, die Negativität und Feindseligkeit der Karte sei etwas abgemildert, und die betreffende Person habe sich entschieden, die negative Geisteshaltung aufzugeben, die diese Karte meist symbolisiert. Das im Normalfall nach unten gerichtete Pentagramm ist nun umgedreht, was auf einen aktiven Entschluß weisen könnte, die Situation positiver zu überdenken und eine andere Haltung einzunehmen.

Keine dieser technischen Bedeutungen ist hier wichtig, wesentlich ist, was du bei den Karten empfindest, was sie dir zu sagen scheinen. Deine Intuition ist bei der Deutung des Tarot sehr viel entscheidender als alle zu diesem Thema verfügbaren Bücher, dies hier eingeschlossen. Die meisten von uns schätzen ein gewisses intellektuelles Hintergrundwissen, wenn sie es mit einem der Bewußtseinsinstrumente zu tun haben, es kann also nicht schaden, Bücher zu lesen — es beruhigt und informiert den rationalen Verstand. Aber es sind irrationale Kräfte, die du anrufen mußt, wenn du dich über das gewöhnliche Verstehen hinaus in die magischen Reiche der „Weissagung" begibst, wirklich zur „Seherin" werden willst.

Intuition ist dem Verstand nicht unterlegen — sie ist in der Tat dem gewöhnlichen Intellekt überlegen, ist eher ein „Super-Verstand", in den du dich während außer-gewöhnlicher Bewußtseinszustände einschaltest. Deshalb sind Meditation und Erden so wichtig wie auch das Öffnen der inneren Kommunikationskanäle. Je mehr du dich diesen unvertrauteren Bereichen deines psychischen und medialen Terrains öffnest, desto mehr heilende Energie wirst du erfahren. Deine Fähigkeit, die Karten zu „lesen", wird wachsen, wie sich auch dein allgemeiner Gesundheitszustand verbessern, dein Wohlbefinden sich erhöhen wird. Das einfache Bemühen, Fragen an dein „höheres Selbst" oder „die Göttin" zu richten, wird allmählich deine Selbst-Liebe stärken und deine Realitäts-Erfahrung vertiefen. Die „Macht des Gebets" wirkt — wir brauchen nur das richtige Umfeld, in dem es gedeihen kann, und für viele von uns haben die patriarchalen Formen ihren Sinn verloren.

Einigen Menschen wird das Tarot als einfaches und befriedigendes „Orakel" dienen, das ihnen dabei hilft, mit den wirklichen Gegebenheiten zurechtzukommen, weil sie mehr „im Bilde" sind und ihre Entscheidungen aufgrund dieses Wissens treffen können. Mit anderen Worten, das Tarot wirkt dann als tägliche oder wöchentliche Lebens-Führung auf physischer Ebene. Wir alle brauchen in der einen oder anderen Form eine solche Führung, und die Karten stellen ein effektives Instrument für eine verantwortungs-bewußte Lebensweise dar. Bei anderen Menschen hingegen wird ein tieferer Prozeß einsetzen. Wie in den Kapiteln 1 bis 23 beschrieben, ist dieser Prozeß mit den alten Initiations-Mysterien verbunden und beinhaltet Transformation auf seelischer Ebene. Und dies ist das älteste „religiöse" Unternehmen der Spezies Mensch.

34

GRUPPENARBEIT

Bis jetzt haben wir über die Auslegung der Tarot-Karten gesprochen, wenn wir allein sind, aber die Arbeit in der Gruppe kann auch sehr nützlich sein; sie ermöglicht kollektive Konzentration und die Chance, die Gruppe um ein bestimmtes Thema oder eine Person zu einen. Das bringt jedes Mitglied in Berührung mit dem, was mediale Personen den „Gruppengeist" nennen, ihre zentrale geistige Identität. Die Zusammenarbeit beim Umgang mit den Karten kann den Menschen ein tieferes Verständnis füreinander erleichtern. Sie bietet eine Methode, tiefer nach innen zu gehen und Gefühle zum Ausdruck zu bringen, die sonst unbewußt blieben, und es ist eine einfache positive Möglichkeit, Konflikte zu lösen.

Wenn ich in meinen Tarot-Gruppen die oben erwähnte Auslegungsmethode (oder eine andere) vermittelt habe, bitte ich ein Mitglied der Gruppe, die Karten für eine andere, sich freiwillig anbietende Person „zu lesen". Normalerweise findet sich wenigstens eine Person, die ein drängendes Problem oder einen sonstigen Grund hat, und eine andere, die gern ihre Fähigkeiten ausprobieren möchte. Es folgen dann die vorbereitenden, schon für die Einzelperson beschriebenen Übungen zum Erden — atmen und sich im Herzchakra zentrieren —, nur daß hier die ganze Gruppe zusammenarbeitet.

Die Personen fassen sich vielleicht zunächst bei den Händen und „kanalisieren" zusammen Energie, stellen sich einen „Elektrizitäts"kreis vor, der durch ihre miteinander verbundenen Hände und Herzen läuft und die Gruppe stimuliert und harmonisiert. Da die Karten für eine bestimmte Person gelegt und gedeutet werden, richtet die Gruppe ihre Gedanken oder Konzentration auf sie — auf ihr Wesen oder Selbst. Äußert diese Person eine ganz bestimmte Frage, dann konzentriert sich die Gruppe auf diese Frage in Verbindung mit der „Klientin" oder dem „Klienten". Da alle Gruppenmitglieder die Auslegung mitverfolgen wollen, ist es günstig, wenn sich die beiden betroffenen Personen in die Mitte des Kreises und die anderen in einem äußeren Ring darum setzen. In dieser Weise kann die Gruppe stetig „die Konzentration halten" wie bei einem „Heil-Kreis" und die Energie erhöhen. Das wird wiederum den mit der

Lesung befaßten Personen zugute kommen und ihre intuitiven Fähigkeiten fördern.

Die fragende Person mischt die Karten, vermischt ihre Energie mit den Karten und reicht dann das Päckchen der anderen Person, die die Karten ebenfalls mischt und sich auf die Frage oder die Fragende konzentriert. Wenn sie bereit ist (die Gruppe wartet still und konzentriert), hebt sie die Karten ab (oder läßt die Fragende abheben) und legt dann aus. Für die die Karten deutende Person ist es wichtig, daß sie sich an diesem Punkt Zeit nimmt und einen allgemeinen Eindruck vom Blatt gewinnt, wie sie es auch bei irgendeiner anderen Lesung tun würde. Wenn sie bereit ist, fängt sie an, der Fragestellerin eine Geschichte zu erzählen, die sie aus den Karten „liest". Dabei schaltet sich die Gruppe weder mit Worten noch in sonstiger Weise ein, die den Intuitionsfluß der deutenden Person stören könnte.

Wenn sie mit ihrer Deutung zu Ende ist, kann sich die Gruppe über ihre „Treffer" und Gedanken zur Lesung austauschen. Manchmal ist eine zweite Lesung angebracht, vorausgesetzt, es bleibt noch Zeit, die Gruppe ist willens und die Fragestellerin empfänglich. Wenn nun eine zweite Person die Karten liest, bringt sie oft Ideen oder Vorschläge ein, die nicht unbedingt im Gegensatz zur Deutung der ersten Person stehen, aber einen ganz anderen Brennpunkt oder eine andere Perspektive haben. In dieser Weise erhält die Fragestellerin die größtmögliche Vielfalt medialer oder intuitiver Eindrücke. Nach zwei oder drei Interpretationen des gleichen Blattes haben sich die Dinge meist von der weltlichen Ebene zu tieferen Verständnisbereichen bewegt.

Der Prozeß wird um so tiefer und wirksamer sein, je enger die Gruppe, je harmonischer ihre Mitglieder zusammenarbeiten. Eine Gruppe von Leuten mag beschließen, einmal in der Woche für eine Tarot-Lesung zusammenzukommen, zur „Selbsthilfe" oder für den „Wachstumsprozeß". Mit fortgesetztem Studium und stetiger Erfahrung psychischer und medialer Realitäten wird etwas Magisches auf Gruppenebene stattfinden. Da beim „Motherpeace"-Tarot der Schwerpunkt auf dem Spirituellen liegt, wird die Gruppe automatisch in spirituelles Bewußtsein und Verständnis hineinwachsen. Das führt zu einer „Anhebung" persönlicher Energie auf „höhere" Realitätsebenen, die nicht mehr so sehr mit dem Ego verknüpft sind.

Neben dem Gruppengeist gibt es etwas, das in der Esoterik „Gruppenseele" oder „Überseele" genannt wird, das vorherrschende spirituelle Ideal, das eine Gruppe zunächst zusammenbringt und dann sanft durch eine „Initiation" nach der anderen führt. Die Gruppenseele ist eine Quelle der Energie und des heilenden „Lichts", von dem die Mitglieder in ihrem Alltagsleben zehren können. Es ist ein unsichtbares Energiezentrum, das durch jedes individuelle Leben aus-strahlt und durch den allmählichen Transformationsprozeß Balance und Wachstum bewirkt.

Im allgemeinen hebt esoterische oder mediale Arbeit eine Person aus „Dunkelheit" und Verwirrung heraus auf eine bewußtere Ebene. Die Gruppe erleichtert diesen Prozeß, da sie die Beständigkeit des Wunsches der Individuen unterstützt, sich auf eine bewußte Realitätsebene zu erheben. Die Menschen unterscheiden sich in ihren Stärken und Schwächen, ihren Perioden des Brachliegens und der kreativen Ausbrüche. Eine Gruppe, die zusammenwirkt, läßt jeder Person ihre Höhen und Tiefen und unterstützt und anerkennt die natürlichen, normalen Wechsel, die ein Transformationsprozeß mit sich bringt. Ein Gefühl der Kontinuität wird aufgebaut, was wiederum ein Gefühl der Akzeptanz und Solidarität durch die Veränderungen hindurch schafft.

Schließlich wirkt die Gruppenseele als ein Zentrum universaler, bedingungsloser Liebe. Heilende Energie strömt über das Kronenchakra in jede Person oder fließt in einen Kreis von Menschen, die zusammen meditieren oder die Karten legen. Wenn wir an das Universum Fragen richten und um Antworten und Führung bitten, öffnet sich unser aller Wesen kosmischer Information und intuitiver Weisheit. Die Anwesenheit aller „höheren Selbst" der Gruppenmitglieder schafft ein sehr starkes Licht, das sich weiterhin jedes Individuums annimmt, auch wenn die oder der einzelne nicht stark genug ist, mit dem eigenen höheren Selbst in Kontakt zu kommen.

Das ist die wahre Bedeutung von „Gemeinschaft" und die Grundlage aller religiösen Organisationen und medialen oder esoterischen Gruppen. Heutzutage sind solche Organisationen meist bürokratischer und schwerfälliger Natur und erreichen selten die Einzelperson auf der Herzensebene. Aber das Potential der Gruppenunterstützung und „Gruppenarbeit" ist sehr groß, besonders am Ende des 20. Jahrhunderts. Die Welt macht eine Krise durch, wie wir sie aus keinem der Geschichtsbücher kennen, und die meisten Lehrer und Lehrerinnen des neuen Zeitalters sind sich darin einig, daß es der Separatismus und die Isolation der Menschen sind, die uns in diesen kritischen Zustand gebracht haben.

Über die Aktivierung kleiner Gruppen, die sich von einem zentralen spirituellen Modell (wie zum Beispiel dem „Motherpeace"-Tarot) angezogen fühlen, kann die ungeheure Arbeit der Transformierung der Welt Ausgangspunkte finden. Es existieren viele und verschiedene Prophezeiungen über das, was uns und unserer Planetenheimat in den nächsten zwanzig Jahren geschehen wird, und es ist schwierig — wenn überhaupt möglich — vorherzusehen, welche dieser Möglichkeiten „Realität" werden wird. Soweit ich das beurteilen kann, besteht das einzig Positive, das wir leisten können, darin, daß wir zusammen am Verständnis jeder Situation, wie sie sich uns darstellt, arbeiten (gleich, ob es um Wirtschaft, Kirche, Familie, Arbeitsplatz oder ökologisches Gleichgewicht geht), und uns dann entsprechend der sich verändernden Situation transformieren. Der spirituelle Brennpunkt kleiner Gruppen, die auf eine solche Veränderung hinarbeiten, gestattet die Kanalisierung von Weisheit und Information — von Führung beim Übergang von den alten Formen zu innovativen Wegen der Zukunft.

In dem Film „Mein Abendessen mit Andre" zitiert die Hauptperson den schwedischen Physiker Gustav Björnstrand, der sagt: „Wahrscheinlich werden wir zu einer barbarischen, gesetzlosen, schrecklichen Zeit zurückkehren", was Andre als ein künftiges dunkles Zeitalter interpretiert. „Aber", sagt er, „die Findhorn-Leute sehen es ein bißchen anders", und er erklärt seinem Gefährten, was diese in Schottland lebende Gemeinschaft der neuen Zeit vor uns liegen sieht. „Ihrem Gefühl nach werden in verschiedenen Teilen der Welt diese Nischen des Lichts entstehen, und sie werden in gewisser Weise unsichtbare Planeten auf *diesem* Planeten sein. Und während wir kälter werden oder die Welt kälter wird, werden wir unsichtbare Raumreisen zu diesen verschiedenen Planeten unternehmen können, uns wieder aufladen für das, was wir auf dem Planeten zu tun haben, und zurückkehren."

Dieser Gedanke ist nicht weit entfernt von dem, was Alice Bailey „Die neue Gruppe der Weltdiener" nennt, die ihrer Voraussage nach kleine Gruppen um zentrale Lichter des Geists oder der Hoffnung bilden und für den Aufbau der neuen Welt zusammenarbeiten werden. Dieser Aufbau beginnt notwendigerweise auf der unsichtbaren Ebene medialen Gewahrseins und der Magie und wird sich schließlich auf der physischen Ebene der Manifestation auswirken. Schamanen und Magier beiderlei Geschlechts kannten immer dieses Geheimnis, aber jetzt ist die Zeit gekommen, daß auch „normale Leute" mit diesen Techniken zu arbeiten beginnen, um Veränderungen in ihrem Leben und in ihrer Umwelt zu bewirken. In diesem Geist können die Karten des „Motherpeace"-Tarot erfolgreich bei der Gruppenarbeit verwendet werden, nicht nur als Weg zur Göttin, sondern auch für das, was die Navahos „die Wiederherstellung des Universums" nennen.

35

EINE NEUE MYTHOLOGIE SCHAFFEN

Die „Motherpeace"-Bilder können uns als Anleitung zum Geschichtenerzählen dienen, bebilderte Geschichten über unser aller Leben, und uns in diesem Sinn zur Schöpfung einer neuen Mythologie führen, zu einer „kreativen Visualisierung" der Zukunft wie auch zu einer Erzählung über unsere Evolution, die nicht länger mit den Vorurteilen und Verzerrungen des Patriarchats behaftet ist.

Kreative Visualisierung bedeutet ein aktives bildliches Sich-Vorstellen von Möglichkeiten — ein Versuch, einigermaßen detaillierte Ereignisse zu „sehen", die noch nicht stattgefunden haben, und sie so vielfältig und „heilsam" wie möglich zu gestalten. Man kann sich mit dieser Technik auf die einfachste nächste Gelegenheit vorbereiten — ein Treffen, eine Unterrichtsstunde, eine Party, eine Verabredung. Oder wir können, wenn wir einen Mythos schaffen wollen, uns eine Welt vorstellen, in der wir gern leben würden.

Aufgrund unseres so betäubten Zustands in einer konkreten Zeitbomben-Situation haben sich Organisationen wie etwa die „Ärzte für gesellschaftliche Verantwortung" für eine „Schreckenstaktik" entschieden, um die Menschen eilends aufzuwecken und sie die fast unermeßlichen Gefahren des nuklearen Wettrüstens und des möglichen nuklearen Krieges erkennen zu lassen. Sie stellen sich die Details eines Holocausts vor, malen die Schrecken so genau wie möglich aus, damit die Menschen durch einen Schock begreifen, daß etwas unternommen werden muß, um den roboterhaften Drang zur Katastrophe zu stoppen.

Was danach? Nachdem wir nun kundgetan haben, daß wir keine nuklearen Waffen mehr wollen, bleibt das Problem, welche Möglichkeiten wir uns ansonsten vorstellen können. Diese Imagination geht am besten von der kreativen rechten Gehirnhälfte aus — der intuitiven Bewußtseinsweise, die über den Gebrauch der Tarot-Bilder aktiviert werden kann. Diese archetypischen Energien sind lebendige Symbolformen und besitzen die Macht, die schöpferische und die weissagende Kraft der rück- und vorausblickenden Vision zu erwecken. Wie unsere alten Vorfahren lassen wir durch ein magisches Vehikel die „andere Welt'' zu uns sprechen, und in diesem Fall ist das anscheinend so einfache Medium das Tarot.

Kreative Visualisierung kann uns als Anleitung für die Zukunft dienen, als Modell oder zumindest als eine Existenzmöglichkeit, die sich von der schrecklichen Vision einer globalen Katastrophe, die uns jetzt das Patriarchat so unverhüllt anbietet, unterscheidet. Im Namen ,,nationaler Sicherheit'' scheinen die USA und die Sowjetunion gemeinsam auf einen globalen Selbstmord zuzustolpern. Auf westlicher Seite verweist der Slogan ,,besser tot als rot'' auf eine idiotische Reduktion unserer Wahlmöglichkeiten; zudem beinhaltet er eine neue Ironie, wenn man ihn im Licht der alten Verbindung zwischen der roten Farbe und der so lange unterdrückten natürlichen Macht der Frauen betrachtet.

Das folgende Material habe ich entwickelt, als ich gebeten wurde, einen Diavortrag für Antikriegsversammlungen und Gruppenrituale zusammenzustellen. Ich biete es hier als Summe meiner Sicht von matriarchalem Frieden an, und als ein Beispiel, wie mit den Karten des ,,Motherpeace''-Tarot Geschichten improvisiert werden können.

Herrscherin	Es war einmal eine Zeit, als das Leben auf Erden Überfluß und die rechte Beziehung zu aller Natur widerspiegelte — eine Zeit, die als goldenes Zeitalter oder verlorenes Paradies noch immer in den tiefsten Winkeln unserer Erinnerung lebt.
Schamanin der Kelche	Durch archäologische Funde können wir uns eine Vorstellung von dieser prähistorischen Zeit des Friedens und der Harmonie machen, als die Große Mutter und das weibliche Prinzip in allen Dingen verehrt wurden.
Zwei Stäbe	Die generell den Frauen zugeschriebene Entdeckung des Feuers führte zu gemeinschaftlich lebenden Gruppen und zur Entwicklung von Sprache und Kommunikation durch Laute und künstlerischen Ausdruck.
Drei Stäbe	Die Mutter-Kind-Bindung war ursprüngliches Modell für alle anderen Beziehungen und der zentrale innovative Faktor beim evolutionären Sprung von unseren Affen-Vorfahren zur menschlichen Familie.

Priesterin der Stäbe	Religion entwickelte sich Hand in Hand mit der Würdigung und dem Verständnis von Sexualität und anderen natürlichen Phänomenen, einschließlich der Praxis der Magie, die Jahrtausende friedlich und machtvoll in den Händen der Mütter verblieb. Die von den Indianern noch immer ausgeübte Kunst des Regenmachens war eine frühe Form magischer Meisterschaft; sie ermöglichte den verläßlichen Anbau von Getreide und Früchten und führte zu den frühen ackerbaulichen Zivilisationen, die den Gipfelpunkt matriarchalen Bewußtseins wie auch menschlicher, künstlerischer und kultureller Leistung darstellten. Kulturelle Artefakte wie der geschnitzte Knochenstab in der Hand der Priesterin werden von den Archäologen als frühe zeremonielle Gegenstände für den Gebrauch bei „Fruchtbarkeitskulten" angesehen.
Schamane der Stäbe	Der Mann partizipierte an diesem liebevollen, auf die Mutter bezogenen Kontext, entwickelte voll seine Kräfte und nahm, seinen Möglichkeiten entsprechend, an den zentralen Mysterien von Leben und Tod, Geburt und Wiedergeburt teil.
Neun Stäbe	In diesen frühen Steinzeitkulturen, aus denen sich unsere heutige Kultur letztlich entwickelt hat, war das Altern geschätzt und geachtet.
Vier Stäbe	Das Leben wurde mit all seinen Übergängen in Ritualen und im Tanz, Gesang und Gebet gefeiert.
Zehn Stäbe	Energie wurde auf eine für die Gruppe konstruktive und nützliche Weise freigesetzt, und ihr Ausdruck kam der ganzen Gemeinschaft und selbst der fruchtbaren Erde zugute. Die Macht der Frau symbolisierte sich eindrucksvoll im *mana* ihres Menstruationsbluts, das noch heute in einigen Kulturen als mächtige sexuelle Essenz betrachtet wird, als ein wirkungsvolles Heilelixier und magischer Befruchtungsstoff für alles, was auf Feldern wächst.

Tochter der Stäbe und Sohn der Stäbe	Tochter und Sohn — Artemis und Apollo — waren einst Zwillinge und Gleichgestellte in den Augen der Großen Mutter, wie alle Formen weiblicher und männlicher Energie. Polarität wurde als zur Mutter zugehörig betrachtet und in ihr hob sie sich auf, in ihr, die das Leben in sich birgt und männliche wie weibliche Elemente hervorbringt. Sie herrschte durch Liebe und Achtung vor allen und allem, das lebengebende Prinzip des Kosmos. Alles Weibliche waren ihre Töchter; alles Männliche ihre liebenden Söhne. Die entsprechenden Traditionen der Hexenkunst und des Schamanismus leiten sich in fragmentierter Form von diesen beiden archetypischen Ausdrücken des „heiligen Spiels" unserer Vorfahren ab.
Turm	Auf die menschliche Existenz bezogen, wurde fast über Nacht diese friedliche Koexistenz mit der Erde und ihren Lebensformen einer radikalen Veränderung unterworfen. Die Prophetin oder „Seherin" alter Zeit erhielt ein Zeichen nahender Katastrophe — Vorbereitungen wurden getroffen, um aus der Heimat zu fliehen und Religion und Kultur der Mutter in andere, sicherere Gebiete zu verbringen.
Herrscher	Nomadische und patriarchale Horden fielen in blühende, aber unverteidigte Gebiete der matriarchalen Welt ein, zerschmetterten den Frieden von Jahrhunderten mit donnernden Himmelsgöttern, Krieg und Teilung, Königtum, Hierarchie und Diktatur. Die Vorstellung von der mit Eigentumsrecht verbundenen Vaterschaft setzte sich mit Macht durch und brachte Vergewaltigung, Mord, Sklaverei, Rassismus und gewalttätige Beherrschung der Erde und allen Lebens auf ihr mit sich.
Sohn der Schwerter	Der patriarchale Geist entwickelte einen von der Ethik der Mutter entfremdeten „heroischen" „Ehren"kodex, setzte verherrlichend das Licht über das Dunkel, das Männliche über das Weibliche, den Herrn über den Sklaven. Diese bewußte

Vernichtung der Göttin wurde in sorgfältig verfaßtem Schrifttum, das wir heute als Mythos und Die Schrift bezeichnen, dokumentiert und durch die Zeitalter weitergegeben.

Hierophant	Wir haben diese Weltanschauung bis in unsere Zellen hinein als Gesetz, Sitte und herkömmliche Moral verinnerlicht. Dies soll uns im einzelnen an unseren Plätzen halten und dient als Rechtfertigung für fünftausend Jahre Gewalt im Namen von Religion und Nationalismus. Doch „jetzt sind eure fünftausend Jahre vorbei!" wie eine feministische Schriftstellerin schrieb.
Tod	Wir können entweder sterben — buchstäblich —, als Volk und möglicherweise als Planet, oder wir können, der sich häutenden Schlange gleich, zu bewußten Zeugen des Todes der existierenden Kultur werden und uns mit der strahlend neuen Haut identifizieren, die sich unter der Oberfläche des Alten zu zeigen beginnt.
Sechs Schwerter	In diesem gefährlichen Moment der Geschichte müssen wir begreifen, daß Krieg nicht von irgend jemandem „da draußen" verursacht wird, was die Einzelperson jeglicher Verantwortung enthebt. Wir müssen zu einer umfassenderen Perspektive kommen.
Neun Schwerter	Wir alle, Männer und Frauen, sind für die Handlungen unserer Gesellschaft und Kultur verantwortlich. Die Dämonen, gegen die wir unsere ständigen Kriege führen, nagen an unserem Innern, und ihre Schreie hallen durch unsere individuellen Alpträume.
Drei Schwerter	Wir sind abhängig von der Kultur, die uns zerstört. Wir streiten, konkurrieren und geben uns mit kleinlichen Machtkämpfen ab.
Teufel	Wir erfahren Abhängigkeiten, Süchte und Gier, Wut, Eifersucht, Besitzgier, Egoismus und Mate-

rialismus. Die Heilung, die wir brauchen, besteht in einem Exorzismus dieser Geisteshaltung, die uns in einer Hierarchie von Dominanz und Unterwerfung gefangen hält.

Glücksrad

Glücklicherweise dreht sich das Rad des Lebens und enthüllt jedem Zeitalter ein neues Gesicht der Göttin.

Stab-As

Das Zeitalter, in das wir nun eintreten, ist eines der Heilung und Wiedergeburt, eine Zeit des Neubeginns, einer Freisetzung des Geistes.

Zehn Schwerter

Um zu dieser Heilung zu kommen, müssen wir uns von der Vergangenheit und allem, was wir gewohnt sind, lossagen, müssen fest zu unseren Idealen stehen, wie die Priesterinnen der Athene, die lieber den Tod wählten, als sich patriarchaler Vergewaltigung und Verheiratung zu unterwerfen.

Kelch-As

Wir müssen jetzt tief in die Quelle innerer Gefühle eintauchen und mit unserem leidenschaftlichen Verlangen nach Frieden und Freude und Liebe in Berührung kommen.

Närrin

Dann können wir werden wie die Närrin — kindgleich und frei von kulturellen Verfügungen, sicher in der Welt, geführt vom Licht des Geistes. Dann wüßten wir, daß zwischen dem Geier der Himmel und dem Krokodil der Unterwelt jedes wahre Kind der Göttin vor dem Bösen geschützt ist und mit dem offenen Auge der Weisheit durch Lebenszeiten hindurchgeführt wird.

Hohepriesterin

Aber wie können wir fünftausend Jahre kultureller Konditionierung abwerfen? Die rechte und die linke Gehirnhälfte müssen beteiligt sein, die weiblichen und männlichen Aspekte in uns allen ins Spiel kommen. Wie die Hohepriesterin des Herzens müssen wir still werden, der göttlichen weiblichen Präsenz Einlaß gewähren, sie in uns fühlen; uns wieder der Intuition öffnen; uns wieder mit

237

unseren Körpern und dem Geist der mitfühlenden Liebe und göttlichen Weisheit, für die sie stehen, verbinden; auf Führung und Richtungsweisung von innen hören.

Magierin

Wie die Magierin müssen wir dafür sorgen, daß sich die Wünsche unseres Herzens auf physischer Ebene manifestieren, müssen unsere Energien mobilisieren und in unsere äußere Welt richten, um sie zu der zu machen, die wir haben wollen. Wieder einmal müssen wir das schamanische Feuer tanzen und die heilende Hitze kanalisieren. Die Sphinx enthüllt den Weg.

Tochter der Schwerter

Die Herausforderung, der wir uns heute zu stellen haben, verlangt, daß wir all unsere Kräfte beschwören und einen Sturm der Energie entfachen, wie wir ihn für den Kampf um das Leben brauchen.

Stärke

Matriarchales Bewußtsein ist spirituelle Stärke, gegründet in der Erde, und geht vom Herzen aus. Die Mysterien der sumerischen Ishtar, der tibetischen Tara und der irischen Brigit bringen alle den Vollmond mit den weissagenden Kräften des Menstruationszyklus und der unbehinderten sexuellen Ausdrucksmöglichkeit der Frau in Verbindung. Als Artemis, Herrin der Tiere, steht die Göttin für die ungebrochene Kontinuität der Beziehung zwischen menschlicher und animalischer Natur, eine Anerkennung unserer Wurzeln und wechselseitiger Abhängigkeit.

Priesterin der Schwerter

Wir müssen auf unseren Erfahrungshintergrund zurückgreifen und aus den uns zur Verfügung stehenden irrationalen und unbekannten Kräften schöpfen. Wir müssen Schamaninnen und Visionäre werden — kurz gesagt, ermächtigte und befähigte menschliche Wesen.

Sechs Stäbe

Dies bedeutet für Frauen die Mobilisierung von Macht und Kraft (Shakti) und die Entwicklung von Selbstvertrauen.

Schamanin der Schwerter	manifestiert sich wie der Wind, überwindet Furcht und entscheidet sich fürs Gewinnen.
Vier Scheiben	Kann auch bedeuten, sich für eine Weile den Bedürfnissen anderer zu verschließen, um in der Stille auf die innere führende Stimme zu hören.
Sohn der Kelche	Bedeutet für Männer, den aktiven Gedankenfluß zu stoppen und eine sanftere Energie auftauchen zu lassen, die das im allgemeinen überaktive Ego nährt und erleuchtet. Der analytische Verstand kann zur einigenden Verbindung von Gefühlen und Gedanken eingesetzt werden, zur Stimulierung von Poesie, Musik oder visuellen Formen künstlerischer Kreativität.
Stern	Die Göttin erwacht wieder, und ihre Energie kann in uns allen als führendes, heilendes Licht gefühlt werden, als Gnade, als Segen, als eine Berührung der Liebe Aphrodites, als Mitgefühl Kuan Yins.
Priesterin der Kelche	Als Muse inspiriert uns die Göttin dazu, neue Träume zu träumen und die Erfahrung neuer Visionen über das, was möglich ist, zu machen. Aus den Geheimnissen des kollektiven Unbewußten spricht sie zu uns über Bilder und heilige Klänge.
Mond	Sie führt uns hinab in die Tiefen des Unbewußten, leitet uns auf dem labyrinthischen Weg, wo wir dem Dunkel in uns begegnen.
Sonne	Mit ihrer Hilfe kehren wir ans Tageslicht zurück, frisch verwandelt und mit neuen Visionen von Gruppenharmonie und Kooperation.
Acht Scheiben	Wir verwirklichen diese Vision, indem wir zusammen arbeiten und bauen,
Drei Scheiben	die neuen Formen schaffen, die die ausgedienten Gehäuse von heute ersetzen werden.
Drei Kelche	Zu dieser Arbeit kommen Freude und Vergnügen,

Zeit, die wir miteinander im Spiel und in der Entspannung von Magie und Musik verbringen.

Tochter der Scheiben

Und jede von uns muß für sich allein zur Suchenden werden, unschuldig und gereinigt von Zynismus und Hoffnungslosigkeit, jung und erneuert im Herzen und offen für neue Ideen und Möglichkeiten. Wie die gehörnte Priesterin alter Zeiten oder die heutige Indianerin müssen wir um eine Vision bitten — vielleicht um einen neuen Namen — und uns dann der göttlichen Antwort öffnen.

Die Alte

Gleichzeitig müssen wir in die ältesten Quellen der Weisheit und des Wissens eintauchen, den Bewegungen der Sterne folgen, auf die Stimme des Orakels warten. Eine Phase der Einsamkeit, der Abgeschiedenheit mag nötig sein, eine Reise der Seele ins eigene Reich. Werden die Energien bewahrt, können wir vom höheren Selbst Rat erbitten und empfangen lernen. Der Kreuzweg, an dem die Menschheit nun steht, erfordert unsere ungeteilte Aufmerksamkeit und ein ruhiges, klares Urteil über den Weg, den wir einschlagen sollen. Werden wir weiterhin auf den nuklearen Selbstmord zugehen, oder werden wir unsere Richtung ändern und lernen, den Rat unserer spirituellen Führung zu befolgen?

Priesterin der Scheiben

Das Praktizieren des Yoga ist ein Schritt hin zu innerer Balance und richtiger Beziehung zu Körper und Erde, was uns wiederum sanfter macht und die spirituellen Zentren öffnet.

Wagen

Gleichermaßen wichtig ist die Ausbildung eines spirituellen Kriegerbewußtseins — die Disziplin der Athene, die uns befähigt, aktiv in der Welt zu arbeiten. Unter dem Schutz der Göttin durchqueren wir ungeschädigt Hindernisse zu moralischen Siegen und amazonischen Triumphen.

Schamanin der Scheiben

Wenn wir uns vorsätzlich auf das Ziel zubewegen, das für uns Wahrheit darstellt, kann man sagen, daß wir „auf dem Weg" sind. Unsere Lebensreise wird uns zu jenen Erfahrungen führen, die wir als uns entwickelnde Individuen brauchen, und unsere Antworten darauf bahnen den Weg zu künftigem Verstehen.

Neun Scheiben

Die Erde ist lebendig und enthüllt stets jenen ihre Geheimnisse, die ihr gegenüber offen und bereit sind, von ihr zu empfangen. Ihr Handwerk nach bestem Vermögen zu erlernen — Furcht vor dem Dunkel und vor einsamer Zeit zu überwinden —, dies sind die Zeichen kreativer Heilerinnen und Heiler des neuen Zeitalters.

Sohn der Scheiben

Der Trick ist, die inneren und äußeren Bedürfnisse in Balance halten zu lernen. Manchmal müssen wir wissen, wie wir uns ganz und gar auf ein Ziel konzentrieren, die ganze Aufmerksamkeit auf die momentane Aufgabe richten, wenn sich Erfolg einstellen soll.

Sechs Scheiben

Und dann muß der Erfolg mit anderen geteilt, Energie frei gegeben, ein Kreis zwischen dem „Ich" und „dem Anderen" gebildet werden. Durch bedeutungs-vollen Kontakt mit einem anderen menschlichen Wesen erfahren und erkennen wir die Tiefe der im Universum vorhandenen Liebe. Durch solche Liebe lernen wir die Energien frei fließen zu lassen, den Körper zu heilen und von Krankheit zu befreien.

Zehn Scheiben

Ganz besonders dann, wenn wir in Energiekreisen zu Gruppenerfahrungen zusammenkommen.

Scheiben-As

Durch unsere vereinte Anwesenheit wird etwas Neues geboren. Wenn wir unserer Erfahrung des Wohlbefindens Ausdruck geben, werden wir geheilt, und wir geben zurück.

Zehn Kelche

Wir lernen Seligkeit, Ekstase und Ehrfurcht vor allem Leben zu empfinden.

Gerechtigkeit

Wir kommen mit einem irdischen Gleichgewicht in Berührung, das natürlich und wirklich ist: die harmonische Kraft und Macht, die unser Erbgut als Kinder der Erdmutter sind. Zusammen können wir die Dinge ins Lot bringen, Muster verändern, Fehler wiedergutmachen.

Das Gericht

Durch diese Mittel, und nur durch diese Mittel, sind wir vielleicht in der Lage, unseren Planeten und uns selbst vor der Zerstörung zu bewahren. Seid gesegnet.

ANMERKUNGEN

PROLOG

S. 9 Churchill, Rede vor dem Parlament am 1. März 1955.
  — Tanner, S. 267.
  — Durdin-Robertson (1975).
S. 11 Stone (1978), über die Macht der Frauen, S. 153; über Kastration, S. 148.
  — Zeichnungen der acht Göttinnenfiguren: (1) Giedion (1962), S. 457; (2) ebd. S. 509;
    (3) Neumann (1978) Tafel 1; (4) Giedion (1962), S. 440; (5) Hawkes, S. 34;
S. 13 (6) Neumann, Tafel 24; (7) Neumann, Tafel 26; (8) Neumann, Tafel 8. Die Zeichnun-
    gen der Figuren 1 und 2 wurden dem Buch von Giedion mit Genehmigung der Princeton
    University Press entnommen. Die Figuren 3 bis 8 zeichnete die Autorin nach den ange-
    gebenen Quellen.
S. 17 Mithila Frauen, Vequaud, S. 27.
S. 22 Malle-Film, Shawn und Gregory, S. 87.

KAPITEL EINS

S. 25 Blavatsky, zitiert nach Durdin-Robertson, S. 94.
  — Graves, 1955, S. 145.
  — Durdin-Robertson, über Nuah S. 93-4; über Isis S. 296.
  — Neumann, verschiedene Seiten.
  — Knight, Band I, S. 95; Band II, S. 237.
S. 29 Sandler, S. 4

KAPITEL ZWEI

S. 33 Eliade, 1960, S. 280.
  — Zeitung für Spiritisten; Circle Network News, Herbst 1981.

KAPITEL DREI

S. 36 Ashe, S. 140.
  — Die frühesten Beweise der Werkzeugherstellung: 1982 veröffentliche Untersuchungs-
    ergebnisse von Anthropologen der Universität von Kalifornien in Berkeley.
S. 37 Giedion, 1962, über das Weibliche, S. 503; über vogelköpfige Frauen, S. 284; über
    Pech-Merle, S. 506; über den Tod, S. 285.

S. 38 Daly, 1985, S. 99.

S. 39 Boardman, 1973, über die Sphinx von Delphi, S. 63; über die attische Sphinx, S. 76.
— Graves, 1966, über die Sphinx: Graves unterscheidet zwischen ägyptischen Sphinxen, die mit dem Beginn des Patriarchats männlich wurden, und der pelasgischen Sphinx, die weiblich blieb und mit Athene verbunden war.

KAPITEL VIER

S. 41 Hall, 1980, S. 161.

S. 42 Sjöö, über Traumkörper, S. 29; über Mantismus, S. 115, und abstrakte Aufzeichnungen, S. 144.

S. 43 Giedion, 1962, über früheste weibliche Symbole, S. 173; über natürliche Erhebung, S. 211.
— Durdin-Robertson, 1974, S. 22.

S. 44 Broderick, S. 23, über heilige Steine.
— Ashe, S. 127.

S. 45 Temple, S. 65.
— Dames, 1977, S. 194.

KAPITEL FÜNF

S. 48 Klingen aus den Pyrenäen: Hadingham, S. 84.
— Gimbutas, in Spretnak, 1982.
— Neumann, S. 103.

S. 49 Giedion, 1962 über das Horn, S. 470; über La Magdeleine, S. 478.

S. 50 Mees, S. 20.

KAPITEL SECHS

S. 59 Neumann, S. 95.

S. 55 von Franz, 1972.
— Neumann, S. 103.
— Okkulte Traditionen: Mees, S. 59.
— Giedion, 1962, über das ordnende Ego, S. 519; über Trennung, S. 272.

KAPITEL SIEBEN

S. 59 Godwin, über Pontifex Maximus, S. 57; über Keuschheit, S. 19; über die Kreuzigung, S. 29; über den Pfad der Mönche, S. 17; über Denken, Logos und Lehren, S. 92; über die Genauigkeit der Worte, S. 9; über Mithras, S. 28.

S. 60 Daly, 1985, S. 375.

S. 61 Daly, S. 105.

S. 63 Daly, S. 61.
— Stone, über Asherim, verschiedene Absätze, 1978.

KAPITEL ACHT

S. 66 Boardman, 1973, S. 86.

S. 67 Bailey, S. 94.

S. 68 Douglas und Slinger, 1985, verschiedene Absätze.

KAPITEL NEUN

S. 70 Graves, 1986, über Athene, S. 231.

S. 71 Chesler, über Spretnak (1982), S. 103.
 — Murray, A. über Ushas, S. 386; über Athene, S. 96-98.
 — Downing, Kapitel 5.

S. 72 Leek, S. 22.
 — Graves, über Medusa, S. 214 ff.

KAPITEL ZEHN

S. 75 Roberts, über Schlüsselsystem und subjektives Leben, S. 144/5.
 — Neumann, S. 238.

S. 76 Neumann, S. 238.
 — Roberts, S. 145.
 — Harrison, S. 487.
 — Broder, S. 87.

S. 77 Forfreedom, S. 127.

KAPITEL ELF

S. 80 Hall, über die Alte, S. 213; über Hekate, S. 64; über Hebamme der Seele, S. 197; über Initiierte, S. 85; über Introversion, S. 223; über die Spinnenfrau, S. 147-8; über Hexenkunst, S. 204; über Geburt, S. 179; über Einsamkeit, S. 147.

S. 81 Murray, über vestalische Jungfrau, S. 78-81; über Hekate, S. 76-7.

S. 82 Monaghan, S. 131.

S. 83 Daly, über Separatismus, S. 399; über Spinster, S. 412/3; über das Labyrinth, S. 421/4; über das Netz, S. 432; über den Ruf der wilden Natur, S. 442.

KAPITEL ZWÖLF

S. 85 Neumann, Fototeil: Denderah, Tafel 93; Isis und Horus, Tafel 38; Aphrodite auf einer Gans, Tafel 137; Gorgo, Tafel 70; Geflügelte Artemis, Tafel 132; S. 124 vielbrüstige Diana, Tafel 35; Tara, Tafel 184.
 — Fix, über astrologische Beobachtungen, S. 60-2.

S. 86 Hawkes, über Mohenjo-Daro-Figur, Seite 109.
 — Argüelles, über aztekische Erdmutter, S. 7.
 — Segy, über hockende Figuren aus dem Kongo, einzelne Abschnitte.

S. 87 Hawkes, über New Grange, S. 71.
 — Dames, 1976, über Augenidole, S. 67; über die Brust haltende Tonfiguren, S. 172; über die sumerische vogelköpfige Göttin, S. 70.

— de Stasi, über Spiralaugen auf Malta, S. 101; über ägyptische Horus-Augen, S. 103.
— Mallowan, über Augenidole, S. 49.
S. 88 Giedion, Höhlenmalereien und Tanzfiguren.
S. 89 Boardman, 1967, über kretische Fresken, S. 29; über die geflügelte Artemis, S. 92.
— Boardman, 1973, über Aphrodite auf der Gans, S. 167; über Gorgo, S. 53.
— Stone, 1976, über die geflügelte Isis, Foto 11; über den Baumkult, S. 214.
— Graves, über Gorgo, S. 214; über Arion, S. 262.
— Patai, über hebräische Idole, Fototeil und Anmerkungen.
S. 90 Blofeld, über Kuan Yin (Fototeil zwischen den Seiten 80 und 81).
— Beyer, über Tara, Einbandfigur, 1 und S. 364.
S. 91 Metropolitan Museum of Art, 1975, über skythische Seejungfrauen, Farbtafel 11.
— Fell, über Inschriften, einzelne Abschnitte.
S. 92 Emmerich, über präkolumbianische Figur, S. 40.

KAPITEL DREIZEHN
S. 94 Beyer, über wirksamen Schutz, S. 237; über die Kraft des Monds, S. 460; über die Meditationshaltung, S. 182; über das Menstruationsblut, S. 303.
— Hall, über die Stunde des Wolfs, S. 117.
S. 95 Hall, über Artemis, S. 112.
— Temple, S. 130.
S. 96 Hall, über Sibylle.
— Hall, über den ersten Blutstrom, S. 173.
— Harner, über schamanistische Tiere, das ganze Buch.

KAPITEL VIERZEHN
S. 98 Fix, über die den Körper verlassende Seele, S. 115; über Ishtar, S. 134.
S. 99 Moss, über die Auflösung der Ich-Begrenzung, S. 33.
— Rasmussen: in Eliade, 1964, S. 70.
— Blofeld, 1978, S. 124.
S. 100 Moss, über Energie, S. 51.
— Moss, über bedingungslose Liebe, S. 28; über das Ja, S. 44.
— Eliade, 1964.
— Hall, S. 100.
S. 101 Moss, über Transparenz, S. 47.
— Starhawk, S. 45/46.

KAPITEL FÜNFZEHN
S. 104 Downing, S. 13.
S. 105 Medicine Eagle: in Halifax, S. 111.
— Sjöö, über Menstruationszyklen und Knocheneinritzungen, S. 113.
S. 106 Halifax, S. 41.

KAPITEL SECHZEHN

S. 110 Halifax, S. 73.
S. 111 Moss, über die Zelle, S. 53.
   — Crowley, Das Thoth Deck.
   — Halifax, S. 30/31.
S. 112 Ehrenreich und English, S. 15.
   — Lewis, über Besessenheitskulte, verschiedene Absätze.

KAPITEL SIEBZEHN

S. 115 Murray, M., über Hexen, auch Daly.
S. 116 Mallowan, über Ur, S. 90.
S. 117 Schell, Kapitel 1.

KAPITEL ACHTZEHN

S. 120 Mookerjee, 1977, über Kali, S. 75-77, S. 182 und S. 190/1.
S. 122 Sonderbeauftragter McGeorge Bundy, in Griffiths.

KAPITEL NEUNZEHN

S. 125 Turner, „Contemporary Feminist Rituals", in: „Great Goddess", Ausgabe von „Heresies".
   — Budapest, 1976, S. 83.
S. 126 Sandler, über Navahogesang, S. 193.
   — Beyer, über das Gebet zur Weißen Tara, S. 216.
S. 127 Halifax, über die Nacht, S. 226.
S. 128 Macy: Ich beziehe mich hier auf einen von ihr geleiteten Workshop, doch schrieb sie zudem ein Buch über Verzweiflung.

KAPITEL ZWANZIG

S. 130 Hall, S. 9.
   — Sjöö, S. 159.
   — Neumann, S. 156.
   — Bailey, 1950, „Hüter der Schwelle", S. 36.
S. 131 Patai, über Lilith, S. 80 ff.
   — Sjöö, S. 159.
S. 132 Patai, über Lilith, S. 80 ff.
   — Sjöö, S. 128.

KAPITEL EINUNDZWANZIG

S. 136 Bailey, 1976, über die „Neue Gruppe der Weltdiener", einzelne Abschnitte.
S. 137 Knight, über den kabbalistischen Lebensbaum, einzelne Abschnitte.
   — Hamlyn, über Amaterasu, S. 15.

KAPITEL ZWEIUNDZWANZIG

S. 140 Durdin-Robertson, über das Weibliche Äon, Inhaltsverzeichnis.

S. 141 Sun, Radiovortrag, KPFA 1980.

S. 202 Gearhart, über die Karte des Gerichts, S. 24.

KAPITEL DREIUNDZWANZIG

S. 145 Avalon, 1978, über die Verbindung, S. 693; über die weite Kraft des Tao, S. 233; über immateriellen Geist, S. 291.

— Avalon, über die Mutter, S. 691; über Augenmerk, S. 461; über verschiedene Masken, S. 299.

S. 146 Hall, S. 232.

— Starhawk, S. 290/1.

S. 147 Starhawk, S. 22.

— Dames, 1977, S. 36.

S. 148 Starhawk, S. 71.

KAPITEL VIERUNDZWANZIG

S. 158 Eaton, S. 19.

KAPITEL FÜNFUNDZWANZIG

S. 163 Eine zweiköpfige Schlange lebt im Steinhart Aquarium im Golden Gate Park von San Francisco.

S. 165 Fried, Kapitel über die !Kung.

S. 166 Ranke-Graves, über den Pferdebrunnen, 1981, S. 459.

— Budapest, 1976, S. 125.

KAPITEL SECHSUNDZWANZIG

S. 169 Lincoln, über Menarche-Rituale, S. 17.

S. 172 Ranke-Graves, über vorolympische Spiele, 1981, S. 151.

KAPITEL SIEBENUNDZWANZIG

S. 180 von Franz, 1980, S. 115.

S. 181 Boardman, über das kretische Tintenfisch-Motiv, 1967, S. 31.

S. 183 Gray, über die Neun Kelche, S. 96.

— Neumann, zur Mondpriesterin, T. 27.

S. 184 Villasenor, über die Standbilder der Navahos, passim.

KAPITEL ACHTUNDZWANZIG

S. 185 Ranke-Graves, 1981, S. 381.

S. 188 Rawson, s. Illustrationen.

S. 194 Eaton, S. 104 ff.

KAPITEL NEUNUNDZWANZIG
S. 189 Starhawk, S. 39.
S. 190 Ranke-Graves, über den Eber, 1981, S. 246.
 — Ranke-Graves, über Athene, 1981, S. 526.
S. 191 Ranke-Graves, über Nemesis, 1981, S. 301.
 — Ranke-Graves, über das Einhorn, 1981, S. 302, 493.
S. 192 Starhawk, S. 246.
S. 193 Eaton, S. 81.
 — Broder, S. 44.

KAPITEL DREISSIG
S. 195 Starhawk, über Spiegelbild, S. 146.
 — Starhawk, über Sprechendes Selbst, S. 39.
S. 197 Starhawk, über den Gehörnten Gott, S. 148.
 — Starhawk, über den ungezähmten Teil in uns, S. 154.
S. 198 Bahti, über den Zia-Clown, S. 19.
 — Starhawk, über den Gehörnten Gott, S. 148.
 — Starhawk, über Herbsttagundnachtgleiche, S. 152.
S. 199 Starhawk, S. 149.
S. 200 Starhawk, S. 151.
 — Ranke-Graves, 1981, S. 151.
 — Murray, M., 1960, S. 35.

KAPITEL EINUNDDREISSIG
S. 205 Giedion, 1962, S. 172.
S. 206 Ranke-Graves, 1981, S. 121, 123.
S. 207 Bushnell, über Tonantzin, S. 70.
 — Emmerich, über Tlazolteotl, S. 110.

KAPITEL ZWEIUNDDREISSIG
S. 210 Lewis, S. 47.
 — Ranke-Graves, 1981, S. 244.
S. 211 Griffin, S. 176.
 — Emery, S. 35, 107.
S. 212 Murray, M., S. 61.
 — Gearhart, S. 91.
S. 213 über den Horus-Falken, Metropolitan Museum, 1976, Farbtafel 16 und S. 138.
S. 214 Neumann, S. 186.
 — Neumann, S. 272 ff.

TEIL DREI
S. 231 Shawn, S. 94.

BIBLIOGRAPHIE

Adler, Margot, *Drawing Down the Moon. Witches, Druids, Goddess-Worshippers & Other Pagans in America Today.* Boston 1981.

Arguelles, Miriam und Jose, *Weiblich — weit wie der Himmel.* Haldenwang 1979.

Ashe, Geoffry, *Ancient Wisdom.* Turnbridge Wells, Kent, England 1979.

Avalon, Arthur (Sir John Woodroffe), *Die Schlangenkraft.* Freiburg.
— *Shakti und Shakta.* Weilheim 1962.

Bachmann, Louise u. Hultkrantz, Ake, *Lapp Shamanism.* Stockholm 1978.

Bahti, Tom, *Southwest Indian Ceremonials.* Las Vegas 1979.

Bailey, Alice A., *Eine Abhandlung über Kosmisches Feuer.*
— *Esoterische Astrologie, Bd. III der Abhandlung über die Sieben Strahlen.*
— *Verblendung ein Weltproblem.*
— *Die Strahlen und die Einweihungen, Bd. V der Abhandlung über die Sieben Strahlen.*
Alle Bücher im Lucis Verlag, Genf.

Balin, Peter, *Der Flug der Gefiederten Schlange.* Basel 1981.

Beyer, Stephan, *The Cult of Tara: Magic and Ritual in Tibet.* Berkeley 1973.

Blavatsky, H. P., *Isis Unveiled. A Master-Key to the Mysteries of the Ancient and Modern Science and Theology.* Pasadena, CA. 1960.

Blofeld, John, *The Tantric Mysticism of Tibet. A Practical Guide.* New York 1970.
— *Bodhisattva of Compassion. The Mystical Tradition of Kuan Yin.* Boulder, Colorado 1978.

Boardman, John, *Die Griechische Kunst.* Hirmer Verlag, München.
— *Pre-Classical. From Crete to Archaic Greece.* Middlesex, England 1967.

Brentjes, Borchard, *African Rock Art.* New York 1970.

Brindel, June, *Ariadne.* New York 1981.

Broder, Patricia Janis, *Hopi Painting. The World of the Hopis.* New York 1979.

Broderick, Alan Houghton, *Prehistoric Painting.* London 1948.

Brownmiller, Susan, *Gegen unseren Willen.* Fischer TB, Frankfurt.

Budapest, Z., *The Feminist Book of Light and Shadows.* Los Angeles 1975.
— *The Holy Book of Women's Mysteries, I u. II.* Los Angeles 1979/80.

Bushnell, G. H. S., *Ancient Arts of the Americas.* New York 1965.

Butler, Bill, *Dictionary of the Tarot.* New York 1975.

Caldicott, Helen, *Nuclear Madness.* New York 1979.

Case, Paul Foster, *The Tarot. A Key to the Wisdom of the Ages.* Richmond, Virginia 1947.

Cavendish, Richard, *The Tarot.* New York 1975.

Chicago, Judy, *The Dinner Party. A Symbol of Our Heritage.* New York 1979.

Colegrave, Suki, *Yin und Yang. Die Kräfte des Weiblichen und des Männlichen. Spannung und Ausgleich zwischen den beiden Polen des Seins.* Frankfurt 1984.

Crowley, Aleister, *Das Buch Toth. Eine kurze Abhandlung über das Tarot der Ägypter. Von Meister Therion.* Stuttgart, 3. Aufl. 1985.

Daly, Mary, *Jenseits von Gottvater, Sohn & Co. Aufbruch zu einer Philosophie der Frauenbefreiung.* München 1980.

 — *Gyn/Ökologie. Eine Meta-Ethik des radikalen Feminismus.* München 1981.

Dames, Michael, *The Silbury Treasure. The Great Goddess Rediscovered.* London 1976.

 — *The Avebury Cycle.* London 1977.

Devambez, Pierre, *Greek Painting.* New York 1962.

Di Stasi, Lawrence, *Mal Occhio. The Underside of Vision.* Berkeley 1981.

Douglas, Nik u. Slinger, Penny, *Das große Buch des Tantra. Sexuelle Geheimnisse und Alchimie der Ekstase.* Basel 1985.

Downing, Christine, *The Goddess. Mythologicial Images of the Feminine.* New York 1981.

Durdin-Robertson, Lawrence, *The Cult of the Goddess.* Huntington Castle, Clonegal, Enniscorthy, Irland 1974.

 — *The Goddesses of Chaldea, Syria and Egypt.* Clonegal 1975.

Eaton, Evelyn, *Snowy Earth Comes Gliding.* Independence, CA. 1974.

Edelson, Mary Beth, *Seven Cycles. Public Rituals.* New York 1980.

Ehrenreich, Barbara u. English, Deirdre, *Hexen, Hebammen und Krankenschwestern.* München 1976.

Eliade, Mircea, *Schamanismus und archaische Ekstasetechnik.* Suhrkamp TB 126.

 — *Yoga.* Suhrkamp TB 1127.

 — *Birth and Rebirth; the religious meanings of initiation in human cultures.* New York 1985.

 — *Rites and Symbols of Initiation. The Mysteries of Birth and Rebirth.* New York 1965.

Emery, Walter B., *Ägypten. Geschichte und Kultur der Frühzeit, 3200 bis 2800 v. Chr.* München 1964.

Emmerich, Andre, *Art Before Columbus.* New York 1963.

Evans-Wentz, W. Y. (Hrsg.), *Tibetan Yoga and Secret Doctrine.* New York 1958.

 — *The Fairy-Faith in Celtic Countries.* Atlantic Highlands, N.J. 1978.

Fairfield, Gail, *Choice Centered Tarot.* Redmond, Washington 1981.

Faraday, Ann, *Deine Träume. Schlüssel zur Selbsterkenntnis.* Frankfurt 1978.

Fell, Barry, *America B. C. Ancient Settlers in the New World.* New York 1976.

Fix, Wm. R., *Star Maps.* London 1979.

Forfreedom, Ann u. Ann, Julie (Hrsg.), *Book of the Goddess.* Sacramento, CA. 1980.

Franz, Marie-Louise v., *Alchemy. An Introduction of the Symbolism and the Psychology.* Toronto 1980.

— *Patterns of Creativity Mirrored in Creation Myth.* Zürich 1972.

Fried, Martha Nemes u. Morton M., *Transitions. Four Rituals in Eight Cultures.* New York 1980.

Gardner, Richard, *Evolution Through the Tarot.* London 1970.

Garfield, Patricia, *Creative Dreaming.* New York 1976.

Gawain, Shakti, *Stell Dir vor. Kreativ visualisieren.* Basel 1984.

Gearhart, Sally u. Renny, Susan, *A Feminist Tarot.* Watertown, Mass. 1981.

Gelling, Peter u. Davidson, Hilda Ellis, *The Chariot of the Sun and Other Rites and Symbols of the Northern Bronze Age.* New York 1969.

Gettings, Fred, *The Book of Tarot.* London 1973.

Giedion, Siegfried, *The Eternal Present. The Beginning of Art. A Contribution on Constancy and Change.* New York 1962.

— *The Beginnings of Architecture.* Princeton, New Jersey 1964.

Godwin, Jocelyn, *Mystery Religions in the Ancient World.* San Francisco 1981.

Goldberg, B. Z., *The Sacred Fire. A History of Sex in New Jersey Ritual, Religion and Human Behavior.* Secaucus, NJ. 1974.

Goodman, Jeffrey, *American Genesis. The American Indian and the Origins of Modern Man.* New York 1982.

Grant, Campbell, *Rock Art of the American Indian.* New York 1967.

Gray, Eden, *A Complete Guide to the Tarot.* New York 1972.

Griffin, Susan, *Pornography and Silence. Culture's Revenge Against Nature.* New York 1981.

— *Woman and Nature. The Roaring Inside Her.* New York 1979.

Griffiths, Franklyn u. Polanyi, John C. (Hrsg.), *The Dangers of Nuclear War.* Toronto 1979.

Groenewegen-Frankfort, H. A. u. Ashmole, Bernard, *The Ancient World.* New York 1967.

Hadingham, Evan, *Secrets of the Ice Age. The World of Cave Artists.* New York 1979.

Halifax, Joan, *Die andere Wirklichkeit der Schamanen.* Goldmann Verlag, München.

Hall, Nor, *The Moon and the Virgin. Reflections on the Archetypal Feminine.* New York 1980.

Harding, M. Esther, *Frauen-Mysterien einst und jetzt.* Berlin 1982.

Harner, Michael, *Der Weg der Schamanen.* Reinbek 1986.

Harrison, Jane Ellen, *Themis. A Study of the Social Origins of Greek Religion.* London 1963.

Hawkes, Jacquetta, *Bildatlas der Frühen Kulturen.* Göttingen 1984.

Heresis, *A Feminist Publication on Art and Politics,* Nr. 5 über „Die Große Göttin", Frühjahr 1978.

Hutchinson, R. W., *Prehistoric Crete.* Baltimore 1962.

James, T. G. H., *Egyptian Sculptures.* New York 1966.

Jocelyn, John, *Meditations on the Signs of the Zodiac.* Blauvelt, NY. 1970.

Jongeward, Dorothy u. Scott, Dru, *Women as Winners. Transactional Analysis for Personal Growth.* Reading, Mass. 1976.

Joy, William Brugh, *Der Weg der Erfüllung. Die Psychologie der Transformation.* Interlaken 1985.

Jung, Carl Gustav, *Der Mensch und seine Symbole.* Walter Verlag, Freiburg.

Kaplan, Stuart R., *Der Tarot. Geschichte, Deutung, Legesysteme.* München 1984.

Knight, Gareth, *A Practical Guide to Qabalistic Symbolism, Bd. I u. II.* New York 1978.

Kübler-Ross, Elisabeth, *Über den Tod und das Leben danach.* München, 2. Aufl. 1984.

Lessing, Doris, *Shikasta. Canopus im Argos, Archive 1.* Frankfurt, 2. Aufl. 1983.

Lewis, I. M., *Ecstatic Religion.* Baltimore 1971.

Lhote, Henri, *Sahara.* Kümmerly und Frey, Basel.

Lincoln, Bruce, *Emerging From the Chrysalis.* Cambridge, Mass. 1981.

Macy, Johanna, „How to Deal with Despair". *East-West Journal*, Juni 1979.

Mallowan, M. E. L., *Early Mesopotamia and Iran.* New York 1965.

Mariechild, Diane, *Traumkraft. Handbuch zur psychischen Selbsthilfe,* Frauenoffensive, München 1987.

Mees, G. H., *The Book of Signs.* Deventer 1951.

Mellaart, James, *Catal Hüjük — Stadt aus der Steinzeit.* Bergisch-Gladbach 1967.

Metropolitan Museum of Art, *From the Lands of the Scythians. Ancient Treasures from the Museums of the U.S.S.R., 3000 B. C. — 100 B. C..* Boston 1975.
— *Treasures of Tutankhamun.* Ausstellungskatalog 1976.

Monaghan, Patricia, *The Book of Goddesses and Heroines.* New York 1981.

Monti, Franco, *Precolumbian Terracottas.* London 1969.

Mookerjee, Ajit u. Khanna, Madhu, *The Tantric Way. Art, Science, Ritual.* Boston 1977.

Moss, Richard, *The I That Is We. Awakening to Higher Energies Through Unconditional Love.* Milbrae, CA. 1981.

Murray, Alexander, S., *Manual of Mythology. Greek and Roman, North and Old German, Hindoo and Egyptian Mythology.* New York 1954.

Murray, Margaret, *The God of the Witches.* Garden City, NY. 1960.

Neumann, Erich, *Die Große Mutter — Eine Phänomenologie der weiblichen Gestaltungen des Unbewußten.* Zürich/Olten 1956.

New Larousse Encyclopedia of Mythology. London 1968.

Nichols, Sallie, *Die Psychologie des Tarot. Tarot als Weg zur Selbsterkenntnis nach der Archetypenlehre C. G. Jungs.* Interlaken 1984.

Patai, Raphael, *Hebräische Mythologie.* Reinbek 1986.

Pesek-Marous, Eduard, *Salvatore. Bull of Salvation.* Rolling Hills, CA. 1976.

Piercy, Marge, *Die Frau am Abgrund der Zeit.* München 1986.

Pigott, Juliet, *Japanese Mythology.* London 1969.

Pollitt, J. J., *Art and Experience in Classical Greece.* Cambridge 1972.

Potts, Billie, *Ein neues Tarot der Frauen.* München, 3. Aufl. 1984.

Powell, T. G. E., *Prehistoric Art.* New York 1966.

Ranke-Graves, Robert von, *Griechische Mythologie.* Reinbek 1960.
— *Die weiße Göttin.* Berlin 1981.

Rawson, Philip, *Tantra.* München 1974.

Reiter, Rayna R. (Hrsg.), *Toward an Anthropology of Women.* New York 1975.

Rich, Adrienne, *Von Frauen geboren. Mutterschaft als Erfahrung und Institution.* München 1979.

Roberts, Jane, *Die Natur der Psyche.* Goldmann TB 11760.

Rosaldo, Michelle Zimbalist u. Lamphere, Louise (Hrsg.), *Women, Culture and Society.* Stanford, CA. 1974.

Rudhyar, Dane, *The Pulse of Life. New Dynamics in Astrology.* Berkeley, CA. 1970.
— *Astrological Timing. The Transition to the New Age.* New York 1972.

Rush, Anne Kent, *Mond Mond.* München, 2. Aufl. 1982.

Sandler, Donald, *Navaho Symbols of Healing.* New York 1979.

Sanford, Nevitt u. Comstock, Craig, *Sanctions for Evil. Sources of Social Destructiveness.* Boston 1972.

Schell, Jonathan, *Das Schicksal der Erde.* dtv TB 10258.

Sharkey, John, *Die keltische Welt. Religion und Gesellschaft.* Frankfurt 1982.

Shawn, Wallace u. Gregory, Andre, *My Dinner With Andre. A Screenplay.* New York 1981.

Sjöö, Monica u. Mor, Barbara, *The Ancient Religion of the Great Cosmic Mother of All.* Trondheim, Norwegen 1981.

Spretnak, Charlene, *Lost Goddesses of Early Greece. A Collection of Pre-Hellenic Mythology.* Berkeley 1978.
— (Hrsg.), *The Politics of Women's Spirituality. Essays on the Rise of Spiritual Power Within the Feminist Movement.* Garden City, NY. 1982.

Starhawk (Miriam Simos), *Der Hexenkult als Ur-Religion der Großen Göttin. Magische Übungen, Rituale und Anrufungen.* Freiburg 1983.

Stone, Merlin, *When God Was a Woman.* New York 1978.
— *Ancient Mirrors of Womanhood. Our Goddess and Heroine Heritage,* Bd. I u. II, New York 1979.

Strutt, Malcolm, *Wholistic Health and Living Yoga.* 2 Bde. Boulder Creek, CA. 1977.

Tanner, Nancy Makepeace, *On Becoming Human.* Cambridge 1981.

Temple, Robert K. G., *The Sirius Mystery.* New York 1976.

Valiente, Doreen, *An ABC of Witchcraft, Past and Present.* New York 1973.

Vequard, Yves, *The Woman Painters of Mithila.* London 1977.

Villasenor, David, *Tapestries in Sand. The Spirit of Indian Sandpainting.* Heraldsburg, CA. 1966.

Waite, Arthur Edward, *Der Bilderschlüssel zum Tarot.* Stuttgart 1986.

Warner, Rebecca Micca, *Tarot. An Illustrated Guide.* New York 1974.

Wasson, Gordon R., Ruck, Carl A. P. u. Hofmann, Albert, *The Road to Eleusis. Unveiling the Secrets of the Mysteries.* New York 1978.

Whiteford, Andrew Hunter, *North American Indian Arts.* Racine, Wisconsin 1973.

Williams, Strephon Kaplan, *Durch Traumarbeit zum eigenen Selbst. Die Jung-Senoi-Methode.* Interlaken 1984.

Zain, C. C., *The Sacred Tarot.* Los Angeles 1936.

DIE »MOTHERPEACE« BILDER

		Seite	Farbtafel
Fool (0)	Närrin		Umschlagrückseite
Magician (I)	Magierin		1
High Priestess (II)	Hohepriesterin	29	1
Empress (III)	Herrscherin		2
Emperor (IV)	Herrscher	54	
Hierophant (V)	Hierophant	60	
Lovers (VI)	Die Liebenden	66	
Chariot (VII)	Wagen		2
Justice (VIII)	Gerechtigkeit	76	
Crone (IX)	Die Alte		3
Wheel of Fortune (X)	Glücksrad		3
Strength (XI)	Stärke		4
Hanged One (XII)	Die Gehängte	99	
Death (XIII)	Tod		4
Temperance (XIV)	Ausgewogenheit	111	
Devil (XV)	Teufel		5
Tower (XVI)	Turm		5
Star (XVII)	Stern		6
Moon (XVIII)	Mond		6
Sun (XIX)	Sonne		7
Judgement (XX)	Gericht		7
World (XXI)	Welt	146	
SWORDS	**SCHWERTER**		
Ace	Schwert-As	160	
Two	zwei Schwerter	163	
Three	drei Schwerter	165	
Four	vier Schwerter	169	
Five	fünf Schwerter	171	
Six	sechs Schwerter		8
Seven	sieben Schwerter	177	
Eight	acht Schwerter	179	
Nine	neun Schwerter	182	
Ten	zehn Schwerter		10
Daughter	Tochter der Schwerter	190	
Son	Sohn der Schwerter	196	
Priestess	Priesterin der Schwerter		12
Shaman	Schamanin der Schwerter		12

WANDS	STÄBE		
Ace	Stab-As		
Two	zwei Stäbe	163	
Three	drei Stäbe		
Four	vier Stäbe	169	
Five	fünf Stäbe	172	
Six	sechs Stäbe		8
Seven	sieben Stäbe	177	
Eight	acht Stäbe	180	
Nine	neun Stäbe	183	
Ten	zehn Stäbe		10
Daughter	Tochter der Stäbe		14
Son	Sohn der Stäbe		14
Priestess	Priesterin der Stäbe		15
Shaman	Schamanin der Stäbe		15
CUPS	**KELCHE**		
Ace	Kelch-As	162	
Two	zwei Kelche	164	
Three	drei Kelche	167	
Four	vier Kelche	170	
Five	fünf Kelche	172	
Six	sechs Kelche		9
Seven	sieben Kelche	178	
Eight	acht Kelche	180	
Nine	neun Kelche	183	
Ten	zehn Kelche		11
Daughter	Tochter der Kelche	192	
Son	Sohn der Kelche	199	
Priestess	Priesterin der Kelche	206	
Shaman	Schamanin der Kelche	213	
DISCS	**SCHEIBEN**		
Ace	Scheiben-As		
Two	zwei Scheiben	165	
Three	drei Scheiben	167	
Four	vier Scheiben	170	
Five	fünf Scheiben	173	
Six	sechs Scheiben		9
Seven	sieben Scheiben	178	
Eight	acht Scheiben	181	
Nine	neun Scheiben		Umschlagvorderseite
Ten	zehn Scheiben		11
Daughter	Tochter der Scheiben	193	
Son	Sohn der Scheiben	200	
Priestess	Priesterin der Scheiben	207	
Shaman	Schamanin der Scheiben		13